职业教育·城市轨道交通类专业教材

Chengshi Guidao Jiaotong Xianlu yu Zhanchang

# 城市轨道交通线路与站场

主　编　李飞燕　冀秉魁

副主编　车广侠　钟沂平

人民交通出版社股份有限公司

China Communications Press Co.,Ltd.

# 内 容 提 要

本书为职业教育·城市轨道交通类专业教材。全书以轨道线路、场站设计理论为基础,结合现行《地铁设计规范》,主要介绍城市轨道交通线网规划、线路选线和线路设计的流程,轨道结构、配线的种类及功能,城市轨道交通车站的种类和组成部分,车辆基地组成及功能、车辆运用整备及检修工艺等内容。

本书主要面向职业教育城市轨道交通相关专业,结合最新的专业教学标准编写,作为专业基础课城市轨道交通线路与站场课程的配套教材,也可供城市轨道交通企业相关从业人员自学参考。

* 本书配有多媒体助教课件,任课教师可通过加入职教轨道教学研讨群获取(教师专用 QQ 群: 229879783)。

**图书在版编目(CIP)数据**

城市轨道交通线路与站场 / 李飞燕,冀秉魁主编. —北京 : 人民交通出版社股份有限公司,2019.1

ISBN 978-7-114-15142-2

Ⅰ. ①城… Ⅱ. ①李… ②冀… Ⅲ. ①城市铁路—轨道交通—铁路线路—教材 ②城市铁路—轨道交通—铁路车站—教材

Ⅳ. ①U239.5

中国版本图书馆 CIP 数据核字(2019)第 013200 号

职业教育·城市轨道交通类专业教材

| | |
|---|---|
| 书　　　名: | 城市轨道交通线路与站场 |
| 著 作 者: | 李飞燕　冀秉魁 |
| 责任编辑: | 司昌静 |
| 责任校对: | 刘　芹 |
| 责任印制: | 张　凯 |
| 出版发行: | 人民交通出版社股份有限公司 |
| 地　　　址: | (100011)北京市朝阳区安定门外外馆斜街 3 号 |
| 网　　　址: | http://www.ccpress.com.cn |
| 销售电话: | (010)59757973 |
| 总 经 销: | 人民交通出版社股份有限公司发行部 |
| 经　　　销: | 各地新华书店 |
| 印　　　刷: | 北京印匠彩色印刷有限公司 |
| 开　　　本: | 787×1092　1/16 |
| 印　　　张: | 11.5 |
| 字　　　数: | 266 千 |
| 版　　　次: | 2018 年 12 月　第 1 版 |
| 印　　　次: | 2023 年 2 月　第 8 次印刷 |
| 书　　　号: | ISBN 978-7-114-15142-2 |
| 定　　　价: | 42.00 元 |

(有印刷、装订质量问题的图书,由本公司负责调换)

# 前言
## FOREWORD

　　城市轨道交通线路与场站是城市轨道交通相关专业的专业基础课程,该课程在城市轨道交通概论课程之后开设,是城市轨道交通客运组织、城市轨道交通行车组织等课程的先导课。通过本课程的学习,学生应掌握城市轨道交通线路、站场设计的理论基础,结合现行《地铁设计规范》,了解城市轨道交通线网规划、线路选线和线路设计的流程,掌握轨道结构、辅助线的种类及功能、城市轨道交通车站的种类和组成部分、车辆基地组成及功能、车辆运用整备及检修工艺等内容。

　　本教材注重理论与实践结合,主要特点如下:

　　(1)规范化、系统化。在城市轨道交通系统大框架下,结合最新技术规范,提炼有关城市轨道交通线路与站场的核心内容。在保证城市轨道交通线路与站场理论知识的前提下,综合现有研究成果,拓展理论知识范围,开阔学生视野。

　　(2)全面化、实用化。在注重专业理论知识的基础上,设计学习目标、知识拓展、案例导读、课堂测试、复习与思考等组成部分,有利于教学过程的开展,以及学生知识掌握程度的自我检测。

　　(3)操作性、实践性。加大实训内容的安排,主要章节都有实训项目设计,教材最后配备详细的实训指导书及实训报告。该实训指导书和实训报告是作者根据自己学校的实训资源和教学计划实施的实训项目,有可能不具有普适性,各院校可自行根据学校实训中心的设备和校外实训基地的情况、专业课程体系以及课程教学计划,合理安排城市轨道交通线路与场站认知实训的内容及开展形式(如整周实训或课内穿插实训项目),作为城市轨道交通线路与场站课程的辅助教学内容。

　　本教材由吉林交通职业技术学院李飞燕负责设计框架结构和统稿、校对工作。本教材的编写人员分工如下:吉林交通职业技术学院李飞燕编写前言、第五章、第六章、第八章、实训指导书以及整理参考文献,长春工程学院冀秉魁编写第二章、第三章、第九章,吉林交通职业技术学院车广侠编写第四章,吉林交通职业技术学院钟沂平编写第七章,吉林交通职业技术学院于慧玲编写第一章,吉林交通职业技术学院董冶负责编写课后复习与思考题,长春轨道交通集团牛思博参与编写实训报告。

　　本教材中所用视频资源版权为人民交通出版社股份有限公司所有,未经允许,严禁以任何形式翻用传播,违者必究。本教材中引用借鉴了大量国内外作者的相关研究成果,在此向著作者致以衷心的感谢。由于编者水平有限,书中难免有不足之处,敬请广大读者批评指正。

作　者

2018 年 10 月

# 目 录
CONTENTS

# 模块一　城市轨道交通系统概述

**学习目标**

1. 掌握城市轨道交通的定义。
2. 熟悉城市轨道交通的分类。
3. 掌握城市轨道交通系统的组成。

**建议学时**

6 学时

　　城市化进程加速和机动车数量迅猛增加,使交通拥堵、交通事故、空气污染、噪声污染等问题日趋严重。由于城市轨道交通具有运量大、速度快、安全性高、准时、节约能源和用地等特点,世界各国普遍认识到,解决城市交通问题的根本出路在于优先发展以轨道交通为骨干的城市公共交通系统。本模块主要阐述发展城市轨道交通的意义、城市轨道交通系统的定义及类型、我国城市轨道交通的发展历程及趋势、城市轨道交通系统组成等。

## 单元一　城市轨道交通系统的内涵及分类

### 一、城市轨道交通的定义及作用

　　根据《城市公共交通分类标准》(CJJ/T 114—2007)中的定义,城市轨道交通为采用轨道结构进行承重和导向的车辆运输系统,依据城市交通总体规划的要求,设置全封闭或部分封闭的专用轨道线路,以列车或单车形式,运送相当规模客流量的公共交通方式。

　　随着城市化的不断发展,机动化给城市带来了突出的交通问题。城市道路及客运交通工具的运能不足带来交通拥堵、车速下降、事故频发等一系列问题。过饱和的城市道路、超负荷的客运交通,使得行车难、乘车难成为市民工作和生活中的突出问题,并且直接制约着城市经济的发展。另外,道路上汽车排放废气、噪声、振动等环境污染的公害问题也越来越引起人们的重视。世界各国投入巨大的力量寻求解决城市交通问题的办法。在这样的背景下,城市轨道交通作为城市公共交通的骨干部分,已成为解决特大城市、大城市日益恶化的城市交通问题的有效方法。

　　城市轨道交通具有以下主要作用。

　　①城市轨道交通是城市公共交通的主干线,是运送客流的大动脉。城市轨道交通建成运营后,将直接关系城市居民的出行、工作、购物和生活。

　　②城市轨道交通是世界公认的低能耗、少污染的"绿色交通",是解决"城市病"的一把

金钥匙,对于实现城市的可持续发展具有非常重要的作用。

③城市轨道交通是城市建设史上最大的公益性基础设施,对城市的全局和发展模式产生了深远的影响。城市轨道交通建设可以带动城市沿轨道交通廊道发展,促进城市繁荣,形成郊区卫星城和多个城市副中心,从而缓解城市中心区人口密集、住房紧张、绿化面积小、空气污染严重等城市病。

④城市轨道交通的建设与发展有利于提高市民出行效率,节省出行时间,改善生活质量。一些国际知名的大都市由于轨道交通十分发达,人们出行很少乘坐私家车,主要依靠地铁、轻轨等轨道交通工具。

## 二、城市轨道交通系统的基本特性

从一定意义上讲,城市轨道交通系统不仅是一个公共客运系统,而且是一个经济系统、社会系统。它不仅具有交通特性,还表现出相应的经济特性和社会特性。

1. 交通特性

(1)提供高效优质的出行服务

城市轨道交通系统的高效、优质体现在以下几个方面。

①城市轨道交通有较大的运输能力。城市轨道交通高密度运转,列车行车时间间隔短,行车速度快,列车编组辆数多,具有较大的运输能力。

②城市轨道交通具有较高的准时性。城市轨道交通车辆在专用线路上运行,不受其他交通工具干扰,不产生线路堵塞现象,并且不受气候影响,是全天候的交通工具,列车按运行图运行,具有可信赖的准时性。

③城市轨道交通具有较高的速达性和舒适性。与常规公共交通相比,由于城市轨道交通运行在专用线路上,车辆有较高的运行速度和启制动加速度,并且多数采用高站台,使得列车停站时间短、乘客上下车迅速方便,可以使乘客较快地到达目的地,缩短出行时间。同时,城市轨道交通运行在不受其他交通工具干扰的线路上,车辆具有平稳的运行特性,车辆、车站等候乘区域装有空调、引导装置、自动售票等直接为乘客服务的设施设备,具有良好的乘车环境,其舒适性优于公共电车、公共汽车。

④城市轨道交通具有较高的安全性。城市轨道交通运行在专用线路上,有先进的通信信号设备,发生交通事故的概率大幅降低。

(2)提供节约能源的交通出行方式

与其他交通方式相比,城市轨道交通具有低能耗、占地少的优势。城市轨道交通主要采用电气牵引,且轮轨摩擦阻力较小,与公共电车、公共汽车相比节约能源。同时,大城市地面拥挤、土地费用昂贵,城市轨道交通充分利用了地下和地上空间,不占用地面街道,能有效缓解由于汽车大量发展而造成的道路拥挤、堵塞,有利于城市空间合理利用,特别有利于缓解大城市中心区过于拥挤的状态,提高了土地利用价值,并能改善城市景观。

(3)提供绿色交通环境

城市轨道交通有低噪声、低空气污染的优势。城市轨道交通采用电气牵引,与公共汽车相比不产生废气污染。城市轨道交通的发展,还能减少公共汽车的数量,间接减少汽车废气排放。在城市轨道交通线路和车辆上采用了各种降噪措施,也不会对城市环境产生严重的噪声污染。

**2. 经济特性**

①城市轨道交通系统是资金密集系统,具有高建设成本、高运营成本的特点。

②城市轨道交通系统具有公益性的特点,需要国家和地方政府的大量补贴。

③城市轨道交通系统的外部效应主要是正外部效应。城市轨道交通建设能诱发沿线土地升值,促进沿线房地产、商业等加速发展。从这一意义上讲,城市轨道交通能增加城市的社会经济福利,带来巨大的正效应。

④城市轨道交通具有明显的规模经济特征。城市轨道交通发挥作用以网络规模为前提,覆盖面越大效率越高。由于城市轨道交通项目存在正外部效应,其社会效益大于经济效益,但项目自身盈利性差。城市轨道交通项目的经营具有时空局限性,盈利空间有限,但是,城市轨道交通权益具有放大性,资产的保值增值能力强。随着社会发展、人口流动增大、线路增加,以及服务水平提高,城市轨道交通将吸引更多的客流。从长期看,票款收入具有增长趋势。

**3. 社会特性**

①城市轨道交通具有公用事业的性质,是准公共产品。从经济学角度看,城市轨道交通项目兼具公共产品和私人产品的特性,即城市轨道交通运输服务具有消费的非竞争性和有一定排他性的基本特征,属于准公共产品。从理论上讲,纯公共产品由政府提供,纯私人产品由民间部门通过市场提供。准公共产品既可以由政府直接提供,也可以在政府给予补贴的条件下,由民间部门通过市场提供,即政府部门和民间部门合伙的方式。

②城市轨道交通具有城市基础设施的功能。城市轨道交通建设是近年来城市基础设施建设的重点,城市轨道交通在城市住宅区、交通运输中心和工作地点之间提供了一种快捷便利的连接通道。

## 三、城市轨道交通的分类

世界各国纷纷开始采用立体化的城市轨道交通来解决日益严重的城市交通拥堵问题。一些城市逐步形成了以地铁为主体,多种城市轨道交通类型并存的现代城市轨道交通系统。

**1. 按基本技术特征分类**

根据《城市公共交通分类标准》(CJJ/T 114—2007),按照城市轨道交通各子系统的技术特征,将城市轨道交通分为地铁系统、轻轨系统、单轨系统、有轨电车、磁浮系统、自动导向轨道系统和市域快速轨道系统等类型。

**(1)地铁系统**

地铁(Metro 或 Underground Railway 或 Subway 或 Tube)是一种大运量的轨道运输系统,采用钢轮钢轨体系,标准轨距为 1435mm,主要在地下空间修筑的隧道中运行,当条件允许时,也可穿出地面,在地面或高架桥上运行。地铁有建设成本高,建设周期长的弊端,但又具有运量大、建设快、安全、准时、节能、污染环境小、节约城市用地的优点。

地铁车辆的基本车型为 A 型车、B 型车和 $L_B$ 型车(直线电机)三种:A 型车的车辆基本宽度 3000mm;B 型车和 $L_B$ 型车的车辆基本宽度 2800mm。每种车型都由动车和拖车组成,分为带驾驶室和不带驾驶室两种。根据线路客运规模的不同,又可分为高运量地铁和大运

图 1-1　北京地铁 1 号线

量地铁。地铁系统的列车编组通常由 4 ～ 8 辆组成，列车长度为 70 ～ 190m，要求线路有较长的站台相匹配，最高行车速度不应小于 80km/h。

我国最早的地铁线路是北京地铁 1 号线（图 1-1）一期工程，始建于 1965 年 7 月 1 日，1969 年 10 月 1 日建成。该线路全部采用敞口放坡明挖浅埋的施工方法，洞体为钢筋混凝土结构，防护能力强。北京地铁的建成开辟了我国修建地铁的新纪元，也极大地促进了首都城市交通的加速发展。

📖 **知识拓展**

19 世纪中叶，英国伦敦以前所未有的速度进行城市建设，数以千计的房屋、商店、办公楼和工厂拔地而起，迅速增加的人口使城市交通突然变得拥挤不堪。1843 年，针对伦敦日益膨胀的人口造成的交通压力，英国律师查尔斯·皮尔逊提议修建地铁。直至 1863 年 1 月 10 日，世界上第一条长 6.5km 的地铁在英国伦敦建成，这条地铁线路采用明挖法施工。它的建成通车标志着地铁的诞生。由于当时电动机车尚未问世，机车牵引仍用蒸汽机车，尽管隧道里烟雾弥漫，但人们仍争相乘坐，当年就运载乘客 950 多万人次，为解决城市交通拥堵树立了成功的典范，不久之后其他城市也纷纷效仿伦敦建设地铁。自此，世界上先后出现地铁和有轨电车，成为解决交通拥堵问题的重要方式。

20 世纪后期，伴随着世界范围内的城市化进程，世界各国的城市区域逐渐扩大，城市经济日益发展，城市人口也迅速上升。由于流动人口以及道路车辆的增加，城市交通量呈急剧增长的态势，机动车辆增长尤快，城市道路的相对有限性带来了交通阻塞、车速下降、事故频发等一系列问题。行车难、乘车难，不仅成为市民工作和生活的一个突出问题，而且制约着城市经济的发展。另外，汽车尾气、噪声等环境污染问题也越来越引起人们的重视。

据有关资料统计，1863—1899 年，世界上有 7 个城市修建了地铁，1900—1949 年，世界上又有 14 个城市修建了地铁。第二次世界大战后，伴随着世界各国城市快速发展、大运量公共客运交通的需求陡增，地铁发展极为迅速，到 20 世纪 90 年代初期，全世界已有 80 多个城市建成了地铁。

（2）轻轨系统

轻轨系统（Light Rail Transit，LRT）是一种中运量的轨道运输系统，客运能力为 1.0 万 ～ 3.0 万人次/h。轻轨系统采用钢轮钢轨体系，标准轨距为 1435mm，主要在城市地面或高架桥上运行，线路采用地面专用轨道或高架轨道，遇繁华街区，也可进入地下或与地铁接轨。

轻轨车辆包括 C 型车辆、$L_C$ 型车辆（直线电机）。轻轨 C 型车和 $L_C$ 型车车辆基本宽度为 2600mm。标准 C 型车分为 C-Ⅰ型、C-Ⅱ型和 C-Ⅲ型三种。C-Ⅰ型为单节 4 轴轻轨车，C-Ⅱ型为单铰双节 6 轴轻轨车，C-Ⅲ型为双铰三节 8 轴轻轨车，这三种车型都有低地板车型和高地板车型。C 型车辆的列车编组，通常由 1 ～ 3 辆组成，列车长度一般不超过 90m，最高行车速度不小于 60km/h，站台最大长度不大于 100m。$L_C$ 型车列车编组，通常由 2 辆、4 辆或 6 辆组成，站台长度应小于 100m。当前，采用直线电机 $L_C$ 型车组成的轻轨系统，在我国尚无实例。

　　长春轨道交通 3 号线(轻轨 1 期和 2 期工程,图 1-2),是吉林省长春市第一条轻轨线路,于 2002 年 10 月 30 日开始运营。线路从宽城区长春站到南关区长影世纪城站,长 31.9km,设置 33 个车站,使用的列车有两种编组类型,分别是 3 节编组和 6 节编组。

　　(3)单轨系统

　　单轨系统是一种车辆与特制轨道梁组合成一体运行的中运量轨道运输系统,轨道梁不仅是车辆的承重结构,同时也是车辆运行的导向轨道。单轨系统的类型主要有两种:一种是车辆跨骑在单片梁上运行的方式,称之为跨座式单轨系统;另一种是车辆悬挂在单根梁上运行的方式,称之为悬挂式单轨系统。

　　单轨系统适用于单向高峰小时最大断面客流量 1 万 ~ 3 万人次的交通走廊。单轨系统的列车,通常 4 ~ 6 辆编组,相应列车长度在 60 ~ 85m 之间。因其占地面积小,与其他交通方式完全隔离,运行安全可靠,建设适应性较强。

图 1-2　长春轨道交通 3 号线

主要适用范围如下:

①城市道路高差较大,道路半径小,线路地形条件较差的地区;
②旧城改造已基本完成,而该地区的城市道路又比较窄;
③大量客流集散点的接驳线路;
④市郊居民区与市区之间的联络线;
⑤旅游区域内景点之间的联络线和旅游观光线路等。

跨座式单轨系统

　　单轨交通历史悠久。早在 1824 年,英国就出现了为伦敦码头运货而修建的单轨交通,靠畜力牵引。世界上第一条跨座式单轨线诞生于 1888 年,是由法国设计在爱尔兰铺设的,线路长约 15km,由蒸汽机车牵引,这条线路一直运行到 1924 年 10 月。1893 年德国发明了悬挂式单轨交通,并于 1898—1901 年在著名悬车之城——德国鲁尔区伍珀塔尔市修建了 13.3km 的悬挂式单轨,如图 1-3 所示。1960 年,法国的雷诺、米西兰、里昂水电等十几家公司联合设计出悬挂式单轨车,并以公司第一字母命名为 SAFEGE(萨非基)悬挂式单轨车。尽管单轨系统在 20 世纪初期已经在城市交通中出现,但因技术上还不够成熟,没有像有轨电车和公共汽车那样得到广泛应用。直到 20 世纪后期,随着跨座式和悬挂式单轨技术的成熟,以及单轨系统作为解决城市公共交通问题的途径得到各方面的重视,单轨系统才从作为博览会会场和游乐场所集散观光娱乐客流的工具逐渐成为现代化的城市客运交通工具。日本、德国、美国、意大利和乌克兰等国家建有单轨系统。重庆轨道交通 2 号线是我国引进国外先进技术,通过消化吸收再创新而建设并成功运营的国内第一条单轨线路,如图 1-4 所示。

图1-3　德国伍珀塔尔市悬挂式单轨

图1-4　重庆轨道交通2号线跨座式单轨

**案例导读**

### 德国伍珀塔尔市的悬挂式单轨

1898年，德国开始建造第一条单轨铁路，在建筑大师威尔海姆·弗尔德曼（Wilhem Feldmann）的指导下，仅经过三年的建设，这条单轨铁路便闪亮登场。不久后，它被称为"Wuppertaler Schwebebahn"，即德国西部城市伍珀塔尔的"漂浮火车"。这种新型的城市交通工具在德国引发了极大的轰动。在1900年10月24日的试车中，德国国王威廉二世甚至也被说服登上列车，体验独特的旅行感觉。虽然历经两次世界大战、各种各样的事故和其他事件，但自1901年以来，伍珀塔尔的悬挂式单轨一百多年来几乎从未停止过运营。具有如此悠久历史的单轨铁路，在1999年以前从未发生过致人死亡的重大事故，创造了98年无事故纪录。1999年4月，工人在维修结束后，忘记拿走留在车轨的零部件，导致4号车出轨，一节车厢坠入乌帕河，造成5人死亡、47人受伤的惨剧。这是这条线路发生的第一次严重事故，也是唯一一次重大事故。1950年，这条单轨线路还曾发生一次"事故"。当时，阿尔霍夫马戏团为进行宣传，让一头名叫塔菲的大象体验悬挂式单轨。不过，塔菲并不喜欢这场旅行，上车后不久便开始狂躁不安，最后撞开车厢，掉进乌帕河。庆幸的是，塔菲虽然受伤，但并无生命危险。几十年过去了，伍珀塔尔人仍对这场"事故"津津乐道，甚至还在出事地点附近的一座建筑上悬挂塔菲的画像。

（4）有轨电车

有轨电车是一种低运量的城市轨道交通系统，电车轨道主要铺设在城市道路路面上，车辆与其他地面交通混合运行。有轨电车客运能力一般在0.6万~1万人次/h，运行速度一般在15~25km/h之间。车辆以单车运行为主，车辆基本长度为12.5m，也可连挂运行，但不宜超过2辆车连挂。

有轨电车起源于城市公共马车，为了多载客，人们把马车放在铁轨上。随着电动机的发明和牵引电力网的出现，世界上第一条有轨电车线于1888年5月在美国弗吉尼亚州里士满市开通。到20世纪20年代，美国的有轨电车总长达2.5万km。到20世纪30年代，欧洲、日本、印度和我国的有轨电车有了很大发展。1906年，我国第一条有轨电车线在天津北大关至老龙头火车站（今天津站）建成通车，随后上海、北京、抚顺、大连、长春、鞍山等城市相继修建了有轨电车或电铁客车，在当时的城市公共交通中发挥了重要作用。由于旧式有轨电车运能低、挤占道路、噪声大等问题,20世纪五六十年代世界各大城市纷纷拆除有轨电车线路,改建运量大的地铁或轻轨。我国的有轨电车在20世纪50年代末已拆得所剩无几,仅大连、长春两城市保留。大连还对有轨电车进行了改造,使其成为城市的一张名片。经改造后的现代有轨电车与性能较差的轻轨交通已很接近,只是车辆尺寸稍小一些,运行速度接近20km/h,单向运能可达2万人次/h。现代有轨电车具有运行可靠、舒适、节能、环保等特点,且其技术特性已与轻轨基本无异。如今许多城市开始改建或新增现代有轨电车线路,如法国斯特拉斯堡、瑞士日内瓦、西班牙巴塞罗那以及我国的大连、天津、上海等。

**知识拓展**

### (一)长春有轨电车

长春有轨电车于1941年11月1日开通,直到1945年8月15日(日本宣布无条件投降),长春有轨电车已经拥有7条运营线路和73辆有轨电车车辆。长春有轨电车在公交历史上最辉煌的时期是在1960年,当时拥有6条运营线路和88辆有轨电车车辆,运营里程长达52.63km。后来,随着汽车数量的上升,城市道路紧张,和很多城市一样,长春市也拆除了部分有轨电车线路。现在,仅剩54路有轨电车还在运营。2014年8月25日,55路有轨电车正式开通运营,是继54路有轨电车之后的有一条有轨电车线路,连接西部城区与红旗街商圈。咣当咣当作响的有轨电车不仅是市民出行的交通工具,同时也是长春大街上的一道独特风景线(图1-5)。

### (二)墨尔本有轨电车

墨尔本拥有全球最大的有轨电车网络,公共交通优先的理念在墨尔本的交通体系中得到了充分的体现。四通八达的有轨电车轨道,数十条遍布市区大街小巷的线路,超过千辆款色不同的有轨电车车辆,形成墨尔本一道极为独特的、流动的、亮丽的城市风景,也使得墨尔本蕴含着极为浓重的欧洲风情。墨尔本的电车餐厅(The Colonial Tramcar Restaurant)始于1983年,是全球第一家,也是唯一开设在有轨电车上的高级餐厅,如图1-6所示。

图1-5　长春有轨电车　　　　　　　　　　图1-6　墨尔本的有轨电车餐厅

(5)磁浮系统

磁浮系统在常温条件下,利用电导磁力悬浮技术使列车上浮,因此,车厢不需要车轮、车轴、齿轮传动机构和架空输电线网,列车运行方式为悬浮状态,采用直线电机驱动行驶,主要在高架桥上运行,特殊地段也可在地面或地下隧道中运行。磁浮列车适用于城市人口超过200万的特大城市,是重大客流集散区域或城市群市际之间较理想的直达客运交通,也是中运量轨道运输系统中的一种先进技术客运方式,对客运能力1.5万~3万人次/h的中、远程交通走廊较为适用。目前,磁浮系统主要有两种基本类型:一种是高速磁悬浮列车,其最高行车速度可达500km/h;另一种是中低速磁悬浮列车,其最高行车速度可达100km/h。高速磁悬浮系统的列车编组,通常由5~10辆组成,列车长度在130~260m左右。中低速磁悬浮系统的列车编组,通常由4~10辆组成,列车长度在60~150m左右。由于磁浮系统在我国尚处于新兴技术发展阶段,在城市轨道交通领域的应用经验,还有待不断总结完善。

### 📖 知识拓展

上海磁悬浮列车专线西起上海轨道交通2号线的龙阳路站,东至上海浦东国际机场,专线全长29.863km,如图1-7所示,是由中德两国合作开发的世界第一条磁悬浮商业运营的线路,最高设计速度430km/h,单线运行时间约8min。

图1-7 上海磁悬浮列车

(6)自动导向轨道系统

自动导向轨道系统(Automated Guideway Transit,AGT),是一种车辆采用橡胶轮胎、在专用轨道上运行的中运量旅客运输系统,其列车沿着特制的导向装置行驶,车辆运行和车站管理采用计算机控制,可实现全自动化和无人驾驶技术,通常在繁华市区线路可采用地下隧道,市区边缘或郊外宜采用高架结构。自动导向轨道系统适用于城市机场专用线或城市中客流相对集中的点对点运营线路,必要时,中间可设少量停靠站。

20世纪70年代先后建成投入运营的自动导向交通系统有美国达拉斯沃斯堡机场的旅客捷运系统(People Movers)和摩根城的个人快速公交(Personal Rapid Transit)系统等。进入20世纪80年代后,日本、法国和德国等国家也建成自动导向交通系统,其中尤以日本发展最快,以1990年开通的神户六甲岛线为代表。近年来日本在东京、神户、大阪、千叶等城市已建设了10条AGT线路。自动导向轨道系统是一种新交通系统。我国的新交通系统发展起步略晚,但是发展速度较快。天津市于2007年在滨海新区开通了全长7.6km的亚洲首条胶轮导轨线路,北京市于2008年奥运会前开通了服务于首都机场的首都机场线,上海市于

2009 年开通了胶轮导轨电车。我国香港特别行政区于 20 世纪 90 年代后期建设了新机场从登机厅到机场主楼的一条长约 1km 的新交通系统，采用 VAL 制式。

（7）市域快速轨道系统

市域快速轨道也称市郊铁路，是伴随着城市规模的扩大、卫星城的建设而发展起来的，是连接城市市区与郊区，以及连接城市周围几十公里甚至更大范围的卫星城镇或城市圈的铁路。市郊铁路一般和干线铁路设有联络线，线路设施与干线铁路基本相同，设备与干线铁路相同，线路大多建在地面，部分建在地下或采用高架。其服务对象以城市公共交通客流，即短途、通勤旅客为主。市郊铁路通常使用电力牵引和内燃牵引，列车编组多为 4～10 辆，最高速度可达 100～120km/h。市郊铁路运能与地铁相同，但由于站距较地铁长，运行速度超过地铁。

北京北至延庆市郊铁路 S2 线，2008 年 8 月 6 日开通，是在京包铁路和康延支线上开行的通勤列车，是北京开通的第一条市郊通勤铁路（图 1-8），日输送旅客能力将近 2 万人次。

图 1-8　北京北至延庆市郊铁路 S2 线

**2. 按路权及列车运行控制方式分类**

根据城市轨道交通系统是否专用和列车运行控制方式的不同，可将城市轨道交通系统分为路权专用、按信号指挥运行，路权专用、按视线可见距离运行和路权混用、按视线可见距离运行等类型。

（1）路权专用、按信号指挥运行

路权专用、按信号指挥运行类型系统的特点是线路专用，与其他城市交通线路没有平面交叉。由于路权专用及按信号指挥运行，这种轨道交通系统的行车速度高且行车安全性好。属于这种类型的轨道交通系统包括市郊铁路、地下铁道等。

（2）路权专用、按视线可见距离运行

路权专用、按视线可见距离运行类型系统的特点是线路专用，与其他城市交通线路没有平面交叉，行车安全性较好，但由于无信号、按可视距离间隔运行，行车速度稍低。

（3）路权混用、按视线可见距离运行

路权混用、按视线可见距离运行类型系统的特点是线路与其他运输车辆和行人公用，与其他城市交通线路有平面交叉。除在交叉口设置信号控制外，其余线路段可按照可视距离间隔运行，行车速度和行车安全性较差。适于这种类型的轨道交通系统主要是轻轨和有轨电车。

**3. 按客运能力分类**

根据《城市公共交通分类标准》（CJJ/T 114—2007）和《城市轨道交通工程项目建设标准》（建标 104—2008），按照客运能力的大小，城市轨道交通系统可分为高运量轨道交通系统、大运量轨道交通系统、中运量轨道交通系统和低运量轨道交通系统。

（1）高运量轨道交通系统

该类型系统的客运能力在 4.5 万～7 万人次/h，属于该种类型的主要有地铁系统的 A

型车和 B 型车。

（2）大运量轨道交通系统

该类型系统的客运能力在 2.5 万 ~ 5 万人次/h,属于该种类型的主要有地铁系统的 $L_B$ 型车。

（3）中运量轨道交通系统

该类型系统的客运能力为 1 万 ~ 3 万人次/h,属于该种类型主要有轻轨系统、单轨系统、自动导向轨道系统和磁浮系统。

（4）低运量轨道交通系统

该类型系统的客运能力在 1 万人次/h 以下,属于该类型的主要有自动导向轨道系统和有轨电车。

**4. 按构筑物的形态或轨道相对于地面的位置分类**

按构筑物的形态或轨道相对于地面的位置,城市轨道交通可分为以下 3 类。

①地下铁路:位于地下隧道内的铁路。

②地面铁路:位于地面的铁路。

③高架铁路:位于地面高架桥上的铁路。

以上根据城市轨道交通系统的基本技术特征、路权是否专用、列车运行控制方式的不同以及客运能力的大小进行的分类并不是绝对的。事实上,在一些不同类型城市轨道交通系统之间并没有明确的、清晰的界限。专业文献资料表明,国外对同一种城市轨道交通系统有轻型地铁和轻轨等不同称呼的情况。此外,一种城市轨道交通系统归入何种运量类型也是有条件的,因为计算轨道交通系统高峰小时单向运输能力的基本参数是列车间隔时间、车辆定员人数和列车编组辆数等,即使是同一轨道交通系统,这些参数也可能是多值的,这里进行分类的基本依据是根据某一城市轨道交通系统有关参数的常用取值。

# 单元二　城市轨道交通系统组成

线路与站场(车站及车辆基地)是城市轨道交通系统的基础硬件设施,除此之外,还有车辆、供电、通信、信号、环控、给水与排水等子系统,如图1-9所示。只有各子系统运行正常,有效联动,才能确保城市轨道交通系统的正常运营。如,车辆必须在已铺设完成的轨道上才能行驶;列车行驶依靠的是供电系统提供的电源;为保证列车行驶安全,必须有畅通及时的通信系统和准确无误的信号系统作为保障。其中,线路、车站、车辆基地是其他子系统建立与运作的基础,车站是乘客完成购票、检票等出行手续的地点,是乘客进出城市轨道交通系统的直接场所,乘客借助车辆在线路上完成旅行行为。

## 一、线路

线路是城市轨道列车运行的支承,是城市轨道交通系统的基本组成部分。城市轨道交通线路通常由钢轨、路基组成。考虑到乘客出行方便、土地利用充分、节约建设费用等因素,地铁线路的走向一般选择易于施工和客流相对比较集中的地区。线路按所处位置分为地下、地面和高架 3 种;按照其在运营中的地位和作用划分为正线、辅助线和车场线。关于线路部分的内容将在后边详细介绍,此处不再赘述。

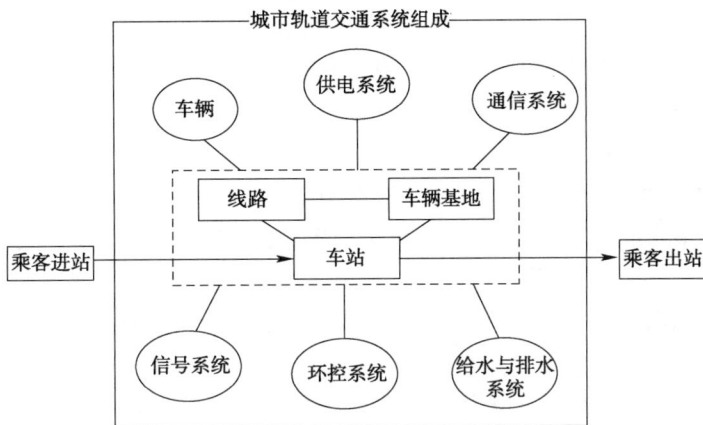

图 1-9　城市轨道交通系统组成

## 二、车站建筑

车站是城市轨道交通系统的重要建筑物。它是系统运营过程不可缺少的组成部分,是供旅客乘降、换乘和候车的场所。车站均设有运营管理系统的重要设备,从而保证城市轨道交通的安全运行。城市轨道交通车站的一般建在客流量较大的集散地,选址、布置、规模等对运营效果具有决定性的影响。关于城市轨道交通车站的类型、组成部分、布局规划等内容将在后边详细介绍,此处不再赘述。

## 三、车辆

车辆是城市轨道交通系统重要的技术装备,也是技术密集的机电一体化设备。它与城市轨道交通系统中的供电、接触网(轨)、通信、信号、综合监控、屏蔽门、土建、线路及轨道等系统有着密切的技术接口,也是相关系统服务的对象,在城市轨道交通系统工程的投资中占有较大比重。作为输送乘客的运载工具,车辆直接关系到城市轨道交通运营目标的实现。在出行过程中,乘客除了在车站就是在车辆上,乘客在途中的安全有赖于车辆的安全运行;车辆行进速度则直接决定了乘客到达的快捷和准点;车厢载客量、车厢硬件设备则决定了乘客出行过程的舒适度。城市轨道交通系统的选择与车辆类型紧密相连,车辆类型不同,不仅是车辆尺寸大小及容量的差别,更重要的是车辆的轴重、允许通过的最小曲线半径、最高运营速度等技术指标有较大差异,直接影响城市轨道交通线路的结构形式、线路位置选择、运营组织、输送能力等多个方面。

城市轨道交通车辆不但应具备安全、快速、大容量等功能,还应具有良好、舒适的乘车环境和节能的特点,并在外观设计方面有助于美化城市景观。

1. 城市轨道交通车辆分类

(1)按牵引动力配置分

按牵引动力配置可将城市轨道交通车辆分为动车和拖车。

①动车:车辆自身具有动力装置(装有牵引电机),具有牵引与载客双重功能,动车又可分为带有受电弓的动车和不带受电弓的动车。

②拖车:车辆不装备动力装置,需由具有动力牵引功能的车辆牵引拖带的车辆,仅有载客功能。可设置驾驶室(首位车辆),也可带受电弓。

为提高效率,现代车辆大多按动车组(单元)设计,在一组动车组内,动车、拖车与驾驶室的分布是一个有机的整体,不能随意拆卸。

(2)按车辆规格分

按车辆规格可将城市轨道交通车辆分为重型车辆和轻型车辆。

①重型车辆:轴重较大(轴重:车辆总重量与轴数之比,吨/轴),载客人数较多,车体尺寸较大(断面)。

②轻型车辆:相对重型车辆各项指标值均较小。

(3)按车辆制作材料分

按车辆制作材料可将城市轨道交通车辆分为钢骨车和新材料车。

①钢骨车:车底架、车体骨架等受力部分采用钢材制作,其他用木材或合成材料制作。

②新材料车:采用轻质合金材料,如铝合金、钛合金等,降低车辆自重,提高承载能力和运输效率。

城市轨道交通车辆的类型

根据不同的分类角度,车辆类型也不尽相同。按照城市轨道交通系统制式不同,所选车辆类型也不同,不同类型车辆技术指标及特征比较如表1-1所示。

不同类型车辆技术指标及特征比较　　　　　　　表1-1

| 车型 | | 地铁系统 | | | 轻轨系统 | | | | 单轨系统 | | 自动导向轨道系统 |
| --- | --- | --- | --- | --- | --- | --- | --- | --- | --- | --- | --- |
| | | A 型 | B 型 | $L_B$ 型 | C 型 | | | $L_C$ 型车 | 跨座式 | 悬挂式 | 胶轮导向车 |
| | | | | | C-Ⅰ | C-Ⅱ | C-Ⅲ | | | | |
| 车辆基本宽度(mm) | | 3000 | 2800 | 2800 | 2600 | 2600 | 2600 | 2600 | 3000 | 2600 | 2600 或 2500 |
| 车辆基本长度(m) | | 22.0 | 19.0 | 16.8 | 18.9 | 22.3 | 30.4 | 16.5 | 15.0 | 15.0 | 7.6～8.6 |
| 车辆最大轴重(t) | | ≤16 | ≤14 | ≤13 | 11 | 11 | 11 | 11 | 11 | — | 9 |
| 列车编组(辆) | | 4～8 | 4～8 | 4～8 | 1～3 | 1～3 | 1～3 | 2～6 | 4～6 | — | 2～6 |
| 列车长度(m) | | 100～190 | 80～160 | 70～140 | 20～60 | 25～70 | 35～90 | 35～100 | 60～85 | — | 17.2/52.0 |
| 线路 | 形式 | 地下、高架或地面,全封闭型 | | | 地下、高架或地面,封闭或专用车道 | | | 封闭 | 封闭 | 高架 | 架空或地下、全封闭型 |
| | 线路半径(m) | ≥300 | ≥250 | ≥100 | ≥50 | | | ≥60 | ≥50 | | ≥30 |
| | 线路坡度(‰) | ≤35 | ≤35 | ≤60 | ≤60 | | | | ≤60 | | ≤60 |

续上表

| 车型 | 地铁系统 | | | 轻轨系统 | | | | 单轨系统 | | 自动导向轨道系统 |
|---|---|---|---|---|---|---|---|---|---|---|
| | A 型 | B 型 | L$_B$ 型 | C 型 | | | L$_C$ 型车 | 跨座式 | 悬挂式 | 胶轮导向车 |
| | | | | C-Ⅰ | C-Ⅱ | C-Ⅲ | | | | |
| 客运能力（万人次/h） | 4.5~7.0 | 2.5~5.0 | 2.5~4.0 | 1.0~3.0 | | | | 1.0~3.0 | 0.8~1.25 | 1.5~3.0 |
| 供电电压及方式 | DC1500V 接触网供电 | DC1500V/750V 接触网或第三轨 | DC1500V/750V 接触网或第三轨 | DC750V/1500V、接触网或第三轨 | | | | DC750V/1500V、第三轨 | | DC750V/1500V、第三轨 |
| 平均运行速度（km/h） | ≥35 | | | 25~35 | | | | 30~35 | ≥20 | ≥20 |

注：1. 表中客运能力按行车间隔 2min 和列车额定载客量（站立 6 人/m²）计算。

　　2. 平均运行速度即旅行速度，是指起点站至终点站间全程距离除以全程运行时间（包括沿途停站时间）。

2. 城市轨道交通车辆组成

一般城市轨道交通车辆由车体、转向架、牵引缓冲装置、制动装置、受流装置、车辆内部设备、车辆电气系统七部分组成。

（1）车体

车体是容纳乘客和司机（如有司机室时）的地方，多采用整体承载的钢结构、轻金属结构或复合材料结构。车体本身又包括底架、端墙、侧墙及车顶等部分。

（2）转向架

转向架装设于车辆与轨道之间，是车辆的走行部分，如图 1-10 所示。它又分动力转向架和非动力转向架两类。

（3）牵引缓冲装置

车辆的连接是通过车钩（图 1-11）实现的，车钩后部一般需要装设缓冲装置，以缓和列车运动中的冲击力。

图 1-10　车辆转向架

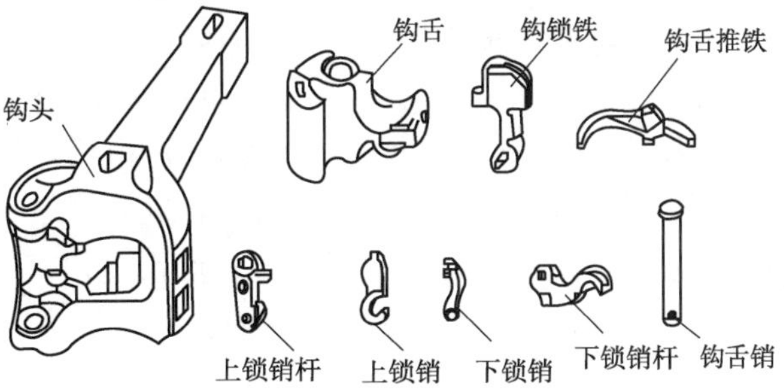

图 1-11　车头车钩装置

（4）制动装置

制动装置是保证列车运行安全的装置，无论动车或拖车均需设摩擦制动装置。城市轨道交通车辆的制动装置除常规的空气制动装置外，还有再生制动、电阻制动以及磁轨制动（轻轨车辆上常用的方式）。

（5）受流装置

从接触导线（接触网）或接触轨（第三轨）将电流引入动车的装置，也称为受流器。受流器一般有杆形受流器（多用于城市无轨电车）、弓形受流器（多用于城市有轨电车）、侧面受流器（多用于矿山货车）、轨道式受流器（第三轨受流，图1-12）和受电弓受流器（图1-13）5种形式。

图1-12　第三轨

图1-13　受电弓

（6）车辆内部设备

车辆内部设备是指服务于乘客的车体内部固定附属装置（如车灯、广播、空调、座椅等）和服务于车辆运行的设备装置（如蓄电池箱、继电器箱、主控制箱、风缸、电源变压器等）。

（7）车辆电气系统

车辆电气系统是指各种电气设备及其控制电路，包括主电路系统、辅助电路系统和电子控制电路系统。

## 四、供电系统

供电系统为城市轨道交通系统供应能量。供电一旦中断，不仅会造成城市轨道交通运输瘫痪，而且还有可能危及旅客生命安全，造成财产损失。因此，高度安全、可靠而又经济合理地供给电力是城市轨道交通正常运营的重要条件和基本保证。供电系统一般由高压供电源系统、牵引供电系统、动力照明供电系统、电力监控系统组成。

高压供电源系统，即城市电网对城市轨道交通系统内部变电所的供电系统。城市轨道交通供电电源一般取自城市电网，通过城市电网一次电力系统和城市轨道交通供电系统实现输送或变换，最后以适当的电流形式（直流电或交流电）和电压等级供给城市轨道交通系统用电设备。

牵引供电是指供给电动车辆运行的电能，由牵引变电所和牵引网组成。牵引变电所是指对城市轨道交通某一供电区段提供牵引电能的变电所。牵引网（架空线或接触轨）是指经过电动列车的受电器向电动列车供给电能的导电网。牵引网按其结构形式可分为接触轨式接触网和架空式接触网两大类型。架空式接触网是架设在走行轨道上部的接触网。由电动列车顶部伸出的受电弓与之接触取得电能，适用于电压较高的制式，如上海、广州地铁均采用了 1500V 接触网供电的方式。接触轨是沿牵引线路敷设的与走行轨道平行的附加轨,又称第三轨。电动车组伸出的受流器与之接触而取得电能,适用于净空受限的线路和电压较低的制式。地铁直流制 750V 系统一般可采用第三轨。我国北京、天津地铁和苏联地铁采用第三轨。其优点是隧道净空高度低,结构简单,造价低;其缺点是人身和防火方面安全性差,难以与采用架空式接触网的地面或高架铁道衔接。

动力照明供电系统是指提供车站和区间各类照明、扶梯、风机、水泵等动力机械设备电源和通信、信号、自动化等设备电源,它由降压变电所和动力照明配电线路组成。

电力监控系统,对供电系统的主变电所、牵引变电所、降压变电所供电设备的运行状态进行监视、保护、控制及数据采集。

## 五、通信与信号系统

城市轨道交通的通信、信号设备应是一个完整的运行管理系统。它应用先进的计算机及光通信技术,完成列车进路控制、运行图管理、列车追踪、运行表示、运行监视、列车数据传输、闭路电视监控、旅客导向信息控制及广播系统运行等。

### 1.通信系统

为了迅速、准确、可靠地传递和交换语音、图像、数据信息,城市轨道交通的通信系统是一个独立完整的指挥行车的内部通信网。通信网由光纤数字传输系统、数字电话交换系统、闭路电视监控系统、无线通信系统以及车站广播系统等组成。

### 2.信号系统

信号系统影响着城市轨道交通的行车速度及行车间隔时间,进而影响列车通过能力及输送能力,同时也是安全行车的重要保证。信号系统是衡量城市轨道交通先进程度的一个重要方面。传统的信号系统即以地面信号显示为依据,司机按行车规则操纵列车运行。目前,世界各国的城市轨道交通信号系统大都采用列车自动控制系统(Automatic Train Control System,ATC),它包括列车自动防护(Automatic Train Protection,ATP)、列车自动操纵(Automatic Train Operation,ATO)和列车自动监督(Automatic Train Supervision,ATS)三个子系统。它是一套完整的控制、监督、管理系统,能确保列车安全、短间隔地有序运行。位于管理级的 ATS 模块较多地采用软件方法实施联网、通信及指挥列车安全运行;发送和接收各种行车命令的 ATP 系统确保列车的安全运行;车载 ATP 设备接收轨旁 ATP 设备传递的信号指令,经校验后送至 ATO 完成部分运行的操作功能。三个子系统既相互独立又相互联系,相互关系如图 1-14 所示。

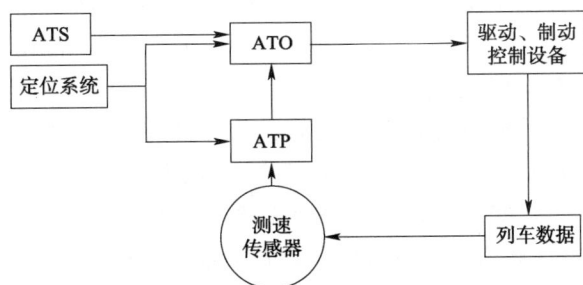

图 1-14　ATS、ATO、ATP 相互关系

（1）列车自动监督（ATS）

在 ATC 系统中 ATS 处于管理层，在 ATP、ATO 系统的支持下，利用软件方式实施列车的控制。ATS 主要是实现对列车运行的监督，辅助行车调度员对全线列车运行进行管理。ATC 主要功能有：可以编制列车运行图，监督和记录运行图的执行情况，显示全线列车运行状态，为行车调度员的调度指挥和运行调整提供依据，如对列车偏离运行图时及时做出反应；办理列车进路控制、发车时刻，及时收集和记录列车运行信息等。通过 ATO 接口，ATS 还可以向旅客提供运行信息通报，包括列车到达、出发时间，列车运行方向、中途停靠点信息等。

（2）列车自动防护（ATP）

ATP 主要用于对列车驾驶进行防护，对与安全有关的设备或系统实行监控，实现列车间隔保护、超速防护等功能。ATP 系统是保证列车运行安全、缩小列车运行间隔的关键设备。ATP 由地面设备和车载设备组成，列车通过地面 ATP 设备接收辖区运行列车的目标速度，保证列车不会超速并且和前后车辆保持安全距离。ATP 子系统的功能包括：自动检测列车的位置和实现列车间隔控制，以满足规定的通过能力；连续监视列车的速度，实现超速防护，当列车实际速度大于允许速度时，施加常用制动，当列车速度大于最大安全速度时，施加紧急制动，保证列车不冒进前方列车占用的区段。

（3）列车自动操纵（ATO）

ATO 控制主要是站间的自动运行控制及定位停车控制。以 ATO 代替人工驾驶，避免了不必要的、过于剧烈的加速和减速，保证列车运行平稳，显著提高旅客舒适度，同时提高列车准点率，减少能耗及轮轨磨损。ATO 的功能包括：控制列车在允许速度下运行，并自动调整列车的速度，列车在区间或站外停车后，一旦信号开放，即可自动启动，系统控制列车到达站台的最佳制动点，使列车停于预定目标点，停站结束后，保证车门关闭，列车能自动启动；当列车到达折返站时，自动准备折返。

**案例导读**

英国发生了许多铁路交通事故。最严重的一次事故是 1988 年发生在伦敦南部靠近克拉彭的撞车事件。由于发生在运输繁忙时段，两辆相撞的列车中搭载了近 1300 人，事故共造成 35 人死亡。事发后，事故调查小组建议英国的铁路系统都安装列车自动防护系统。

## 六、环控系统

环控系统即指环境控制系统（BAS），它是确保轨道交通系统正常运营的一个重要组成部分。环境控制的对象是地面车站、高架车站、地下车站、地下区间隧道、主变电所、牵引变电所等。通过环控系统对城市轨道交通（尤其是地下车站）的温度、湿度、空气等进行处理，在正常运行期间可以为地铁乘客提供舒适良好的乘车环境，为工作人员提供安全、卫生、舒适的工作环境，为车站各种设备和管理用房按工艺和功能要求提供满足要求的环境条件，为列车及设备的运行提供良好的工作条件。当地铁内发生火灾、毒气事故时，环控系统能提供新鲜空气，及时排除有害气体，为人员撤离事故现场创造条件。

环控系统分为开式环控系统、闭式环控系统和屏蔽门式系统。开式环控系统是指机械通风或活塞效应使轨道内部与外界交换空气,可以利用外界空气冷却车站和隧道。闭式环控系统不引入外界空气,站内采用空调系统,区间隧道借助"活塞效应"。屏蔽门式系统是指安装屏蔽门,将站台与隧道隔开,站内安装空调系统,隧道用通风系统(机械通风、活塞通风)。

### 七、给水与排水系统

我国修建的城市轨道交通给水系统,大致分为下列几类:生产、生活和消防共用的给水系统,生产及生活给水系统,消火栓给水系统,自动喷水灭火给水系统,空调冷却循环给水系统。

城市轨道交通属于集多专业、集硬件与软件于一身的复杂系统,除了系统必备的线路、车站、车辆等硬件设施外,还具有采用了以电子计算机处理技术为核心的各种自动化设备,从而代替人工的、机械的、电气的行车组织、设备运行和安全保证系统。如列车自动控制系统(ATC)可以实现列车自动驾驶、自动跟踪、自动调度。供电系统管理自动化系统(SCADA)可以实现主变电所、牵引变电所、降压变电所设备系统的遥控、遥信、遥测和遥调。环境监控系统(BAS)和火灾报警系统(FAS)可以实现车站环境控制的自动化和消防、报警系统的自动化。自动售检票系统(AFC)可以实现自动售票、检票、分类等功能。这些系统各自形成网络,均在控制中心(OCC)设中心计算机,实现统一指挥,分级控制。

城市轨道交通列车运行是一个多专业、多工种配合工作,围绕安全行车这一中心而组成的有序联动、时效性极强的系统。在运输组织、功能实现、安全保证等方面均应遵循城市轨道交通的客观规律。在运输组织上要实行集中调度、统一指挥、按运行图组织行车。在功能实现方面,各有关系统如线路、车站、隧道、车辆、供电、通信、信号、机电设备及消防系统均应保证状态良好,运行正常。在安全保证方面,主要依靠行车组织和设备正常运行,来保证必要的行车间隔和正确的行车线路。

### 🏢 实训项目

城市轨道交通系统运营沙盘是对线路、车站、列车、控制中心等环节进行模拟仿真,学生通过观察实训中心的城市轨道交通运营沙盘,将加深对城市轨道交通系统的整体认知。实训项目的详细内容及具体操作见教材后配备的实训指导书。

### 🍎 复习与思考

**一、填空题**

1. 城市轨道交通系统基本特性包括_____、_____、_____。

2. 根据城市轨道交通系统基本技术特征不同,可将城市轨道交通系统分为市域快速轨道系统、_____、_____、有轨电车、单轨系统、自动导向轨道系统和磁浮系统等类型。

3. _____是一种车辆与特制轨道梁组合成一体运行的中运量轨道运输系统,轨道梁不仅是车辆的承重结构,同时是车辆运行的导向轨道。

4. 按构筑物的形态或轨道相对于地面的位置,城市轨道交通可分为_____、_____、_____。

5. 列车自动控制系统(ATC)由_____、_____、_____三大子系统组成。

6.写出下列专业词汇英语简称的含义：

ATC——_____、ATP——_____、ATO——_____、

AFC——_____、FAS——_____、BAS——_____。

## 二、判断题

1.市域快速铁路一般和干线铁路设有联络线,线路设施与干线铁路基本相同,设备与干线铁路相同,线路大多建在地面,部分建在地下或高架。其服务对象以城市公共交通客流,即短途、通勤旅客为主。　　　　　　　　　　　　　　　　　　　　　　　　（　　）

2.地铁的线路必须全部修建在地下隧道内。　　　　　　　　　　　　　　（　　）

3.有轨电车是一种低运量的城市轨道交通,轨道主要铺设在城市道路路面上,车辆与其他地面交通混合运行。　　　　　　　　　　　　　　　　　　　　　　　（　　）

4.磁浮系统在常温条件下,利用电导磁力悬浮技术使列车上浮,因此,车厢不需要车轮、车轴、齿轮传动机构和架空输电线网。　　　　　　　　　　　　　　　　　（　　）

5.车辆是系统运营过程不可缺少的组成部分,是供旅客乘降、换乘和候车的场所。
　　　　　　　　　　　　　　　　　　　　　　　　　　　　　　　　　（　　）

6.ATS控制主要是站间的自动运行控制及定位停车控制。　　　　　　　（　　）

7.ATO主要用于对列车驾驶进行防护,对与安全有关的设备或系统实行监控,实现列车间隔保护、超速防护等功能。　　　　　　　　　　　　　　　　　　　　（　　）

8.ATS在ATC系统中处于管理层,在ATP、ATO系统的支持下,利用软件方式实施列车的控制。　　　　　　　　　　　　　　　　　　　　　　　　　　　　　　（　　）

## 三、简答题

1.城市轨道交通具有哪些主要作用？

2.城市轨道交通系统按基本技术特征分哪几种类型？

3.简述城市轨道交通系统主要组成部分。

4.城市轨道交通车辆有哪些类型？

5.接触网按其结构可分为哪两大类型？各有什么优缺点？

# 模块二　城市轨道交通线网规划

## 单元一　城市轨道交通线网规划概述

城市轨道交通线网是指多条城市轨道交通线路通过车站和联络线衔接组合而形成的网络系统。城市轨道交通线网规划是指依据城市总体规划和城市综合交通规划,落实城市轨道交通发展目标和原则要求,确定城市轨道交通线网的规划布局,提出城市轨道交通建设用地的规划控制要求。

### 一、城市轨道交通线网规划的必要性

①线网规划是城市轨道交通工程项目建设报审、立项的必要条件,是开展线路设计的主要依据。

②线网规划是确定城市轨道交通的建设规模和修建顺序的依据,可以增加线路分期建设顺序的科学性,有利克服盲目性。

③线网规划是确定换乘车站和换乘形式的基本根据,为预留工程建设的设计研究提供条件。

④线网规划是城市轨道交通工程建设用地规划控制的重要依据,是控制和降低工程造价的重要基础。

⑤线网规划是城市建设的骨架,顺应城市的总体规划,支持、拉动城市建设发展,提高城市交通现代化品质,使城市轨道交通建设与运营进入良性循环,保持可持续发展的势态。

### 二、城市轨道交通线网规划的科学定位

城市轨道交通是城市大型基础设施,具有城市建筑和城市交通的双重性,因此城市轨道交通规划的定位应与城市总体规划、城市综合交通规划相衔接,如果是城际轨道交通线,还与国家或地方铁路相联系。线网规划定位主要归纳如下四点。

①线网规划依托托于服务于城市总体规划、城市综合交通规划、城市轨道交通规划。

②线网规划是城市建设用地规划的重要组成部分。

③线网规划是城市轨道交通系统规划中的骨干系统。

④线网规划是城市轨道交通系统规划中的专业规划。

以上是对城市轨道交通线网规划的定位,阐明了城市轨道交通线网规划与城市总体规划、城市交通综合规划、城市轨道交通系统规划之间的关系,是有层次性、有独立性,又有紧密联系的综合规划。图 2-1 显示了城市轨道交通线网规划在城市总体规划中的位置。

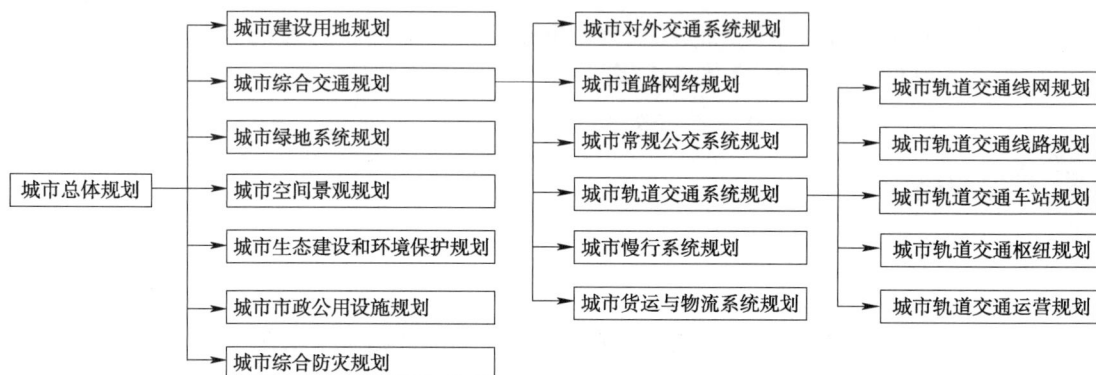

图 2-1　城市轨道交通线网规划在城市总体规划中的位置

线网规划来自城市总体规划,又融入于城市总体规划,具体如下。

(1)依据城市总体规划

根据线网规划的性质和定位,明确线网规划的依据。因此线网规划的结构形态,必须与城市总体规划的结构形态相吻合。但城市总体规划是每 5～10 年修编,说明不同阶段、不同时期有不同的总体规划,那么城市轨道交通线网规划应随之调整,就有不同的城市轨道交通规模,所以线网规划总是随城市总体规划的发展而发展的。

(2)支持城市总体规划

支持城市总体规划的人口转移和土地开发要求,推动城市总体规划实现。这是需求与建设的和谐,为此科学地确定城市轨道交通线路的建设顺序是与支持城市建设实施一致的。

(3)超前城市总体规划

由于线网规划是适应城市远景的长远性规划,经验证明:城市轨道交通建设有引导城市发展的作用,并证明城市轨道交通线网构架已成为城市建设的骨架,具有对城市发展超前性的引导作用。

(4)回归城市总体规划

城市轨道交通的建设,对城市建设有较大导向作用;城市轨道交通的布局和建设顺序,也会对城市总体规划调整产生影响,使城市轨道交通线网规划融入于城市规划,最终又回归于城市总体规划。

## 三、线网规划的程序

城市轨道交通线网规划可分为准备阶段、初级线网形成阶段、方案设计阶段、方案评价阶段和实施调整阶段,具体如图 2-2 所示。

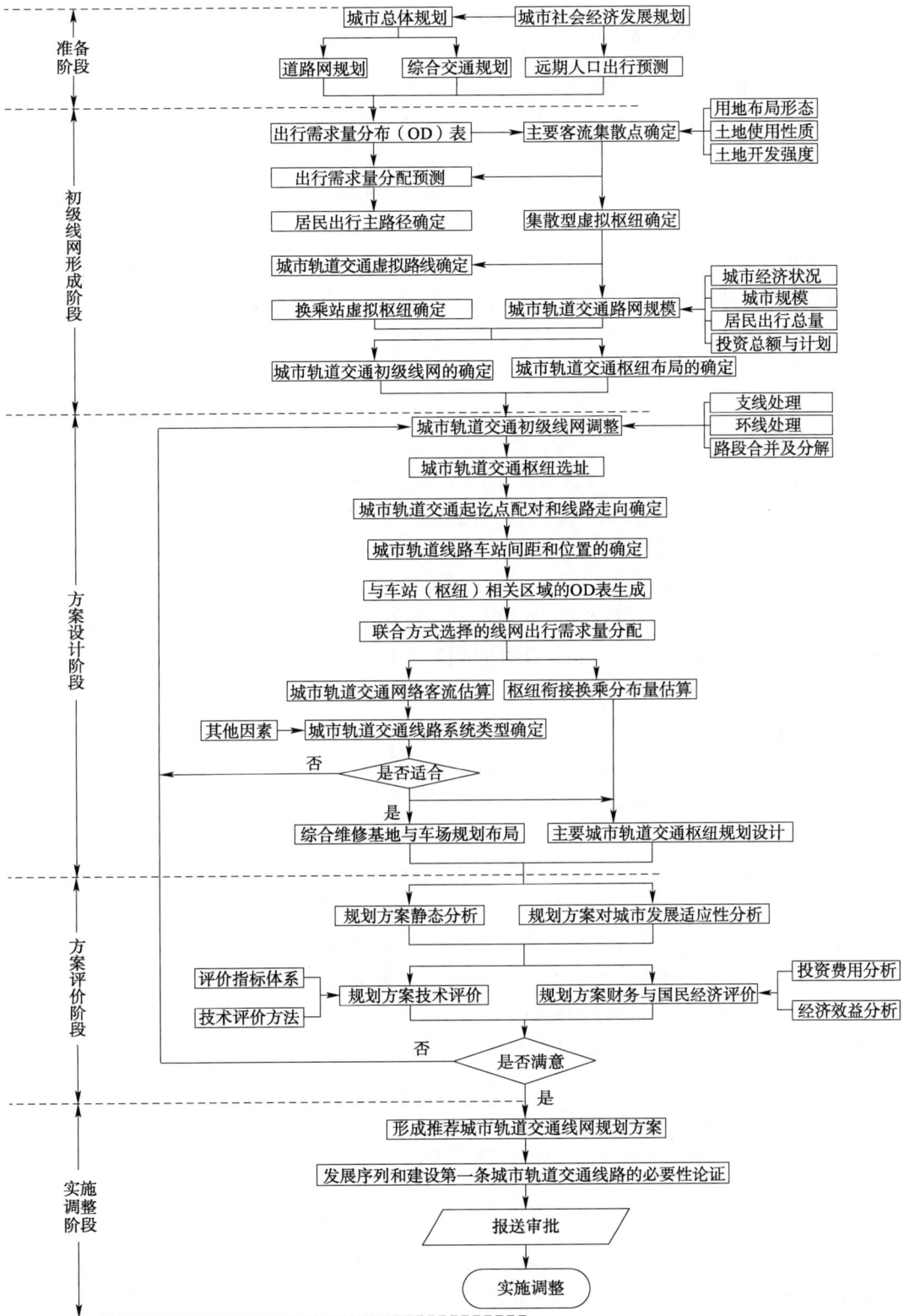

图 2-2　城市轨道交通线网规划程序

### 四、线网规划的基本原则

线网布局对城市轨道交通的运营效率、建设费用等都将产生巨大的影响,对城市的发展起着重要的推动作用。城市轨道交通线网布局主要是车站和线路位置的选择问题。从理论上讲,应使建设费用及运营费用最小,乘客的出行时间最短,换乘次数最少。一个成功的城市轨道交通线网规划,应既符合国情,又具城市特色。城市轨道交通线网规划一般应遵循以下几条基本原则。

①城市轨道交通线网规划要与城市发展规划紧密结合,应在城市总体规划的基础上,根据远景客流预测分析,正确把握土地利用(特别是地下空间利用)与交通之间的相互作用关系,并处理好现状需求满足与先行投资的关系,合理选择线网布局,以适应城市的可持续发展。

②城市轨道交通线网要与城市其他公共交通网及城市对外客运交通枢纽(火车站、轮船码头、长途汽车站、航空港)衔接配合,应组建大型换乘中心,使之成为城市发展的副中心和地区发展的核心。例如在火车站、长途汽车站、航空港和航运港等地组建大型立体换乘中心,使得利用各种交通工具的乘客能在同一地点换乘到城市轨道交通系统或其他交通系统上来,从而减少乘客的换乘时间,加速客流输送,这样能大大减少换乘站占用的城市用地。城市轨道交通线路在郊区应与既有地面铁路相衔接。

线网中的规划线路走向应与城市交通中的主客流方向一致。建设城市轨道交通最终要解决的是现有地面交通拥挤、人们出行时间过长以及乘车难等问题。因此,交通规划应重点研究城市人口规模、现有线网客流分布及未来出现的新的客流集中的线路,确定交通规划中的主干线路及次干线路,使城市轨道交通线网中的规划线路走向沿城市交通中的主客流方向布设,以最大限度地覆盖规划年度的客流分布区域。

③线路走向应尽可能经过大型客流集散点,如主要工业区、大型住宅区、商业网点、文化中心、公交枢纽、机场、火车站、码头、长途汽车站等,并应力争多设换乘点,尽量使城市内任意起终点间的乘客只要换乘一次即可到达目的地,即尽量避免换乘两次及两次以上,以节约旅客出行时间。同时,为提高运输效率,换乘站点应分散布置,不宜过于集中。

④规划线路应尽量沿城市道路干线走向布设。城市道路干线,尤其是主干道的交通最繁忙,是客流汇集最多的地方,并且空间比较宽阔。规划线路沿城市道路干线布设,拆迁工程量较小,不易碰到高层建筑的桩基等问题,有利于施工,用地费用较低廉,对居民的干扰相对较小,线路易于维修管理。同时也有利于吸引沿线地面交通量。

⑤城市轨道交通规划要考虑城市的自然、人文、地理等制约条件,选择较好的地形、地质条件,注意历史文物保护,减少对重要地面建筑和地下构筑物的影响。地质状况的好坏对城市轨道交通能否顺利建设会产生很大影响,从而最终影响城市轨道交通的施工及造价。

⑥线路经过中心城区时,宜以地下隧道为主,以减少拆迁、噪声、振动及与城市其他交通之间的相互干扰,站距应适当小一些,在 1km 左右;在城市边缘,根据情况适时适地考虑高架、地面、地下相结合的方式,以尽量降低建设成本。

⑦车辆段(场)是城市轨道交通车辆停放和检修的基地,在规划线路时,一定要同时

规划好其位置和用地范围。若几条线路共用一个车辆段(场),应设置连接两线的联络线。

⑧在现阶段规划城市轨道交通时,规划线路应考虑城市开发区及新的规划区域。

⑨城市轨道交通环线的设置要因地制宜,不可生搬硬套。环线的主要作用是减少不必要的去市中心换乘的客流,并使沿环线出行的乘客能直达目的地,提高其可达性,以起到疏解市中心区客流的作用。所以,环线除方便乘客换乘与减少市中心区客流压力外,在环线上一定要保证日常有足够的客流量。不然,环线客流负荷强度太小,会影响其运营效率和企业的经济效益。

### 知识拓展

#### 城市轨道交通线网的发展趋势

纵观国内外城市轨道交通的发展历史和现状,可以看出各国线网规划具有以下特征。

①受市场经济和城市规划理论的影响,多数西方国家线网规划主要着眼于近期,远期线网如何发展主要根据未来发展来具体定度。这种以近期线网规划为基础的线网规划,尽管没有为将来线网工程留有余地,造成远期城市轨道交通建设投资成本加大,但却使线网更具适应性,更方便城市轨道交通线路的企业经营。

②部分城市线网规划着眼于远景。尽管这种线网规划形式适应性稍差,但可以为远景城市轨道交通建设留有余地,并且线网整体结构比较合理。

③线网构架研究缺乏权威的方法和理论体系,对线网规划的意义认知也是一个逐步加深的过程。

因此,目前世界上大城市的城市轨道交通发展趋势可以概括为以下三种途径。

①在原来的城市轨道交通线网基础上,开辟快车线。如巴黎的4条快速地铁线,莫斯科的线网规划增加"井"字形快速地铁线。随着城市的发展、扩大或建设外围新区的需要,这种方式可以弥补长距离的缺陷,提高速度,缩短时空距离,加强新区与中心区的联系,也有助于新区的发展。

②在原来线网的基础上,向外围延伸,线路逐渐延长。同时,考虑尽量修建地面线或高架线,以降低工程造价。有条件时,可与管辖区内的地面铁路接轨联运,或将废弃的地面铁路接管,纳入城市轨道交通系统运行。

③城市轨道交通线网的规划是长远的,实施规划要注意适应城市的发展需求,每条线路都是分期、分段实施,应保持工程实施和运营的连续性,以便尽快发挥效益。

## 单元二　线网规划内容及方法

### 一、线网规划研究的主要内容

从线网规划实践来看,线网规划研究的内容主要包括3个方面:即城市背景研究、线网构架规划研究和线网实施规划研究。

(1)城市背景研究

主要是对城市自然和人文背景加以研究,从中总结指导城市轨道交通线网规划的技术政策和规划原则。主要研究依据应是城市总体规划和城市综合交通规划等。具体研究内容如下。

①城市现状与发展规划,包括城市性质、城市地理环境、地形地质概况、城市区域与人口、城市布局、国民经济和社会发展规划。

②城市交通现状与规划,包括城市道路交通现状分析、道路网结构和布局、城市客运交通发展现状、城市交通发展总体战略、城市轨道交通现状。

(2)线网构架规划研究

线网构架规划研究是线网规划的核心部分,在规划背景研究的基础上,研究如何使线网规模与人们的出行需求相符合,使线网几何结构与城市结构形态、城市发展规划相符合。通过客流预测结果和评价方法对多个线网规划方案进行比选,确定最终的规划方案。规划方法应体现科学性和公正性,规划的线网方案体现层次性、稳定性、灵活性等。这部分研究的主要内容包括:合理规模的研究、线网方案的构思、线网方案客流测试、线网方案的综合评价。

(3)线网实施规划研究

线网实施规划是城市轨道交通是否具有可操作性的关键,集中体现城市轨道交通的专业性和系统性,主要研究内容是工程条件、建设顺序、附属设施的规划。具体内容包括:车辆段的选址与规模研究、线路敷设方式及主要换乘节点方案研究、修建顺序规划研究、城市轨道交通线网的运营规划、联络线分布研究、城市轨道交通线网与城市的协调发展及环境要求、城市轨道交通和地面交通的衔接等。

## 二、线网规划步骤

城市轨道交通线网规划,涉及城市轨道交通需求分析和预测、城市轨道交通线网规模分析和估算、城市轨道交通线网方案设计和分析、城市轨道交通线网方案评价和选择等过程,可以划分为以下步骤。

1. 相关资料调查与分析

收集、调查城市和交通现状及规划资料,具体如下。

①城市现状及规划相关资料:社会经济资料,如 GDP、人均收入;人口资料,如居住人口、岗位分布、流动人口;城市自然地理条件,如地质、地形、地貌等自然条件;城市人文地理条件,如历史文物、自然风景区、军事禁区等。

②城市交通现状及规划相关资料。交通现状资料,包括城市机动化水平、居民出行特征、城市道路交通系统、城市公共交通系统、城市对外交通系统及主要客流集散点、路段交通量、OD 流量与流向等。城市交通发展规划,包括城市对外交通系统、城市道路、城市公共交通、城市客运交通枢纽等。城市综合交通设施规划包括城市对外交通系统规划、城市道线网络规划、城市公共交通系统规划等。

2. 现状交通诊断与分析

通过对交通线网各路段的交通量(观测交通量或理论分配交通量)、拥挤度(或饱和度)、车速、行程时间等指标的分析,对现状交通线网进行诊断与分析,发现城市交通现状及发展趋势下可能存在的问题。只有深入认识关键问题所在,才能在制定规划目标时做到合理且具有针对性,以提出切实可行的规划方案。

3. 城市交通需求分析与预测

分析城市未来的人口(包括常住人口、流动人口)总量、出行特征(频率、距离、方式)等方面,对城市客运交通出行总量及分布进行预测,获得各目标年客运交通出行在规划线网上的分布图。预测结果是城市轨道交通线网方案设计和评价的基础。

4. 城市轨道交通建设必要性分析

一般从以下几方面分析建设城市轨道交通的必要性:支撑城市布局结构优化、实现城市总体规划目标;缓解城市交通拥堵问题;优化出行结构、形成可持续发展的交通模式;促进社会经济繁荣与发展。

5. 城市轨道交通的功能定位与发展模式

根据线网的重点服务范围、承担的主要功能进行功能定位。一般采用两种发展模式:高线网密度、低客流负荷型;低线网密度、高客流负荷型。

6. 城市轨道交通线网规模估算

在现状诊断和需求预测的基础上,结合城市综合交通规划、城市轨道交通建设资金供给等方面确定未来(可以分为若干规划期)的城市轨道交通线网规模。

7. 城市轨道交通线网方案设计

根据城市轨道交通线网规模,结合客流流向和重要集散点编制线网规划方案。

8. 城市轨道交通线网方案客流测试

对各线网方案,利用预测的客流分布结果进行客流测试,得到规划线路各断面、各站点的客流量、换乘量以及周转量等,为方案评价提供基础数据。

9. 城市轨道交通线网方案评价

建立评价指标体系,对各方案进行定性和定量的分析与比较,择较优方案。

10. 城市轨道交通线网实施方案规划

主要包括建设时序规划、运营管理规划、车辆段与其他基地规划、线路敷设方式和车站分布规划、换乘站规划、联络线分布规划、供电系统初步规划、车站及沿线用地控制规划、沿线环境与景观保护规划、与常规公交线网的衔接规划。

## 三、线网构架规划方法

### 1. 线网构架规划层次

城市轨道交通线网构架规划研究是线网规划的核心部分,线网构架规划是一个庞大而复杂的系统工程,所以线网构架规划研究必须分类、分层进行。"面""点""线"既是三个不同的类别,又是三个不同层次的研究要素。线网构架规划研究可分为以下三个层次。

(1)面

面指的是整体性研究,这既包含对研究区域的整体性研究,也包括对规划范围的影响分析,主要包括以下内容:

①区域内土地配置情况和功能定位;

②区域内交通分布和方式划分；

③城市轨道交通的需求和供给分析；

④城市轨道交通线网整体形态等；

⑤线网构架内各线路的功能分析和线网结构整合；

⑥线网中各线路的功能分析、相对关系、建设顺序、制式搭配、系统运行情况等。

（2）点

点是局部研究，主要包括以下内容：

①大型交通量的吸引、发生点分布；

②具体工程实施方案及工程难点；

③研究区域内需要通过城市轨道交通疏解的交通瓶颈区段。

（3）线

线是城市客流流经的主要路线，是城市主要交通走廊，是串联"点"，构成"面"的途径，主要包括以下内容：

①大型交通量的吸引、发生点；

②城市客运交通走廊分布；

③交通走廊沿线的土地利用和客流发展；

④交通走廊敷设城市轨道交通的工程条件。

以上"面""点""线"的关系，实际上是整体和局部、宏观和微观、系统和个体之间的循环分析过程，以整体指导局部，以局部支持整体。这实际就是线网规划的研究思路。

2.线网构架规划方法

城市轨道交通线网构架研究是线网规划中非常重要的一项工作，同时也是一项综合性很强难度较高的工作。近年来随着城市轨道交通规划的研究和实践，许多学者对线网构架的规划方法进行了积极的探索，由于线网构架研究出发的角度不同，形成了不同的方法。

（1）德尔菲（Delphi）方案整合法

聘请有经验的专家，提出线网构架规划的目的和要求，组织专家对规划的要素、影响因素等进行讨论，然后分别匿名提出若干个初始构思方案。研究这些方案的共性部分，奠定构成线网构架方案研究的基础。对不同的部分再组织专家进行讨论，再一次提交方案，并由组织者进行归纳提炼。如此反复，直到获得专家都认可的方案。或者也可以在得出一些预选方案之后用简单的交通模型对其进行测试，最后选出推荐方案并进行改进完善。

Delphi方案整合法简单易行，以经验为基础有一定可信度。先有线网后有客流，只能说明预选方案是所提方案中的最佳方案，不能说明它是最优方案。这种方法对于客流资料不足的城市简单易行，但线网备选方案的归纳提炼和人的经验直接相关，增加了人为的不确定性。

（2）数学模型法

交通与城市的土地利用、经济发展、人口等相联系，合理的城市轨道交通线网，应该适应城市土地利用开发、经济发展、人们出行的需要，从这个角度出发有些学者提出根据城市人口、土地资料、经济资料等，用运筹学的图论等数学规划方法建立目标函数，确定线路走向。

但是城市轨道交通网络规划影响因素众多,使得数学方法变得非常复杂,而且有些因素,如城市的发展规则等是没有办法量化体现在模型中,因此说单纯的数学模型法的效果有待加强,但它可以作为一种辅助手段,在决策要素不多时可以使用。

（3）形态归纳法

世界各大城市轨道交通线网规模和形态对我国的线网规划研究具有一定借鉴意义,因此有些学者从线网形态分析的角度,对网络的换乘情况、覆盖情况等进行归纳分析,寻找网络构成的共性规律,在总结世界各大城市轨道交通线网形态的基础上,从形态分析的角度提出一些共同的网络形态。但是世界各大城市有自己特定的背景,很难获得理想的参考数据,这种方法还只是阶段性成果。实际的线网规划要考虑的因素比脱离城市背景的单纯形态要复杂很多,因此这种方法并不适用于形成初期线网方案,但可在生成初期线网后进行形态调整,如从几何、数学角度（代数拓扑学）对网络的换乘情况、覆盖情况、网络等做出描述和优化（即进行数字化和数学分析,实现构造优化模型）,以期在生成初期网络后进行形态上的调整以生成满意的线网。同时该方法对于评价线网的优劣,也具有一定意义。

（4）线网规模盈利规划法

大部分城市轨道交通是亏本运营,造成了一些问题,因此有些学者试图从经营的角度提出线网合理规模。在分析规划影响因素基础之上,建立一个以运营收入大于运营支出的模型。通过模型测算出盈利平衡点、最小的日客运量等要素。而后根据城市轨道交通的出行需求,计算可以盈利的线网规模,或者是确定某条线路载客能力。这种方法同样不适用于形成初期线网方案,但可以从线路运营收益方面对初期线网进行优化和评价。

（5）客流评价法

这是一种最传统的规划方法,它的理论基础是交通工程学。以 Delphi 方案整合法为基础的线网规划中很多因素难以量化,最优方案很难准确确定,而加入客流数据对线网进行评价可以做到定量的客观的评价。这种方法是在 Delphi 方案整合法的基础上加入了大量客流数据的分析,可以做到定量分析,避免主观臆断,同时初始方案集的形成过程中又避免了过于依赖模型而失去对模糊边界条件合理的控制。具体做法是在备选方案确定之后,根据已知的客流数据（OD 数据）在整个线网上进行交通流分配,对各线网进行多个客流运行指标（如旅行时间、换乘次数、拥挤度等）的综合评价,并对各线网的服务水平进行比较,产生最佳线网,再对线网进行提炼改善,形成最终的规划方案。它是定性经验和定量数据相结合的动态规划过程。由于这个方法是从交通工程的角度出发,尽可能多地考虑各种因素的影响。城市轨道交通作为城市的公共设施,其最主要的目的是运送客流,因此用客流运行状态来评价线网的优劣无疑是最合理的,而且在评价过程中还可以有选择地加入其他因素,如线网覆盖率、线网运营效益等,即把客流评价法作为主要方法,而形态归纳法、线网规模盈利规划法等可以作为辅助方法。香港地铁线网和广州地铁早期线网就是用这种方法规划的。从香港地铁线网修建的实践看是比较成功的,实际发生的客流与当时预测值相比,误差在 5% 以内。

3.线网架构规划方法的选择

在应用以上方法进行线网构架规划的过程中,线网规划应遵循如下原则。

（1）以交通分析为主导

以交通模型为基础、交通预测为核心的交通规划方法,是线网规划的基本方法。从交通规划入手,以交通引导城市土地利用和工程方案规划,是线网规划的主导思路。

(2)定性分析与定量分析相结合

线网规划既有专业性,又有综合性,既有规律性,又有不确定性;既有模型计算,也有经验判断。所以,在线网规划中,应采用定性分析与定量分析相结合、专家经验与模型预测相结合的综合分析法。

(3)静态与动态相结合

交通规划实际是出行需求与交通供给这对矛盾因素的动态平衡过程,也就是针对这一动态过程的规划。交通规划与城市交通发展密切相关,是侧重远期的长远规划,在这一过程中又有许多影响因素,因此在进行方案研究中,利用交通模型预测时,要充分估计不确定因素的影响和客流自然调节的可能性,注重各种因素的不稳定性,进行动态的层次分析。虽然因素分析及预测主要针对远景年份,但其中仍然存在规律,这为静态前提下的宏观分析计算提供了可能。因此,在规划方法上应注意静态与动态相结合。

(4)近期规划与远景方案相结合

线网规划的主要目的是勾画远景,可操作性是规划成功的关键,因此要考虑规划的阶段性和连续性,进行科学的近期规划实施,并使近期实施与远期规划之间有科学合理的过渡和延伸,才能保证远景规划的实现。另外,近期的交通治理或工程建设,都应在远景规划指导下进行,脱离远景目标的规划建设往往是没有生命力的。

**知识拓展**

客流评价法抓住了各种规划因素的核心——客流,客流数据是需求预测过程中最重要的基础资料,通常通过 OD 抽样调查获取。OD 调查是指交通现状起讫点(Origin-Destination,OD)。OD 调查的费用与规模成正比。OD 调查的方式有:口头调查方式,简单方便;调查问卷方式,可以获得出行者更多的信息,如收入、年龄、职业、对服务属性的选择等。

# 单元三  线网合理规模

如何根据城市的现状及其发展规划、城市的交通需求、城市经济的发展水平等确定线网合理规模是线网规划的重要工作。如果城市轨道交通系统线网规模太大,会增加系统的投资和运营成本,如果系统能力太小,则无法有效吸引客流。因此,规模合理的城市轨道交通线网,可以充分满足城市日益增长的交通需求,提高公交服务水平,同时可防止盲目性。同时,在确定合理的城市轨道交通线网规模的基础上,可以估算总投资量、总设备需求量、总经营成本、总体效益等,可以用较小的投入取得最佳经济效益,并可据此确定相应的管理体制与运作机制。

## 一、线网合理规模的含义和指标

线网规模是指城市轨道交通各条线路的长度之和,共轨部分的线路长度计算一次,称作线网长度。所谓合理规模,实际上就是合理的轨道交通方式的供给水平,是衡量系统满足交通出行需求程度的重要指标。这是从交通系统供给的角度来说的,从一个侧面体现城市轨道交通系统所能提供的服务水平。城市轨道交通线网规模涉及的主要指标有线网长度和线网密度。

1. 城市轨道交通线网长度

$$L = \sum_{i=1}^{n} l_i \qquad (2\text{-}1)$$

式中:$L$——线网长度,km。

　　$l_i$——第 $i$ 条线路的长度,km。

城市轨道交通的线网长度仅仅反映了城市轨道交通系统本身的规模。不同的城市由于城市规模的差异,线网长度很难有可比性。

2. 城市轨道交通线网密度

线网密度是指一定区域内的城市轨道交通线网长度与该区域面积或总人口之比。

$$\sigma = L/S \text{ 或 } \sigma = L/N \qquad (2\text{-}2)$$

式中:$\sigma$——线网密度,km/km$^2$ 或 km/万人。

　　$S$——区域面积,km$^2$;

　　$N$——区域总人口,万人。

城市轨道交通线网密度是指单位面积上分布的线路规模,它是衡量城市轨道交通服务水平的一个主要因素,同时对形成城市轨道交通车站合理交通区的接运交通组织有影响。实际上,由于城市区域开发强度不同,对交通的需求也不是相对均等的,往往是由市中心区向外围区呈现需求强度的逐步递减,因此线网密度也相应递减。评价城市轨道交通线网的合理程度需按不同区域(城市中心区、城市边缘区、城市郊区)分别求取密度。

🍎 课堂测试

某市中心区面积为 68.1 km$^2$,全市远景的总面积为 555 km$^2$。计算线网长度及全市线网平均密度(市中心线网密度取 1.2km/km$^2$,城市外围区线网密度取 0.25km/km$^2$)。

📖 案例分析

### 分析长春市轨道交通各规划建设阶段的线网密度

长春是吉林省省会、副省级城市、中国东北地区中心城市之一,2015 年中心建成区面积 470km$^2$,户籍总人口 779.3 万人,市区人口 450.9 万人。长春轨道交通(Changchun Railway Traffic)服务于长春市及周边地区。长春是我国第一个有地铁规划的城市(1939 年),是新中国成立以来第五个开通城市轨道交通的城市(2002 年)。长春轨道交通的首条线路是长春轨道交通 3 号线一期,于 2002 年开通运营,这是我国大陆第一条轻轨线路。截至 2016 年,长春已运营城市轨道交通线路 4 条,分别为轨道交通 3 号线、4 号线和有轨电车 54 路、55路。长春轨道交通规划建设分四个阶段。

第一阶段建设为 2003—2014 年:已有有轨电车 54 路、55 路并完成轨道交通 3 号线一期和二期、4 号线一期工程,线路总长 60.28km。

第二阶段建设为 2014—2018 年:修建南北线(轨道交通 1 号线一期)、东西线(轨道交通

2 号线一期)两条地铁线路和轨道交通 8 号线(北湖快轨),延长轨道交通 3 号线至伪皇宫站,改造 54 路和 55 路两条有轨电车,建设里程为 74km。至 2018 年,长春市城市轨道交通运营里程达到 134.91km。

第三阶段建设为 2017—2023 年:建设轨道交通 5 号线一期、6 号线、7 号线一期、空港线一期、双阳线一期、2 号线东延工程、4 号线南延工程、3 号线南延工程,共计 8 条城市轨道交通线路,总长 135.4km,其中地下线 99.8km,地上线 35.6km;共设车站 88 座,其中地下车站 74 座,地上车站 14 座;建设车辆段和停车场 7 处。至 2023 年,长春市轨道交通线网由 12 条线组成,线网长度 341.62km。

第四轮建设为 2023 年至远景年(最快 2030 年左右):轨道交通 5 号线二期、7 号线二期以及其他线路的二期、三期工程,修建有轨电车,根据线网规划(图 2-3),市区 600km$^2$ 为研究范围,建设城市轨道交通里程将达到 642.93km。

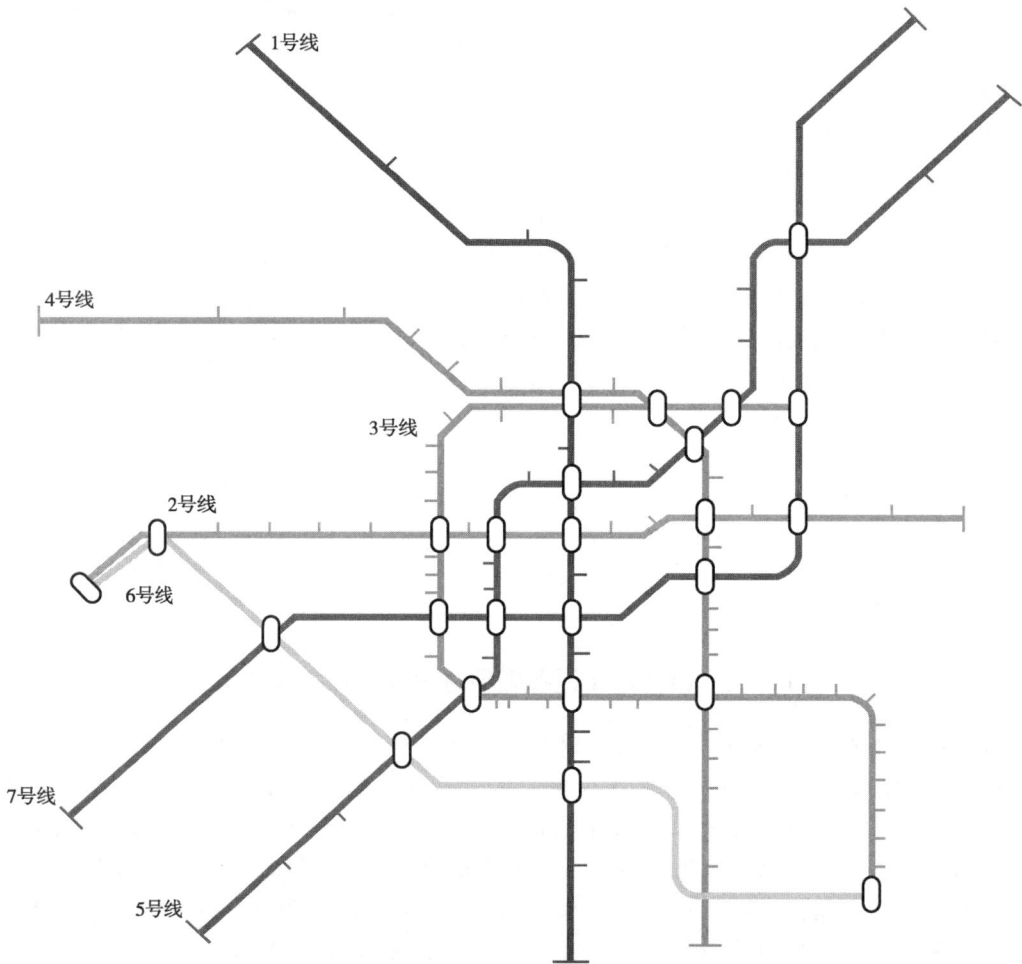

图 2-3　长春市城市轨道交通线网规划图(至 2030 年)

## 二、线网规模的影响因素

由于交通需求和交通供给是动态的平衡过程,因此合理规模也是相对的。线网规模是否真正合理,最终应放入交通模型中进行需求和供给的动态检验。但在进行方案构架研究之前,也应对线网规模进行约束,以使多个方案有共同的比较基础。线网的合理规模是可以进行静态计算的,其主要方法是将诸多可变因素加以稳定,这需要与其他城市进行类比获得经验,又要根据城市的具体情况进行定性分析。城市轨道交通线网合理规模的研究就是以城市总体规划及其远景控制规模为基础确定的。城市轨道交通线网合理规模的影响因素主要有:城市交通需求,城市的规模、形态和土地使用布局,城市道路线网布局,城市经济社会发展水平,居民出行特征,城市未来交通发展战略与政策等。

1.城市交通需求

城市交通需求是居民对交通基础设施的需要程度。交通需求的大小,尤其是城市居民公共交通需求的大小,是决定城市轨道交通线网规模最直接和最具决定意义的因素。表征城市交通需求的指标有城市居民的出行强度、城市公共交通总出行量等。

2.城市规模、形态和土地使用布局

城市规模一般包括城市用地规模、城市人口规模。人口规模很大程度上影响着城市交通出行的总量,除此之外,还受经济发展水平和人们出行习惯等因素影响。城市规模是确定线网规模的重要因素,一般来说,城市规模越大合理的线网规模越大。在简单的估算中,可以类比同类型城市的城市规模和城市轨道交通系统线网规模,预测某城市的线网规模。

城市形态和土地使用布局也是影响城市轨道交通线网规模的因素。城市的形态有分散组团型、圈层发展型(团状)、狭长带型等多种形式,不同的城市形态决定了城市轨道交通线网的几何空间形态。分散组团型的城市要求轨道交通应将各个组团很好的紧密连接。圈层发展型的城市,轨道交通的线网为多方向发射状或方格网状。狭长带型的城市,城市轨道交通线路走向与主要客流方向一致,呈狭长带型。在覆盖范围和客运总量相同条件下,不同线网结构对线网规模有影响。

3.城市道路网布局

城市轨道交通是为满足较大客流的需求,而城市主干道路是客流主要集中的区域,所以城市轨道交通通常是沿城市干道布设,因此道路网布局影响城市轨道线网的规模和结构。

4.城市经济社会发展水平

城市轨道交通建设资金需求量很大,城市社会经济发展水平影响主要体现在线网的建设速度上,对近期的线网规模影响较大,而对远期线网理论规模影响较小。因此,所在城市的经济承受能力是制约城市轨道交通规模的关键要素,社会经济发展水平是实现城市轨道交通建设的经济基础。建设城市轨道交通不能盲目按照国外的城市规模进行规划建设,需要与城市自身的经济实力相符,否则会给政府和企业带来沉重的负担。

5.居民出行特征

城市轨道交通的骨干作用表现在两个方面:一是城市轨道交通在公共交通方式中的占比较高,二是承担城市的大部分中长距离旅客运输。因此,城市轨道交通线网规模要满足主方向的出行需要。

6.未来交通战略与政策

各大城市应选择优先发展城市公共交通(建立以快速轨道交通为主导、常规公共交通为主体的公共交通体系),合理引导小汽车交通,倡导非机动交通的多种交通方式协调发展的模式。引导居民选择城市公共交通出行,优化交通结构,提高交通运输效率,降低能源消耗,保护城市环境。城市轨道交通由于快速、安全、准时、运量大等优点,能有效缓解城市交通问题,所以城市轨道交通应是公共交通的骨干,是城市未来交通发展战略的重点。城市轨道交通的规模需要政策的保证,也需要城市经济实力支撑。

### 三、线网合理规模计算

线网合理规模的确定要考虑影响线网规模的因素,并进行定性分析。同时,要参考国内外一些城市轨道交通线网建设与使用指标,针对城市的具体特点,从城市的交通出行总量和交通结构以及线网的覆盖面积和服务水平上进行定量分析,最后计算城市轨道交通线网总长度的合理范围。当然,计算合理规模只是理论规模,而对规模是否合理的最终检验需要依据交通模型的测试结果。目前的规划实践中,主要是确定线网长度或线网密度。多种城市轨道交通线网计算方法被研究学者在实际中应用,定量计算方法主要有:按交通需求估算线网规模、按线网服务覆盖面计算线网规模、按综合因素分析法估算线网规模、定性与定量结合的模型。

#### 1.按交通需求计算线网规模

按交通需求计算线网规模主要包括城市轨道交通需求预测、城市轨道交通方式出行比例和线网负荷强度的确定等方面。计算思路:首先,根据人口规模或者经济发展水平或者用地规模和强度预测城市总体交通需求;然后,根据公共交通出行比例、城市轨道交通在城市公共交通中的承运比例计算城市轨道交通需求;最后,根据城市轨道交通需求和线网负荷强度计算线网长度。

(1)城市总体交通需求预测

①根据人口规模确定。由于线网规划的规划年限往往超越城市综合交通规划的规划年限,因此线网规划往往无法得到所需远期规划年限交通需求量,但却能从规划年人口和出行强度的关系去推算,计算公式如下:

$$D = P \cdot N \tag{2-3}$$

式中:$D$——远期规划年限交通需求量,人次/日;

$P$——城市居民平均出行强度,次/(人·日);

$N$——城市居民人口,人。

根据我国的人口政策和人口发展现状,城市人口规模是政策影响下的规模,各城市往往都有城市规划年的人口控制目标。如果缺乏这一数据,也可由当地权威部门根据城市特点和人口发展规律进行统计及预测。

居民出行强度的影响因素主要是城市的结构、经济发展水平、交通设施的完善程度等。居民出行强度相对比较稳定。例如,东京1968年的人均出行强度为2.48次/(人·日),1978年为2.53次/(人·日),十年内增加0.05次/(人·日),增长不大。根据1984年广州市居民出行调查,居民人均出行强度为2.09次/(人·日),1996年的人均出行强度为2.3次/(人·日),略有增长。

②根据经济发展水平确定(弹性系数法)。

$$A = A_{GDP} \cdot K \tag{2-4}$$

$$D = D_0(1 + A)^n \tag{2-5}$$

式中:$A$——年交通需求增长率;

$\quad A_{GDP}$——GDP 年增长率;

$\quad K$——弹性系数;

$\quad D$——远期规划年限交通需求量;

$\quad D_0$——现有交通量;

$\quad n$——规划年数。

③根据用地规模和强度确定。

$$D = \sum v_i \cdot s_i \tag{2-6}$$

式中:$i$——城市中的土地类型;

$\quad v_i$——第 $i$ 种土地类型的单位面积交通产生率;

$\quad s_i$——城市中第 $i$ 种土地类型的面积。

(2)根据城市轨道交通需求计算线网长度

$$L_{总} = \frac{Q}{q} \tag{2-7}$$

式中:$L_{总}$——线网中规划线路总长度,km;

$\quad Q$——规划年城市轨道交通客流量,万人次;

$\quad q$——线网负荷强度,万人/km。

其中,远期城市轨道交通客流量 $Q$ 计算公式如下:

$$Q = D \cdot f_{公共交通} \cdot f_{轨道}$$

式中:$f_{公共交通}$——城市交通系统中公共交通出行比例;

$\quad f_{轨道}$——城市轨道交通在城市公共交通中的承运比例。

公共交通预测总客流量 $D$ 可以通过以上交通需求预测获得。公共交通出行比例、城市轨道交通在城市公共交通中的承运比例和线网负荷强度确定方法如下。

①公共交通出行比例。

从国外的情况看,世界上大城市客运交通中,因为公共交通客运效率比私人交通高得多,致使公共交通在城市综合交通运输中占有明显的优势。如,纽约公共交通年客运量占全市总客运量的 86%,东京公共交通年客运量占城市总客运量的 70.6%,莫斯科公共交通年客运量占城市总客运量的 91.6%。

城市远景公共交通出行比例应根据城市未来出行的需求与供给平衡关系,通过适合城市特点的数学模型进行预测得来。但合理规模研究的目的是大致推算城市轨道交通规模,因此无法事先给出公共交通的供给能力,科学预测就失去了基础。所以比较可行的办法是从分析城市居民出行特征入手,结合类比其他城市的情况,根据城市未来交通发展政策,以定性分析的方法进行估计。

目前,我国多数城市交通结构不合理,最主要的反映就是公共交通的出行比例过低。我国大城市与国外城市相比,道路面积率低、人口密度大,因此必须建立高效的交通结构,即鼓励居民使用公共交通方式出行。类比国外情况,公共交通优先的要求就是大力发展以城市轨道交通为骨干、以常规公交为主体的公共交通系统,远景公共交通的出行比例应在 50% 以上。

②城市轨道交通在城市公共交通中的承运比例。

城市轨道交通占城市公交客运量的比例,与常规公交网密度、常规公交服务水平、城市轨道交通线网密度、城市轨道交通运送速度及车站分布有关。从国外一些大城市的城市轨道交通的运行情况看,巴黎的城市轨道交通所承担的客运量占城市公交客运总量的 65%,纽约的城市轨道交通所承担的客运量占城市公交客运总量的 54.9%,墨西哥城的城市轨道交通所承担的客运量占城市公交客运总量的 42.9%,莫斯科的城市轨道交通所承担的客运量占城市公交客运总量的 40%。

③线网负荷强度。

线网负荷强度为线网全日客运量与线网长度之比。线网负荷强度影响因素有社会经济发展水平、城市结构和线路布局等。有研究资料表明:城市轨道交通建设有两种模式,一种是采用高运量、低密度的线网,线网负荷强度高;另一种是采用低运量、高密度的线网,线网负荷强度低。巴黎和伦敦着重于提高城市轨道交通的舒适性和方便性,以吸引私人交通,减少私人交通工具大量使用带来的城市交通阻塞,所以采用的是低运量、高密度的线网,城市轨道交通的服务水平很高,效率相对较低。莫斯科、墨西哥城采用的是高运量、低密度的线网,它注重的是提高城市轨道交通的运输能力和运输效率,以缓解客运需求与公共交通运力严重不足的矛盾。

我国各大城市刚刚开始建设城市轨道交通,建设投资还很有限,在这种情况下,要求用最少的投资最有效地解决城市交通问题,同时期望城市轨道交通能取得较好的经济效益,使得运营和建设能达到一个良性的循环,所以城市轨道交通适宜选择高运量、低密度的模式。提高线网负荷强度,城市轨道交通才能具备取得较好经济效益的条件。

🍎 课堂测试

已知某城市远景常住人口规模为 390 万,出行强度为 2.6 次/(人·日),流动人口为 80 万,出行强度为 3.2 次/人·日,公交出行比例为 51%,城市轨道交通占公交比例为 46%,线网负荷强度为 2 万人次/(km·日),城市面积为 311km²。请用交通需求分析法确定线网的合理规模。

**2. 按线网服务覆盖面积计算线网规模**

城市轨道交通线网作为一种公共交通网络应具备一定的线网密度,对于呈片状集中发展的城市,人口就业密度比较平均,这就要求城市建成区处于城市轨道交通的吸引范围之内。根据这一特点,可以利用城市建成区面积和线网密度的关系,推导线网规模。

按线网服务覆盖面积计算线网规模,是根据线网的覆盖面积和合理服务水平进行计算的,计算公式为:

$$L_总 = S_中 \cdot \sigma_中 + S_边 \cdot \sigma_边 \tag{2-8}$$

式中:$L_总$——规划年城市轨道交通线网规模(km);

$S_中$、$S_边$——规划年城市中心区和边缘区面积(km²);

$\sigma_中$、$\sigma_边$——规划年中心区和规划年边缘区城市轨道交通线网密度。

在不考虑城市轨道交通运量的前提下,当整个城市用地都在城市轨道交通的合理吸引范围内时,城市轨道交通的覆盖面最大,此时在城市的各个角落都可以乘坐城市轨道交通。但是覆盖面相同时,线网密度并不相同。

### 3. 按综合因素法计算线网规模

综合因素法是在以城市面积及估算城市轨道交通年客运量综合计算法的基础上改进的一种方法。这种方法没有考虑城市经济发展水平对城市轨道交通线网规模的影响。发展中国家建设城市轨道交通面临的最大问题就是资金缺乏,城市经济增长前景、城市中心区的发展潜力也是需要考虑的重要因素。在进行城市轨道交通规划时,应综合考虑城市的社会经济发展水平、人口和用地规模的现状及发展等因素。以综合因素法确定城市轨道交通线网规模,采用的计算公式为:

$$L = a \cdot S^b \cdot P^c \tag{2-9}$$

式中:$L$——城市轨道交通线网长度(km);

$S$——城市建成区面积($km^2$),建成区面积以城市建设部门或规划部门提供的范围为准;

$P$——城市中心区人口(万人);

$a$、$b$、$c$——待定参数。

### 4. 定性与定量结合的模型

综合定性与定量的分析,对影响城市轨道交通的城市人口、城市面积、城市轨道交通分担率、城市轨道交通建设资金技术投入力度、城市轨道交通负荷强度及已有城市轨道交通线网规模等六个因素给予量化,综合考虑建立城市轨道交通线网规划模型。

数学模型为:

$$L = CA^\alpha CP^\beta \left(1 + \frac{GDP}{GDP'}\right)^\gamma RS^\eta PT^\delta - ER \tag{2-10}$$

式中:　$L$——线网规划总长度;

$CA$——规划年城市面积;

$CP$——规划年城市人口;

$GDP$——目前国内人均国内生产总值;

$GDP'$——规划年的人均国内生产总值;

$RS$——城市轨道交通负荷;

$PT$——城市轨道交通客运总量;

$ER$——现有的城市轨道交通规模;

$\gamma$——规划年限;

$\alpha$、$\beta$、$\eta$、$\delta$——待定参数。

以上是线网合理规模计算方法,交通需求法和线网服务覆盖面积法分别从交通供给和服务水平的角度分析城市轨道交通线网的合理规模,体现了城市交通需求、城市人口规模和城市用地规模等主要因素对城市轨道交通线网规模的影响,而且这两种方法简单易懂,分析思路清晰,在实践中应用最为广泛。

## 单元四　城市轨道交通线网结构分析

### 一、城市轨道交通线网的基本类型

城市轨道交通线路一般为三条以上,这些线路相互组合,并受城市的人文地理环境等条件影响,形成千姿百态的线网形态。城市轨道交通线网的线路越长、条数越多,所构成的线网形态就越复杂,图2-4列举了具有代表性的十种城市轨道交通线网类型。

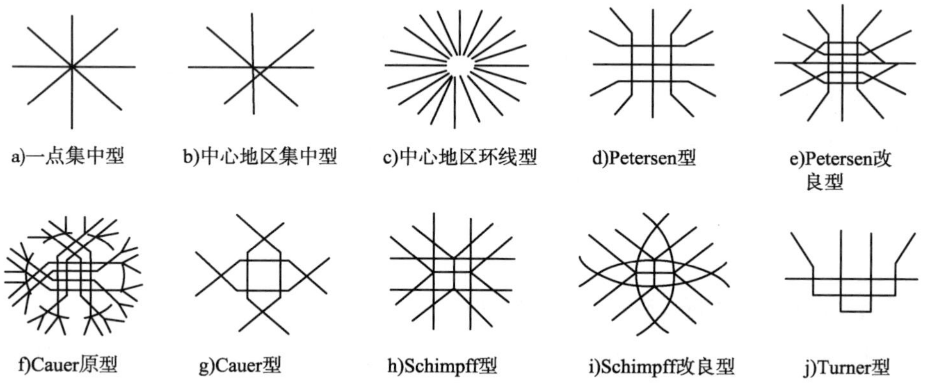

图2-4　十种具有代表性的城市轨道交通线网类型

这十种城市轨道交通线网类型具有如下主要特点。

①一点集中型:是由多条放射状线路集中于市中心某一点而形成的线网形式。这种形式的线网,由于要求许多线路在同一地点相交,所以在技术上存在很多困难,而且往往会导致交通需求的过度集中。

②中心地区集中型:这是对一点集中型的线路交叉位置稍做变动后形成的线网形式,这种形式的线网在实施上也很困难,而且换乘复杂。

③中心地区环线型:这是在市中心形成小环,然后使放射线集中于小环而形成的线网形式,其实施也很困难。

④Petersen 型:这是彼得森(Petersen)给柏林市提出的线网形式原型,中心地区呈长方形居多,而向外延伸则呈放射状形式。

⑤Petersen 改良型:这是在 Petersen 型上追加交叉线路后得到的改进形式。

⑥Cauer 原型:这是考尔(Cauer)提出的线网形式原型,其特点是线网中的每条线路与其他各条线路必有一次交叉。即从某一条线路上的各出发点到其他任意线路上的目的地,只要一次换乘即可到达。

⑦Cauer 型:这是考尔对 Cauer 原型进行扩大后向柏林市推荐的线网形式。该形式使得线网中的每条线路与其他各条线路必有一次交叉,以减少旅客的换乘次数。

⑧Schimpff 型:这是希夫夫(Schimpff)提出的线网方案,它使得 Cauer 型简单化,并能减少中心地区的线路条数。

⑨Schimpff 改良型:这是使 Schimpff 形式中的平行线路在周边地区改成相交后得到的一种线网形式。

⑩Turner 型:这是特纳(Turner)提出的线网方案。这种形式适用于呈半圆形发展的城市,中心地区线路平行,且只要通过一次换乘即可往来于线网中的任意两点之间。

## 二、三种典型的线网结构特征分析

尽管每座城市线网的构架都有自己的特色,但总体上可归纳为栅格网状结构、放射网状结构及放射环线网状结构三种最基本、最常见的形式。

### 1.栅格网状结构

通常由若干条纵横线路在市区相互平行布置而成,如图 2-5 所示。这种形式的线网线路分布比较均匀,客流吸引范围较大;线路按纵横两个走向,多为相互平行或垂直的线路,乘客容易辨识方向;换乘站较多,纵横线路间的换乘方便,线网连通性好。这种线网的最大缺点是两次及两次以上的换乘多,如结合城市干道网必须采用这种形式时,应尽量将交叉点布置在大的客流集散点上,以减少换乘次数,方便乘客。

采用这种线网形式的典型城市是墨西哥城。墨西哥城的城市轨道交通线网,由 4 条南北向线路、4 条东西向线路和 1 条斜向线路组成。这种形式适合于市区呈片状发展,而街道呈棋盘式布局的城市。栅格网状结构线网具有如下优点:①线网布线均匀,换乘节点分散布置;②线路顺直,工程易于实施。但是,该类型线网平行线路间的相互联系较差,其客流换乘需要通过第三线来完成。据有关研究,栅格网状结构线网的运输效率较放射环线线网低。

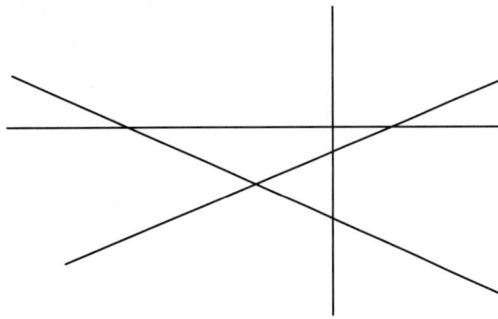

### 2.放射网状结构

这种结构形式是由若干条直径线经市中心向外放射而形成的,各线路在城市中心区交叉形成三角形,其交汇点是大型换乘中心,如图 2-6 所示。这种形式对乘客换乘非常方便,郊区乘客可直达市中心,而且由一条线到其他任意一条线,只要一次换乘即可到达目的地,是换乘次数最少的一种形式。但当多条线路集中于市中心某一点时,容易造成客流组织混乱,并增加施工难度和工程造价。同时,由于没有环线,使得郊区之间的联系不方便。比较有代表性的放射线网是捷克的布拉格市城市轨道交通线网。

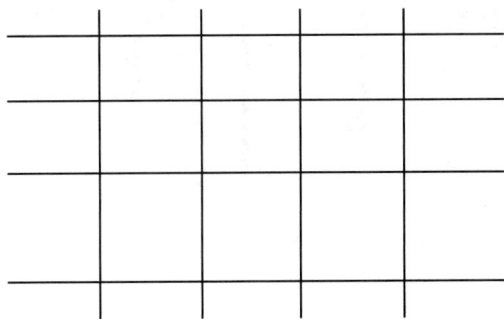

图 2-5　栅格网状结构　　　　图 2-6　放射网状结构

### 3.放射环线网状结构

放射环线网是放射形线网加环线形成的,如图 2-7 所示。这种形式是对放射形线网

图2-7 放射环线网状结构

的改进,既具有放射形线网的优点,又克服了其周边方向交通联系不便的缺点,方便了环线上的直达乘客和相邻区域间需要换乘的乘客,并能起到疏解市中心客流的作用。具有代表性的放射环网状城市轨道交通线网结构的城市是莫斯科。

案例导读

　　莫斯科城市轨道交通网络总共有12条线,包括11条放射线和1条环线,如图2-8所示。全长312.9km,有171个车站,有5000多节车厢。平均每天开8500多次列车,担负全市客运量的45%,每天运送的乘客达900多万人次。莫斯科城市轨道交通网络呈放射环线网状结构,线路由中心向四周辐射,其中最重要的线路便是5号环线,它负责连接起其余绝大部分辐射线路。环线同其他线路换乘十分方便,虽然工程量增加,投资加大,但却给大量的换乘乘客带来了方便,节省了换乘时间,社会效益十分巨大。

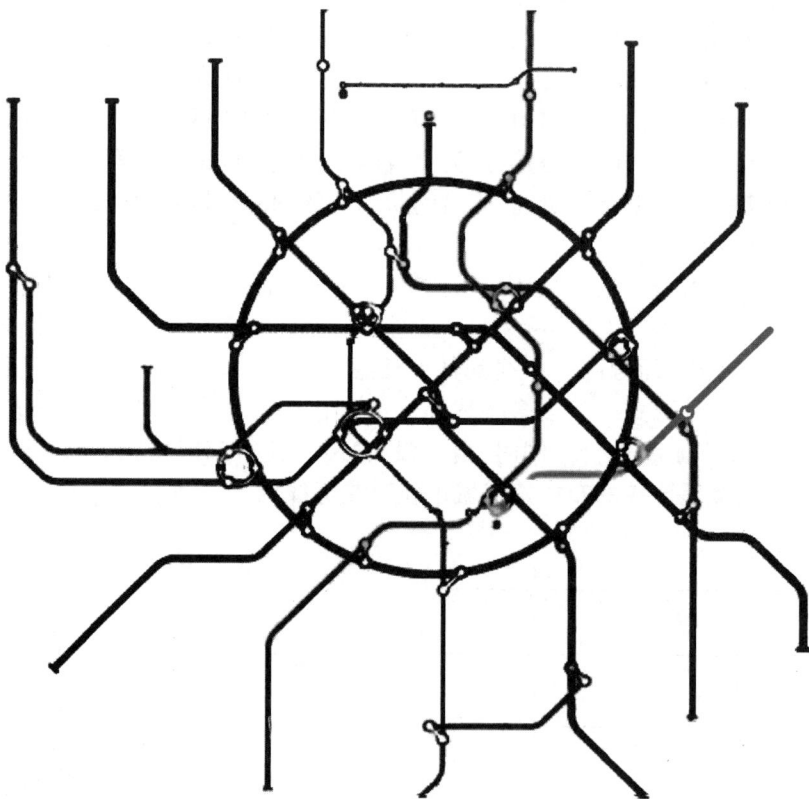

图2-8 莫斯科地铁线网

## 单元五　城市轨道交通线网方案评价

线网方案评价涉及众多因素,如何全面准确地衡量一个线网方案的好与坏、优与劣,使其尽可能不受主观因素的影响,是线网规划研究中重要的一环。线网方案评价应本着定性与定量相结合的原则,运用系统工程学原理,根据城市轨道交通线网的具体特点,建立一套评价指标体系和相应的评价方法,从而对线网方案进行系统评价。

### 一、评价方法

不同层次的方案比较其评价指标及评价方法也有所不同。常用的评价方法有经济评价法、德尔菲法、层次分析法和模糊评价法。

(1)经济评价方法

主要的经济评价方法包括现值法、投资回收期法、内部收益率法和效益费用法。

现值法把分析期内建设和运营部门在不同时间支出的各种费用按照预定的折现率换算成现在的费用,或者将使用者所获得的各种收益换算成现值进行统一考虑。

投资回收期法是指将投资方案所产生的净现金收入补偿原投资所需要的时间跨度。

内部收益率法是指使净现值为零,投入的资金现值与所取得的效益现值相等时的折现率。反映了分析期内项目对未恢复资金(投资)的回收能力。

效益费用法是指将设施初期的投资和在分析期内的各种资金投入看作费用,并折算为现值,把设施的使用者在分析期内使用设施所得到的正收益或负收益看作效益并折算为现值,最后将每个项目方案的效益现值和其费用现值相比。

(2)德尔菲法

采用函询调查向有关专家分别提出问题,对他们的回答意见进行统计整理和综合反馈,然后再次征询专家意见,而后对新一轮的意见重新加以综合和整理,再次反馈。如此反复,直至得出比较一致的意见。

(3)层次分析法

层次分析法(Analytical Hierarchy Process,简称 AHP 法),是一种定性与定量相结合的决策分析方法。它是一种将决策者对复杂系统的决策思维过程模型化、数量化的过程,于 20 世纪70 年代由美国运筹学家萨蒂提出。

层次分析法的主要思想是根据问题的性质和要达到的目标,将问题按层次分解成不同的因素。同一层次内各个不同因素的权重(即重要程度),可通过两两之间进行成对判断比较得到,下一层次的因素的重要程度既要考虑本层次又要考虑上一层次的权因子,逐层计算各层的权重一直到最后一层(一般是要比较的各个分方案)。通过不同方案的重要性比较,可以进行最后的方案选择。城市轨道交通规划方案评价是多属性评价过程,在实践过程中,广泛使用 AHP 法。

(4)模糊评价法

长期以来,人们对于事物的认识多习惯于追求其精确性或者清晰性。然而城市轨道交通线网评价涉及的因素众多,很多指标的概念边界并不清楚,难以对每个因素都用严格的界限进行划分。因此,城市轨道交通线网评价的时变性较大,某些因素及其变化是人们难以精确掌握的,又常常不可能对全部因素和过程都进行精确的考察,而只能抓住其中主要部分,忽略次要部分。这样,在事实上就给对系统的描述带来了模糊性。从这个意义上来说,城市轨道交通线网的规划方案,无论是单项评价还是综合评价都属于非常复杂的系统,甚至属于巨系统,使用一般的确定性数学模型和随机性数学模型很难保证期望的精确性。

📖 **知识拓展**

城市轨道交通规划方案评价是多属性评价过程,在实践过程中,多利用广泛使用的层次分析法(AHP 法)。美国运筹学家萨蒂(A. L. Saaty)于 20 世纪 70 年代提出。它是一种定性与定量相结合的决策分析方法,是一种将决策者对复杂系统的决策思维过程模型化、数量化的过程。

## 二、线网方案评价过程

对规划确定的城市轨道交通线网规划方案,决策者需要从中选择最优方案,做出决策。任何规划的决策最终都归结为方案评价。评价的好坏直接影响决策的正确性。方案设计和方案评价是相互交融、紧密联系在一起的。就方案评价本身而言,其主要任务包括如下方面。

1. 确定评价目的和准则

在最终的方案比选中,评价的目的是对各备选方案进行全面而系统的定性和定量分析,以确定城市轨道交通线网在规划布局上与城市布局、城市发展的适应情况及在等级、容量上与交通量的适应情况,从而选择出技术上先进、经济上合理、实施上可行的最优或满意的方案。城市轨道交通线网评价应保证线网在功能上满足需要,在技术上切实可行,在经济上投入合理,因此应遵循如下基本原则。

①服从完善城市交通系统结构。

②考虑城市轨道交通线网本身建设和运营的特性。

③考虑对城市土地利用的影响。

④考虑实施性。

⑤体现必要性论证的功能。

⑥注意后期的运营和建设。

⑦做发展的适应性分析。

2. 建立评价指标体系

建立评价指标体系可以从社会效益、经济效益、运营效果、建设实施性等角度出发,相应的指标如下。

①社会效益方面,包括时间节约效益、土地升值效益、减少交通事故、增加公共交通出行量、改善居民生活方式、改善环境质量等指标。

②经济效益方面,包括投资分析中征地、拆迁、土建、信号工程及供电设备等费用指标,运营成本中工作人员的工资及福利、车辆保修材料费、折旧费等费用指标,以及收入分析中票价收入等指标。

③运营效果方面,包括城市轨道交通日客运量、线路客运强度、客流断面不均衡系数、换乘站负荷均匀性等指标。

④建设的可实施性方面,包括工程实施可行性、投资估算、分期建设计划的合理性等指标。

3.评价指标的分析与计算

评价指标分为定量指标和定性指标,指标通常需要进行处理之后才可以进行交叉比较,处理方法通常分为两大类:单一准则型(货币方法)和多准则型(非货币方法),前者将所有影响转化为单一的货币价值,后者则使用定性与定量的多个准则。单一准则型方法和多准则分析法是相互补充而非相互竞争的。

4.评价结果分析

评价结果分析是指选择合适的评价方法,综合各评价指标的分析及计算结果,对备选方案进行比较和选择。

### 复习与思考

**一、填空题**

1.城市轨道交通线网规划研究内容主要包括_____、_____、_____三个方面。

2.城市轨道交通线网规模涉及的主要指标有_____和_____。

3.城市轨道交通线网三种最基本、最常见的形式为_____、_____、_____。

4.城市轨道交通线网规划方法有_____、_____、_____、_____、_____。

5.城市轨道交通线网方案评价的常用方法有_____、_____、_____。

**二、判断题**

1.总体来看,在城市轨道交通线网规划的过程中,采用定性和定量分析相结合、以定量分析为主的方法进行。　　　　　　　　　　　　　　　　　　　　　　（　　）

2.规模合理的城市轨道交通线网,可以充分满足城市日益增长的交通需求,提高公共交通服务水平,同时可防止城市轨道交通建设的盲目性。　　　　　　　　（　　）

3.放射网状形式的城市轨道交通线网适合于市区呈片状发展、而街道呈棋盘式布局的城市。　　　　　　　　　　　　　　　　　　　　　　　　　　　　　　（　　）

4.城市轨道交通规划方案评价是多属性评价过程,在实践过程中,多利用广泛使用的层次分析法(AHP法)。　　　　　　　　　　　　　　　　　　　　　　　（　　）

**三、简答题**

1.城市轨道交通线网规划的主要原则有哪些?

2.简述城市轨道交通线网规划的步骤。

3.简述城市轨道交通栅格网状结构、放射网状结构及放射环线网状结构的特性?

4.城市轨道交通线网方案评价的常用方法有哪些?

5.已知某城市远景人口 600 万人,出行强度 1.61 次/(人·日),若未来公共交通出行比例为 52%,城市轨道交通方式占公共交通出行比例为 45%,线网负荷强度为 3.67 万人次/(公里·日)。试按交通需求法推算城市轨道交通线网的合理规模。

# 模块三　城市轨道交通线路规划

🔖 **学习目标**

1. 了解城市轨道交通规划的一般步骤。
2. 掌握线路的走向与路由的影响因素。
3. 掌握线路平纵断面设计的主要技术要素。

✏️ **建议学时**

6 学时

线路是城市轨道交通的基础组成部分。城市轨道交通线路按照运营功能可分为正线、辅助线和车场线。正线是贯穿所有车站、区间供载客列车运行的线路。城市轨道交通正线的行车速度高、密度大,要求行车安全、舒适,故线路标准要求高。城市轨道交通系统的正线均采用上、下行分行,采用右侧行车制,一般为全封闭线路,与其他交通线路相交时,一般采用立体交叉。

辅助线是为保证正线运营而配置的、一般不行驶载客车辆的、与运营正线直接贯通的线路。辅助线主要包括折返线、停车线、渡线、存车线、安全线、车辆段出入线、联络线等,这部分内容在模块五中重点讲述。车场线是在指在车辆段或车场内部,承担列车停放、检修、转线等作业的线路,包括停车线、试车线、洗车线等。

## 单元一　城市轨道交通线路规划概述

线路规划是在已经确定的城市轨道交通线网规划的基础上,研究某一条或某一段线路的具体位置,包括线路的路由方案、敷设方式以及站点的选择等。线路规划是城市轨道交通工程前期研究中的重要内容。

### 一、城市轨道交通线路规划特点

①线路难以改建,线路设计要做长期的考虑。城市轨道交通线路一经建成运营,无论在地下、地面还是在地面以上,线路位置的改变都十分困难,其改建会引起很大的拆迁工程,并破坏多年来逐渐形成的协调环境。城市轨道交通的设计年限较长,近期为交付运营后第 10 年,远期应符合城市总体规划规定的年限,且不少于交付运营后 25 年。

②线路一般为双线。一般车站处只有 2 股道,通常每条线路设有 1 个车辆段和 1 个停车场。城市轨道交通客运量大,通常采用分方向追踪运行,线路车站没有经常性的调车作业。为节省用地,一般车站不设到发线,车辆集中停放在车辆段和停车场。

③运距短,站点密,停车频繁,中等运营速度。城市内,为保证线路的客流吸引力,通常站距为 1~2km。列车要起动加速到最高速度,再由最高速度制动,使得列车在车站中心位置停下来,这需要一定的距离,其长度与最高速度成正比。反之,短站距制约了列车的最大速度。目前,国内外城市轨道交通系统实际上选用的车辆的最高运营速度不超过 90km/h,平均运营速度多为 30~45km/h。

## 二、城市轨道交通线路规划一般步骤

城市轨道交通线路规划工作一般可按以下几个步骤进行。图 3-1 给出了某工程线路规划过程。

(1)收集基础资料,落实边界条件

这一阶段的重点是在收集资料的基础上,明确修建线路的目的和对城市发展的影响。结合城市规划,与有关部门协商,确定线路规划的一般原则和重要影响因素,为拟订方案打下基础。

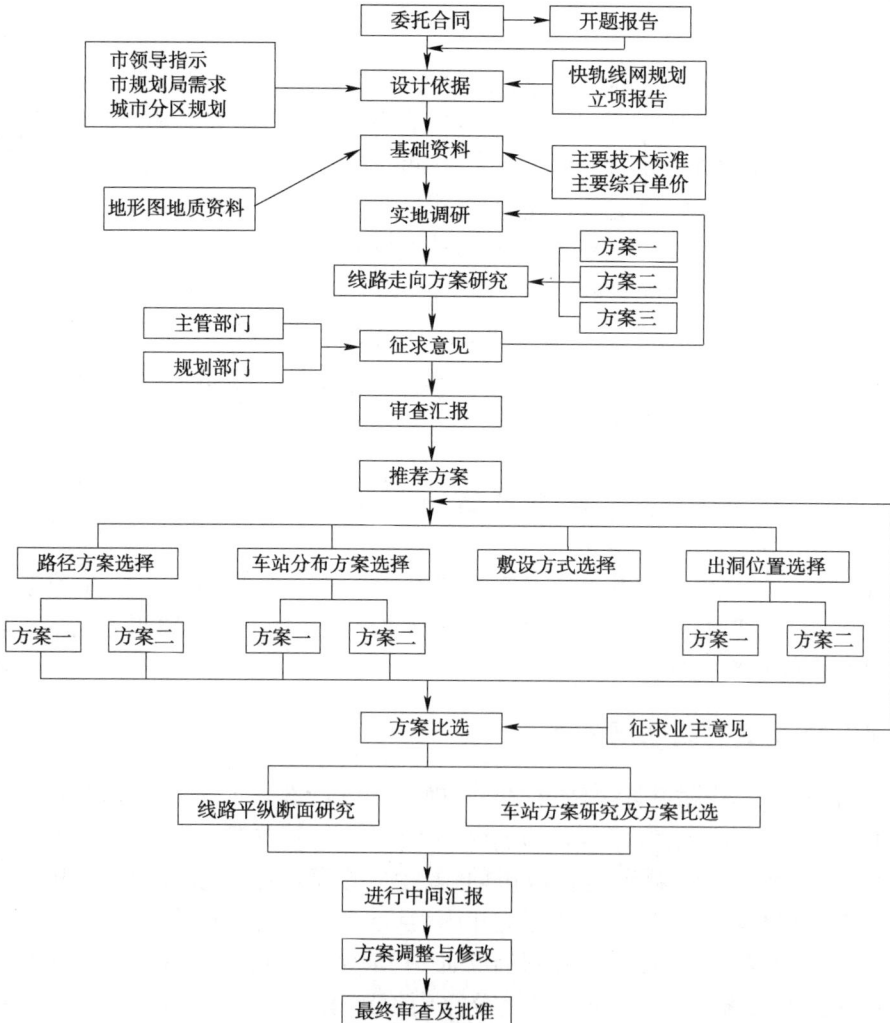

图 3-1　线路规划过程

（2）研究线路走向,确定路由位置

本阶段的任务是在城市轨道交通线网基础上,解决线路路由方案问题,重点分析城市建设背景对线路走向方案的影响。它的规划内容和方法与线网规划相同。

（3）比选规划方案

规划方案包括路径选择方案、车站设置方案、线路敷设方式方案、衔接点的换乘方案以及重要地段的纵断面比较方案等。这些规划方案应结合工程的实际情况进行重点研究,并在提出方案的基础上进行优劣分析,以供决策。

（4）征求意见,最终确定方案

由于线路规划涉及面广、考虑的因素多,在方案确定过程中要不断地征求各方面的意见。征求意见的过程可分为初始阶段、中间阶段、最终阶段3个阶段进行。每个阶段根据工程的特点,由宏观到微观、由大方案到小方案分层次地进行,再在此基础上进行方案的确定。

线路规划工作属于宏观层次的技术工作,需要有较强的总体能力和决策水平。在规划过程中应注重与城市发展的协调,不断征求有关部门的意见,才能使线路规划方案趋于完善,最终指导下一步设计工作。

最后,为说明城市轨道交通线路的走向,需要一些基本信息来描述规划方案,包括线路平纵断面,坡度、曲线信息,车站与车辆段位置等。一般要将这些信息描述在1/10000的图纸上。在重点地区,如车站与车辆段所在地区,需要更详细的描述,可以采用1/2000的比例来描述。这些结果将作为城市规划的内容和相关立法的基础。

## 单元二　城市轨道交通线路选线

### 一、线路的走向与路由

在城市轨道交通线网规划中,关于各条线的走向和路由一般已经有了较粗略的规划。然而,城市建设过程中会发生一些变化,例如,城市用地规划的调整、建设时序的变化、大的客流集散点重新选址等。这些变化不可避免地对已经规划的线路走向与路由产生影响,因此,工程建设前仍需要对此加以研究。

1.线路的走向与路由的影响因素

（1）线路的作用

为城市居民的生产、生活提供交通服务,是修建城市轨道交通的主要目的。在为城市交通服务中,还应包括为城市哪一地区或哪一个方向的客流服务,该项工作由线网规划报告或项目建议书确定,起讫点和必经点(即线路走向)用于体现这一服务目的。例如,上海地铁1号线一期工程是为了解决上海市漕河泾、徐家汇、人民广场及上海火车站地区之间的南北客流交通,因此新龙华、徐家汇、人民广场、上海火车站是必经的控制点。其他方面的作用还包括为战备物资运输、安装电缆服务等。地下铁道多数建于地下,由于它的隐蔽性,在战争状态下,可以用来隐蔽人员、物资、调动兵员和开办地下军工厂等。例如,第二次世界大战期间的伦敦、莫斯科地铁都发挥了很好的战备作用。

（2）客流集散点和主客流方向

这一因素主要包括设计年限内,线路所经过的大型集散点的建设状况、可能形成的客流走廊状况以及主客流方向等。无论从城市轨道交通系统的内部效益,还是从方便市民出行的社会效益,都要求城市轨道交通系统最大限度地吸引客流,其线路应尽量经过一些大客流集散点,一般要放弃控制点间的最短路由方向。例如,上海地铁一期工程衡山路至人民广场之间,长约5km,有复兴中路、淮海中路和延安中路3条路由可选,以复兴中路方案线路长度为最短,施工干扰也小,但最后选定线路长200m的淮海中路方案,理由是淮海中路是繁华商业街,吸引客流比复兴中路大50%。广州地铁一期工程,杨箕至广州火车东站之间,长约4km,中间有天河体育中心为控制点,路由有体育西路、体育东路、东莞路三组方案,体育西路方案线路长度最短,客流方向最顺,东莞路方案吸引天河开发区,客流最多,最后选取线路长500m,能吸引天河开发区客流的体育东路方案。

(3)城市道路网及建设状况

城市轨道交通线路必须与城市的规划道路网建设密切配合,在未建成规划道路的地段建设城市轨道交通时,要注意城市轨道交通线路与规划道路的关系,在能力运用上要配套、合理。城市道路分为快速路、主干道、次干道、支路等。快速路、主干道是贯穿整个城市或各区之间的主路,道路宽阔、交通可达性好,道路两侧往往集中了许多重要的机关、单位、商业等部门,人口密度高。地下城市轨道交通线路一般应选择城市主路敷设,吸引范围内客流多,换乘方便,能更好地为市民服务,运营效益高。只有在特殊条件下或为了转换主路,在过渡地段才选择次干道以下道路敷设。

(4)线路的敷设方式和技术条件

线路的敷设方式以及采用的技术条件对线路的走向及路由也会产生很大影响,在不满足线路技术要求的地段,需绕行或另选路由。

(5)城市经济实力

城市轨道交通项目建设费用高,如地铁每公里造价数亿元。限于财力,在路由选择上,为了降低造价,除有计划地与旧城改建结合之外,要尽量避免造成大量的拆建工程。此外,各城市根据经济状况需要有计划地分期、分批建设。

此外,某些场合下,还有一些其他因素也会对线路路由产生决定性影响,如某一时期的战备要求、与一些重要设施的衔接要求等。

2. 路由方案比选

线路路由方案的研究要在分析上述因素的基础上进行。线路走向和路由方案的研究一般在1/50000~1/10000地形图上进行,特殊地段可采用1/2000地形图。一般说来,根据线路技术条件和地形地貌,可提出2~3个方案作为比选和论证的基础。路由方案研究一般可从以下几个方面着手。

①客流吸引条件,包括客流量大小、吸引范围内居住及工作人口数、沿线客流集散点以及与其他交通工具换乘条件等。

②线路条件,包括线路长度、曲线半径大小、车站设置条件等。

③施工条件,包括施工难易程度、施工场地布置条件、房屋与管线的拆迁工程量条件等。

④对城市环境的影响,包括施工期对城市道路、商业以及居民的影响和运营后线路引起的景观、噪声影响等。

⑤费用和工期,主要包括施工造价、运营费和施工工期等。

在某些特定项目中,根据情况还可能需要增加某些比选条件,以全面反映方案的优劣。

## 二、线路的敷设方式

城市轨道交通线路敷设方式可分为地下、地面(含路堑、路堤)和高架三种方式,其中,高架线和地下线为全封闭式,地面线为半封闭式。

(1)地下线

城市轨道交通地下线的建设一般选择在城市中心繁华地区,它是对城市环境影响最小的一种线路敷设方式。地下线埋置深度的选择应根据地质情况和地下构筑物情况确定。在城市中,一般以浅埋为好。在制定工程方案时,要由浅入深进行比较选择,由此确定最佳方案。

(2)地面线

城市轨道交通地面线是造价最低的一种敷设方式,一般敷设在有条件的城市道路或郊区野外。为保证城市轨道交通车辆的快速运行,一般为专用道形式,与城市道路相交时,一般应设置为立交。

穿越市中心的城市轨道交通线一般很少设置地面线,主要原因是市区一般用地较为紧张,道路交叉口较多,干扰较大。在连接中心城与卫星城之间或城市边缘地带,应尽可能创造条件,设置地面线,以降低工程造价。

(3)高架线

高架线是介于地面和地下之间的一种线路,既保持了专用道的形式,占地较少,又对城市交通干扰较小。高架线是城市轨道交通中一种重要的线路敷设方式。高架区段中的高架桥是永久性的城市建筑,结构寿命要求按 50 年以上考虑。

国内外对穿越城区的城市轨道交通甚至道路设置高架线存在一些争议,问题的焦点在于三方面:一是高架线路对市区(一般是指旧城区)景观有些影响,可能破坏城市市容;二是高架线产生的噪声、振动等对线路周围环境有不良影响;三是高架对沿线居民的隐私权有所侵犯,易引起纠纷。一般认为,城市道路红线宽度在 40m 以上时,可以考虑设置高架线。如果工程处理得当,也能够满足城市环境的要求。

上述三种敷设方式的选择应结合城市的总体规划、城市道路条件、周围建筑物、人口密度、线路所穿越的地区环境、工程技术要求及造价、建设环境和资金情况,因地制宜地规划和设计。根据情况,地下铁道一般铺设在地下,但也可以钻出地面走在高架桥上,最典型的是上海地铁明珠(环)线。轻轨一般采用高架方式,如武汉轨道交通 1 号线。但在人口集中、建筑密集的市中心也可以钻入地下,如重庆市跨座式轻轨就有相当长一段建在隧道里。一般来说,无论轻轨还是地铁,在市区中心宜采用地下线,线路两端靠近郊区可采用高架线或地面线。

## 三、车站分布

线路上各车站位置的规划,对于城市轨道交通作用的发挥有很大的影响。车站位置的确定是十分复杂的,一般车站最终位置的确定只有在可行性研究甚至初步设计阶段才可以完成。

线网规划阶段进行车站位置初步规划的意义在于以下方面。

①有利于车站用地控制。

②有利于城市土地利用规划的调整,并与之配合。

③有利于与沿线大型建设项目的配合。

④有利于规划可实施性研究的进行。

⑤有利于与其他交通方式衔接和客流发展倾向的引导。

站址的选择应满足城市轨道线路设计及运营的要求,并且同时考虑城市公共交通组织和城市规划的要求。一般地,城市轨道交通车站分布应满足以下原则。

①应尽可能靠近大型客流集散点、道路系统和其他交通方式枢纽为乘客提供方便的乘车条件。

②应与城市道路网及公共交通网密切结合,为乘客创造良好的换乘条件。

③应与城市建设密切结合,与旧城房屋改造和新区土地开发结合。

④尽量避开地质不良地段,尽可能减少对周围环境的干扰。

⑤满足运营在最短站间距、旅行速度、列车牵引特性等方面的要求,兼顾各车站间距离的均匀性。

车站的建设成本高昂,其建筑费及设备费在初始投资中占比很大。根据上海地铁2号线的概算资料,一般车站长度为284m,其土建工程造价为6000万~7000万元,拆迁工程和车站设备费用是车站土建造价的2.1~2.2倍;而区间每公里土建工程造价为8000万~8500万元。站间距增大,车站数量可以减少,车站造价可以节省,但是乘客步行距离及时间增加,城市轨道交通在综合交通中的客流吸引能力会降低,同时单个车站的负荷有所增加,车站设计长度相应加长。在站距缩短、车站数量增加的同时,列车运营费用也会上升。根据苏联地铁运营统计资料,地铁运营速度约与站间距离的平方根成正比。站间距缩短会降低运营速度,进而增加线路上运营的列车对数,还会因频繁地起停车而增加电能消耗、轮轨磨耗等,从而增加运营费用。

城市轨道交通的站间距在市内繁华区一般可控制在1km左右;在市区边缘或城市组团之间,一般为1.5~2.0km;有特殊原因时,也可增大到2km以上。由于车站造价高,车站数量对整个城市轨道交通的工程造价影响较大,在进行线路规划时,对车站数量与分布一般要进行多方案比选。比选时要分析乘客使用条件、运营条件,周围环境以及工程难度和造价等几个方面,通过全面、综合地评价,确定推荐方案。

## 单元三　城市轨道交通线路设计

线路是城市轨道交通工程的基本组成部分,线路的设计必须符合有关设计规范的要求,满足行车安全、平顺、养护维修工作方便等要求,并保证乘客一定的舒适度。

### 一、线路设计阶段

城市轨道交通设计经常涉及"设计年限",路网规划要分年限,线路建设要分年限,客流预测要分年限,行车交路要分年限,车辆及设备配置要分年限。根据《城市快速轨道交通工程项目建设标准》的有关规定,设计年限分为初期、近期和远期,具体的时段划分规定如下:初期,建成通车后第三年;近期,建成通车后第十年;远期,建成通车后第二十五年。

城市轨道交通工程在完成建设规划、工程可行性研究、立项工作后转入设计阶段。城市轨道交通线路设计,一般分为四个阶段,即可行性研究阶段、总体设计阶段、初步设计阶段、施工设计阶段。通过不同设计阶段,逐步由浅入深,不断地比较修正线路平面、纵断面和坡度、线路与车站的关系,最后确定线路在城市三维空间中的准确位置。可行性研究阶段主要是通过线路多方案比选,完善线路走向、路由、敷设方式,基本确定车站、辅助线等的分布,提出设计指导思想、主要技术标准、线路纵断面及车站的大致位置等。总体设计是指总体性的方案设计,以优化总体方案为目的。根据可行性研究报告及审批意见,通过方案比选,初步确定线路平面、车站的大体位置、辅助线的基本形式、不同敷设方式的过渡段位置,提出线路纵断面的初步高程位置等。初步设计是指专业性的方案设计,以落实具体专业方案为目的,根据总体设计文件及审查意见,确定线路设计原则、技术标准等,基本确定线路平面位置、车站位置及进行纵断面设计。施工设计是指详细设计,提供施工图,作为工程实施的依据,它是根据初步设计文件及审查意见以及有关专业对线路平面及纵断面提出的要求,对部分车站位置及个别曲线半径等进行微调,对线路平面及纵断面进行精确计算和详细设计,提供施工图纸说明文件。

## 二、线路设计内容

城市轨道交通线路设计是在线路规划方案的基础上确定线路在城市空间中的详细位置,主要包括平面设计、纵断面设计。线路平面是线路中心线在水平面上的投影,线路纵断面是沿线路中心线展直后的路肩高程在铅垂面上的投影线。

线路平纵断面设计

## 三、线路设计原则

线路设计需要遵循一定的原则,这些原则主要如下。

①线路的路径必须以城市轨道交通线网规划为依据,线路路径的调整需要有充分的理由。

②拟建城市轨道交通新线应有一定长度规模,一般情况下不宜小于 10km,以保证运营效益。

③线路敷设形式要根据城市环境、地形条件和总体规划要求,因地制宜地选择。在城市中心区,宜采用地下线;在城市中心区外围,且街道宽阔地段,宜首选地面线和高架线;在地面线和高架线地段,应注意环境保护和景观效果,并维护地面道路的交通功能。

④城市轨道交通线路与其他线路相交,必须采用立体交叉方式。两线接轨处应尽量避免对向行驶。

⑤线路位于地下线时,其平面位置和埋设深度应根据地面建筑物、地下管线和其他地下构筑物的现状与规划、工程地质与水文地质条件、采用的结构类型和施工方法以及运营要求等因素,经技术经济综合比较确定。

⑥车站应布设在主要客流集散点和各种交通枢纽点上,尤其是布设在城市轨道交通线网规划的换乘点。

⑦当线路经过市郊铁路车站时,应考虑设计换乘站,有条件时宜进一步考虑预留接轨条件。

## 四、平面设计

线路平面是线路中心线在水平面上的投影,线路平面设计一般是在确定线路路由的情况下,对线路的平面位置、车站的位置以及全线的辅助线进行详细分析和计算后,最终确定线路的准确位置。

1. 线路平面的组成

线路平面由直线和曲线组成,曲线包括圆曲线和缓和曲线,如图 3-2 和图 3-3 所示。

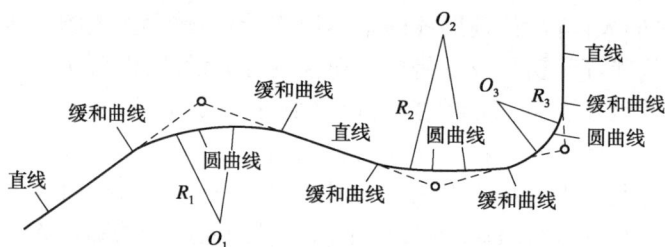

图 3-2  线路平面组成

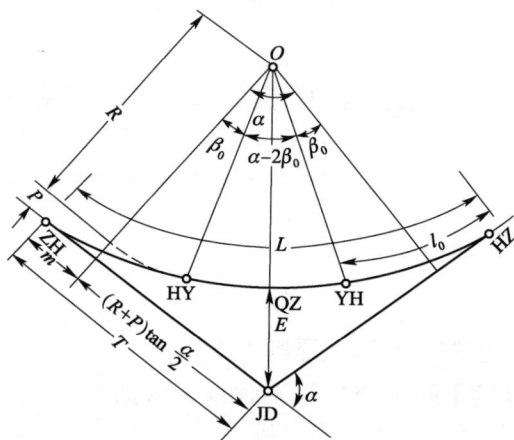

图 3-3  线路平面相关参数

ZH-直缓点;HY-缓圆点;QZ-曲中点;YH-圆缓点;HZ-缓直点;JD-交点;$T$-切线长度(m);$R$-曲线半径(m);$L$-曲线长度(m);$l_0$-缓和曲线长度(m);$E$-外距(m);$\alpha$-圆曲线偏角(°),即从圆心出发垂直于曲线切线的对称夹角;$P$-圆曲线内移距离;$m$-切垂距

线路平面设计的主要技术要素有最小圆曲线半径、最小圆曲线长度、缓和曲线线形和长度、夹直线最小长度等,相关参数计算公式如下。

$$T = (R + P) \cdot \tan\frac{\alpha}{2} + m \tag{3-1}$$

$$L = \frac{\pi(\alpha - 2\beta_0)R}{180} + 2l_0 = \frac{\pi \cdot \alpha \cdot R}{180} + l_0 \tag{3-2}$$

$$E = (R + P) \cdot \sec \frac{\alpha}{2} - R \qquad (3\text{-}3)$$

$$P = \frac{l_0^2}{24R} - \frac{l_0^4}{2688R^3} \approx \frac{l_0^2}{24R} \qquad (3\text{-}4)$$

$$m = \frac{l_0}{2} - \frac{l_0^3}{240R^2} \approx \frac{l_0}{2} \qquad (3\text{-}5)$$

$$\beta_0 = \frac{90l_0}{R\pi} \qquad (3\text{-}6)$$

某城市轨道交通线路平面设计实例如图 3-4 所示。

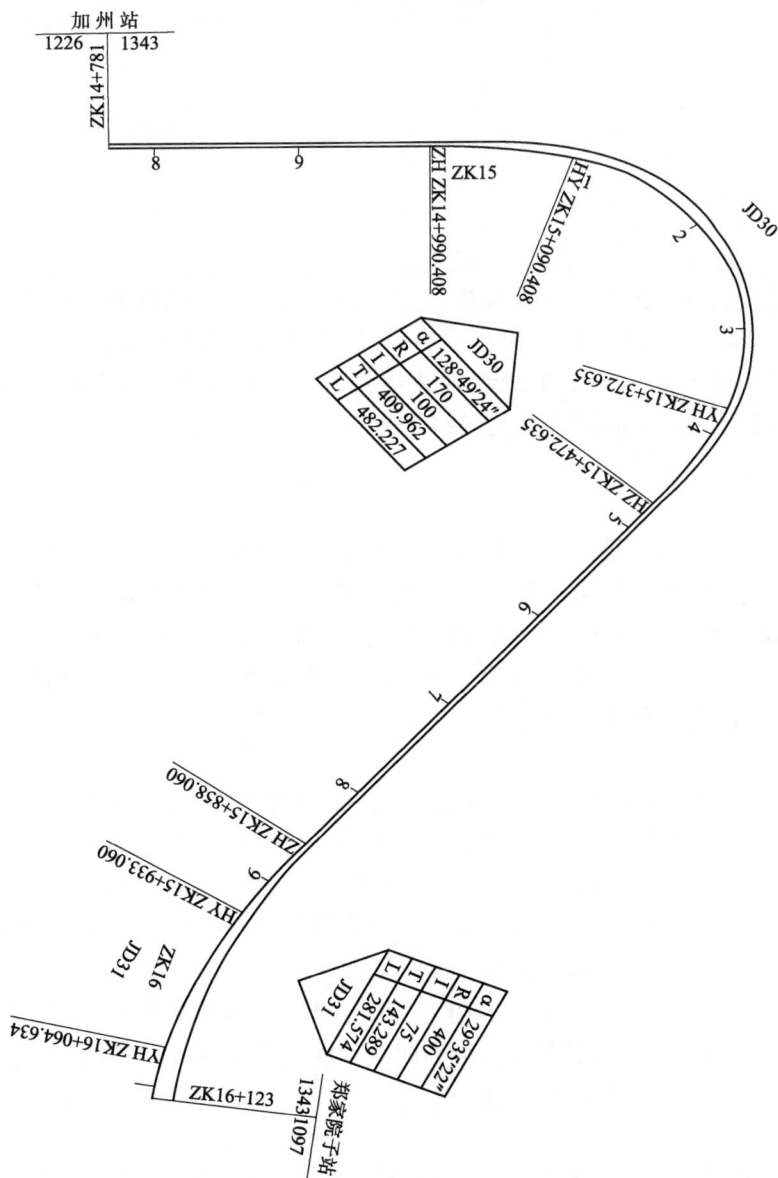

图 3-4　某城市轨道交通线路平面设计实例

2. 线路平面主要技术要素的确定

《地铁设计规范》(GB 50157—2013)中对平面设计的主要技术要素有明确规定,包括圆曲线半径、圆曲线长度、缓和曲线长度和夹直线长度等。

(1)圆曲线半径

小半径曲线具有限制车速、养护比较困难和钢轨侧面磨耗严重等缺点,特别是在地铁运量大、密度高的情况下,上述缺点更加突出。线路平面圆曲线半径应根据车辆类型、地形条件,运行速度、环境要求等综合因素比选确定。最小曲线半径不应小于《地铁设计规范》(GB 50157—2013)规定的线路最小曲线半径标准,如表3-1所示。

线路最小曲线半径(单位:m)     表 3-1

| 线　路 | 车　型 | | | |
|---|---|---|---|---|
| | A 型车 | | B 型车 | |
| | 一般地段 | 困难地段 | 一般地段 | 困难地段 |
| 正线 | 350 | 300 | 300 | 250 |
| 联络线、出入线 | 250 | 150 | 200 | 150 |
| 车场线 | 150 | — | 150 | — |

由于轻轨运量较小,最小曲线半径视车型情况可采用比地铁线路更小的数值。车站站台段线路应尽量设在直线上。因为站台上有大量旅客活动,直线站台通视条件好,有利于行车安全;而且城市轨道交通多为高站台,曲线站台与车辆间的踏步距离不均匀,不利于旅客上下车和乘车安全。在困难地段,站台段线路也可设在曲线上,为了保证行车安全和合理的踏步距离,其半径不应小于800m。

(2)圆曲线长度

当曲线偏角较小时,可能会出现圆曲线长度较小的情况。一般客车车辆全轴距为20m,如果圆曲线长度小于20m,就会出现1节车辆同时跨在两个缓和曲线上的情况,对行车稳定性和旅客舒适度产生不利影响。《地铁设计规范》(GB 50157—2013)规定:在正线、联络线及车辆基地出入线上,A型车不宜小于25m,B型车不宜小于20m,在困难情况下,不得小于一个车辆的全轴距;车场线不应小于3m。

(3)缓和曲线

为缓和行车方向发生的突变和离心力的突然产生与消失,需要在直线与圆曲线之间插入曲率半径由无穷大逐渐变化至圆曲线曲率半径的过渡曲线,此曲线为缓和曲线。由于直线与圆曲线间存在曲率半径的突变,圆曲线半径越大,这种突变程度就越小。当圆曲线半径较小时,则要在圆曲线与直线间加设缓和曲线,实现曲率半径和外轨超高的逐渐过渡,减少列车在突变点处的轮轨冲击。《地铁设计规范》(GB 50157—2013)规定:线路平面圆曲线与直线之间应设置三次抛物线形的缓和曲线;缓和曲线长度应根据曲线半径、列车通过速度以及曲线超高设置等因素,按照规范合理选用。

缓和曲线曲率变化

(4)夹直线

当相邻曲线距离较近时,可能会出现两曲线(有缓和曲线时指缓和曲线,无缓和曲线时指圆曲线)相邻两端点间的夹直线过短的情况。夹直线短于20m时,会出现一辆车同时跨越两条曲线,引起车辆左右摇摆,影响行车平稳性;夹直线太短,也不易保持直线方向,增加养护困难。因此,《地铁设计规范》(GB 50157—2013)规定:正线、联络线及车辆基地出入线上,两相邻曲线间,无超高的夹直线长度,不宜小于 $0.5V(\mathrm{m})$ ,并应满足在困难情况下的最小长度 $\lambda$ 。夹直线最小长度如表 3-2 所示。

夹直线最小长度(m) 　　　　　　　　　　　　　　　　　表 3-2

| 正线、联络线、出入线 | 一般情况 | $\lambda \geq 0.5V$ | |
| --- | --- | --- | --- |
| | | A 型车 | B 型车 |
| | 困难时最小长度 $\lambda$ | 25 | 20 |

注:式中 $V$ 为列车通过夹直线的运行速度(km/h)。

同向曲线和反向曲线夹直线如图 3-5 所示。

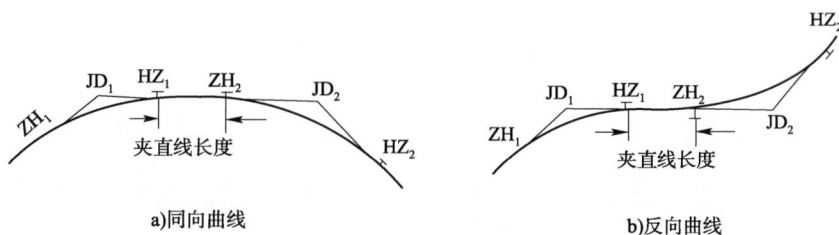

图 3-5　同向曲线与反向曲线夹直线

(5)其他

道岔应设在直线上。道岔端部至曲线端部的距离不宜小于 5m,车场线可减少到 3m。道岔宜靠近车站位置,但道岔基本轨端部至车站站台端部的距离不小于 5m。

不同号数道岔的导曲线半径和长度也不同,会影响线路线间距和线路长度。正线和辅助线上为保证必要的侧向过岔速度,宜采用 9 号道岔。车场线因过岔速度要求低,应采用不大于 7 号的道岔,以缩短线路长度,节省造价。

## 五、纵断面设计

线路纵断面是沿线路中心线展直后的路肩高程在铅垂面上的投影线。线路的纵断面设计是在平面设计的基础上进行的,同时又可对平面设计进行检验和调整,它最终确定线路在城市三维空间的位置。

1.线路纵断面的组成

线路纵断面由坡段及坡段间的连接组成,如图 3-6 所示。纵断面设计的主要技术要素有最大坡度、坡度代数差、竖曲线线形和曲线半径等。城市轨道交通的纵断面是由坡段和连接相邻坡段的竖曲线组成的。坡段的特征用坡段长度和坡度值来表示,如图 3-7 所示。坡段长度 $L_i$ 是指前后两个变坡点之间的水平距离。坡度 $i$ 是指两个变坡点之间的高程 $H_i$ 除以坡段长度 $L_i$ ,其值通常以千分数表示。

$$i = \frac{H_i}{L_i} \times 1000\%o \qquad (3-7)$$

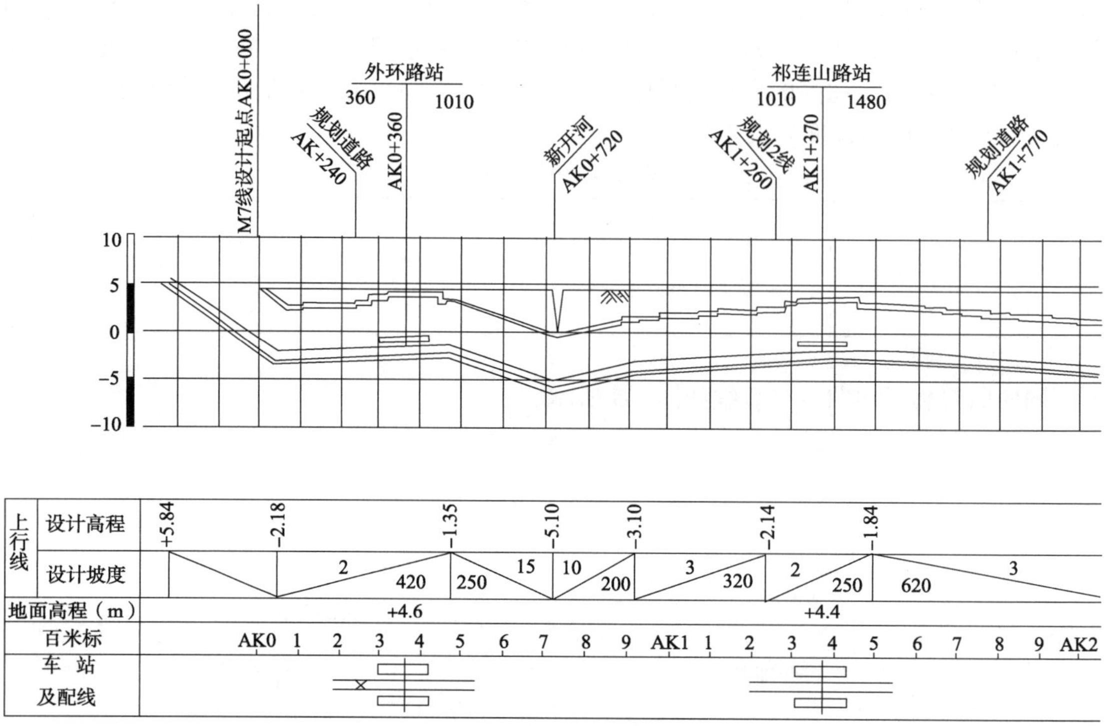

M7线设计起点AK0+000
规划道路 AK0+240
外环路站 360 1010 AK0+360
新开河 AK0+720
规划12线 AK1+260 AK1+370
祁连山路站 1010 1480
规划道路 AK1+770

| 上行线 | 设计高程 | +5.84 | -2.18 | | -1.35 | -5.10 | -3.10 | | -2.14 | -1.84 | |
|---|---|---|---|---|---|---|---|---|---|---|---|
| | 设计坡度 | 2 / 420 | 250 | 15 | 10 / 200 | 3 / 320 | 2 / 250 | 620 | 3 | | |
| | 地面高程（m） | +4.6 | | | | | +4.4 | | | | |
| | 百米标 | AK0 1 2 3 4 5 6 7 8 9 | AK1 1 2 3 4 5 6 7 8 9 AK2 | | | | | | | | |
| | 车站及配线 | | | | | | | | | | |

图3-6 城市轨道交通线路纵断面设计

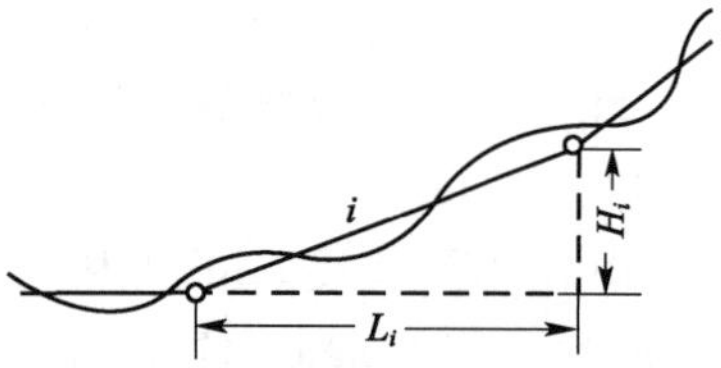

**2. 线路纵断面主要技术要素的确定**

纵断面设计的主要技术要素有坡度、坡段长度、坡段连接等。

（1）坡度

《地铁设计规范》（GB 50157—2013）中关于线路坡度和车站及其配线坡度选用如下。

图3-7 坡段长度和坡度

①线路坡度设计应符合下列规定：

a. 正线的最大坡度宜采用30‰,困难地段可采用35‰。在山地城市的特殊地形地区,经技术经济比较,有充分依据时,最大坡度可采用40‰（均不考虑各种坡度折减值）；

b. 联络线、出入线的最大坡度一般情况下采用40‰（均不考虑各种坡度折减值）；

坡度

c. 区间隧道的线路最小坡度宜采用3‰,困难条件下可采用2‰,区间地面线和高架线,当具有有效排水措施时,可采用平坡。

②车站及其配线坡度设计应符合下列规定：

a. 车站宜布置在纵断面的凸型部位上,可根据具体条件,按节能坡理念,设计合理的进出站坡度和坡段长度；

b. 车站站台范围内的线路应设在一个坡道上,坡度宜采用2‰,当具有有效排水措施或与相邻建筑物合建时,可采用平坡；

c.具有夜间(无司机)停放车辆功能的配线应布置在面向车挡或区间的下坡道上,隧道内的坡度宜为 2‰,地面和高架桥上坡度不应大于 1.5‰;

d.道岔宜设在不大于 5‰的坡道上,在困难地段应采用整体道床,尖轨后端为固定接头的道岔,可设在不大于 10‰的坡道上;

e.车场内的库(棚)线宜设在平坡道上,库外停放车的线路坡度不应大于 1.5‰,咽喉区道岔坡度不宜大于 3.0‰。

(2)坡段长度

如果坡段长度小于列车长度,那么列车就会同时跨越 2 个或 2 个以上的变坡点,各个变坡点所产生的附加应力和局部加速会因叠加而加剧,影响列车的平稳运行和旅客的舒适度。因此,线路坡段长度不宜小于远期列车长度。按每节车厢 19.11m 计算,当用 8 节车厢时,约为 150m;当用 6 节车厢时,约为 115m;当用 4 节车厢时,约为 75m。

(3)坡段连接

①坡度代数差。

列车通过变坡点时,车钩产生附加应力,并致使车辆的局部加速度增加,其值与相邻两坡段的坡度代数差成正比。坡度代数差太大,会影响旅客舒适度。

②竖曲线。

在纵断面上,若各坡段直接相连则形成一条折线。列车运行至坡度代数差较大的变坡点处,容易造成车轮脱轨、车钩脱钩等问题。为避免出现这类情况发生,当坡度代数差等于或大于 2‰时,两相邻坡段的坡度代数差等于或大于 2‰时,应设圆曲线形的竖曲线连接,把折线断面平顺地连接起来,以保证行车安全和平稳。《地铁设计规范》(GB 50157—2013)规定:"对正线的区间线路,竖曲线半径一般取 5000m,困难情况下取 2500m;车站端部因行车速度较低,其线路的竖曲线半径可取 3000m,困难情况下取 2000m。对于联络线、出入线和车场线,竖曲线半径可取 2000m。"

③竖曲线夹直线。

由于允许的坡段长度较短,而允许的坡度值又较大,因而实际设计时常会出现两条竖曲线重叠或相距很近的情形。为了避免或减轻列车同时位于两条竖曲线而产生的振动叠加,《地铁设计规范》(GB 50157—2013)规定:相邻竖曲线之间的夹直线不宜小于 50m。

地下隧道车站的纵断面设计,除了满足相应的坡度、坡段长度、坡段连接要求外,还要综合考虑隧道类型、拟采用的施工方法及运营特点等因素。

对于浅埋隧道,一般采用明挖法施工,宜靠近地面,以减少土方工程量,简化施工条件。同时,又要考虑在隧道上面预留足够的空间来设置城市地下管道,有足够厚度的土壤层来隔热,使隧道内不受地面温度变化的影响。通常浅埋区间隧道衬砌顶部至地面距离不小于 2m。由于车站本身要求的净空高度大于区间,因而浅埋车站一般位于凹型纵断面的底部。这种纵断面形式是"进站下坡,出站上坡",导致列车进站制动和出站加速都需要耗费较多的能量,不利于运营。

对于深埋隧道,通常位于比较稳定的地层内,其顶部以上的地层厚度要能够形成承载拱,为此应埋深一些。在保证车站净空要求的前提下,深埋隧道的车站应埋浅一些,尽量接近地面,因为这样设计的车站土建工程量较少,还可节省升降设备投资,乘客上下地面的时间也相应减少。这种情况下,车站位于线路凸型纵断面顶部,便于进站减速、出站加速,节省运营成本。

## 复习与思考

### 一、填空题

1. 城市轨道交通线路按其在运营中的作用,分为:_____ 、_____ 、_____ 。

2. 城市轨道交通线路平面组成有:_____ 、_____ 、_____ 。

3. 城市轨道交通线路纵断面组成有:_____ 、_____ 。

### 二、判断题

1. 城市轨道交通线路一经建成运营,无论在地下、地面还是在地面以上,线路位置不可任意改变。                                                    (    )

2. 城市轨道交通线路规划工作属于宏观层次上的技术工作,需要有较强的总体能力和决策水平。                                                        (    )

3. 正线是贯穿所有车站、区间供载客列车运行的线路。             (    )

4. 城市轨道交通系统的正线均采用上、下行分行,采用右侧行车制。     (    )

5. 辅助线是为保证正线运营而配置的,一般可以载客运行。          (    )

6. 车场线是指在车辆段或车场内部,承担列车停放、检修、转线等作业的线路。 (    )

### 三、简答题

1. 城市轨道交通的线路类型有哪几种?

2. 城市轨道交通线路走向及路由选择的主要影响因素有哪些?

3. 线路平纵断面设计的主要技术要素有哪些?

# 模块四　轨道结构

1. 掌握轨道的组成部分。
2. 了解钢轨的作用及类型。
3. 掌握道岔的作用及分类。
4. 掌握单开道岔的组成部分及工作原理。

建议学时

8 学时

　　轨道结构是列车运行的基础,它直接承受列车荷载,并引导列车运行。为保证列车运行的安全,轨道结构应具有足够的强度、稳定性、耐久性、绝缘性及适量弹性,且养护维修量小,以确保列车安全运行和乘客舒适。目前,城市轨道交通使用的轨道结构有传统的有砟轨道和无砟的新型轨道。各种轨道结构在使用性能、适用环境、维修、使用周期费用以及减振降噪等方面各有优势。城市轨道交通可采取地面、地下、高架等不同的轨下基础,轨道结构可采取不同的形式与之适应。另外,还有些新型的城市轨道交通系统,对应采用特殊的轨道形式,如磁悬浮结构、橡胶轮轨结构和独轨结构等。传统的轨道结构由钢轨、轨枕、连接零件、道床、道岔和防爬器、轨距拉杆及其他附属设备等组成。

## 单元一　钢　　轨

### 一、钢轨的作用

　　钢轨不仅直接承受列车荷载,而且也是引导车辆运行的装置。在车辆运行过程中,钢轨将承受的荷载传递到扣件、轨枕、道床及路基,并依靠钢轨头部内侧与车辆轮缘的相互作用,引导列车前进。同时,钢轨可以兼作供电触网的回流线路及信号轨道电路。

　　在列车动荷载作用下,钢轨将产生挠曲和变形,因此,钢轨应有足够的承载能力、抗弯强度、断裂韧性及稳定性、耐磨性、耐腐蚀性,其断面形状采用具有最佳抗弯性能的工字形断面,由轨头、轨腰和轨底三部分组成,如图 4-1 所示。钢轨截面为工字形,如图 4-2 所示。为了使钢轨更好地承受来自各方面的力,保证必要强度条件,钢轨应有足够的高度,其头部和底部应有足够的面积和高度、腰部和底部不宜太薄。

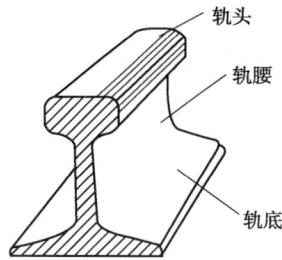

图 4-1　钢轨组成部分

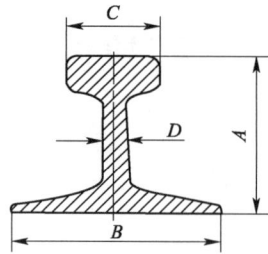

图 4-2　工字形断面
A-轨高度；B-轨底面宽度；
C-轨头面宽度；D-轨腰厚度

## 二、钢轨的类型

1. 按单位米长度的质量分类

以每米长度的质量表示，我国铁路钢轨类型主要有 75kg/m、60kg/m、50kg/m、45kg/m、43kg/m、38kg/m 等，记为 P75、P60、P50 等，其中，60kg/m 及以上的为重型钢轨，50kg/m 及以下的为轻轨。铁路对于钢轨的选型规定为：年通过总质量在 30～60 吨时，采用 60kg/m 钢轨。我国铁路的钢轨类型主要采用 60kg/m、50kg/m 两种，主要干线采用 60kg/m 钢轨，次要线路及基地车场采用 50kg/m 钢轨，少数运量特大的线路已开始采用 75kg/m 钢轨。城市轨道交通钢轨选型标准，目前国内尚无规定，一般参照国家铁路标准执行。国外地铁以往多采用 50kg/m 钢轨，但由于地铁运量大、钢轨磨耗快，因此已趋于采用重轨。据国外资料，钢轨质量每米增加 1kg，每完成 100 万 t·km 运量，每千米可减少钢轨磨耗 3.4kg，维修工作量减少 15%，单向行车阻力降低 0.6%～0.8%。虽然城市轨道交通车辆的轴重较轻，如我国城市轨道交通车辆的轴重只有 100kN，但为了保证客运车辆的运行质量，使钢轨有较长的使用寿命，以及适应铺设无缝线路的需要。43kg/m、50kg/m 和 60kg/m 钢轨的断面图分别如图 4-3～图 4-5 所示，其尺寸如表 4-1 所示。50kg/ 的钢轨与 43kg/m 的钢轨相比，前者较后者重 15%，横向刚度和抗扭系数分别增加 37% 和 28%，采用 50kg/ 的钢轨有利于增加轨道的横向稳定性，减少动态轨距扩大以及扩大无缝线路的铺设范围。60kg/m 钢轨较 50kg/m 钢轨质量只增加了 7.7%，而允许通过的总质量可增加 50%。重型钢轨不仅能增强轨道的稳定性，减少养护维修工作量，而且还能增大回流断面，减少迷流。有关资料介绍，60kg/m 钢轨比 50kg/m 钢轨抗弯强度增加 34%，而弯曲应力减少 28%。

2. 按单根钢轨的长度分类

按单根钢轨的长度分类，标准钢轨有 25m 和 12.5m 两种。钢轨的平面连接有两种形式：第一种是通过夹板和联结零件进行连接，钢轨接头联结零件包括夹板（鱼尾板）、螺栓、螺母、垫圈等，钢轨接头结构的作用是保持轨线的连续性，并传递和承受弯矩与横向力，部分满足钢轨伸缩要求，如图 4-6～图 4-8 所示；第二种是焊接连接。前者称为普通线路，后者称为无缝线路。铺设普通线路的钢轨一般都预制有螺栓眼孔，铺设无缝线路的钢轨都不预制眼孔。在整体框架上，钢轨通过扣件与轨枕连接紧固，成为一个框架整体。

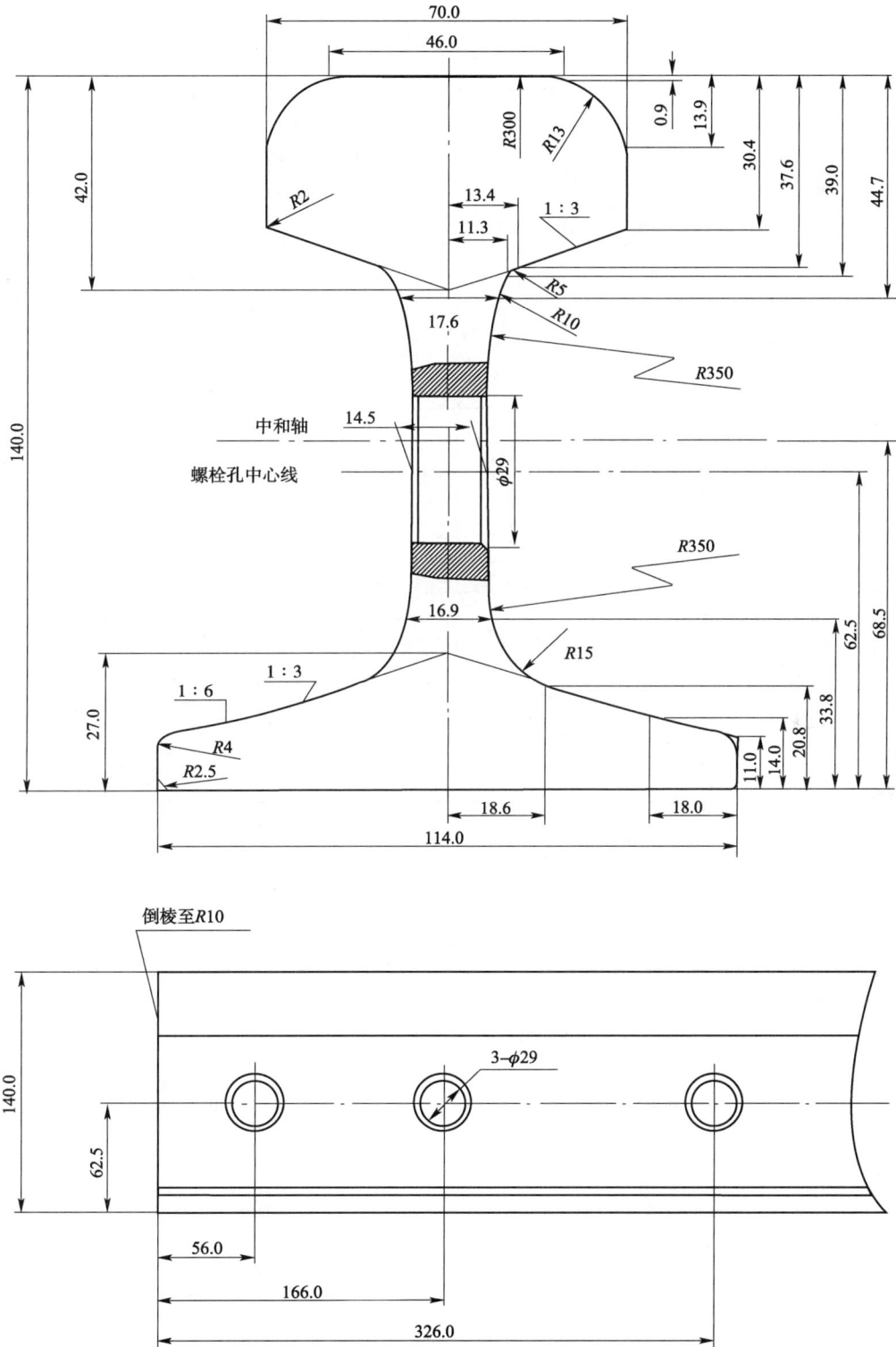

图 4-3 43kg/m 钢轨断面图(尺寸单位:mm)

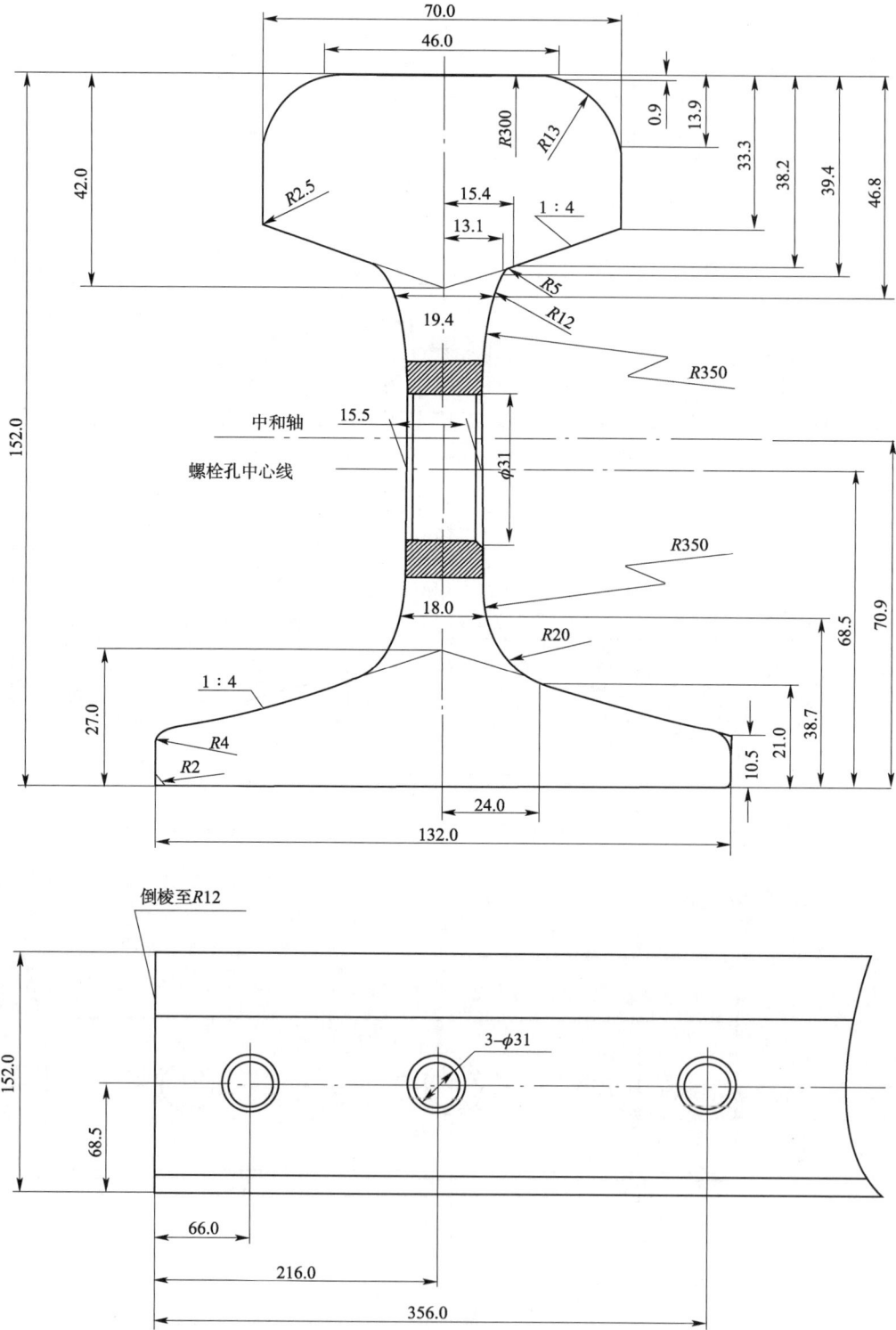

图 4-4　50kg/m 钢轨断面图(尺寸单位:mm)

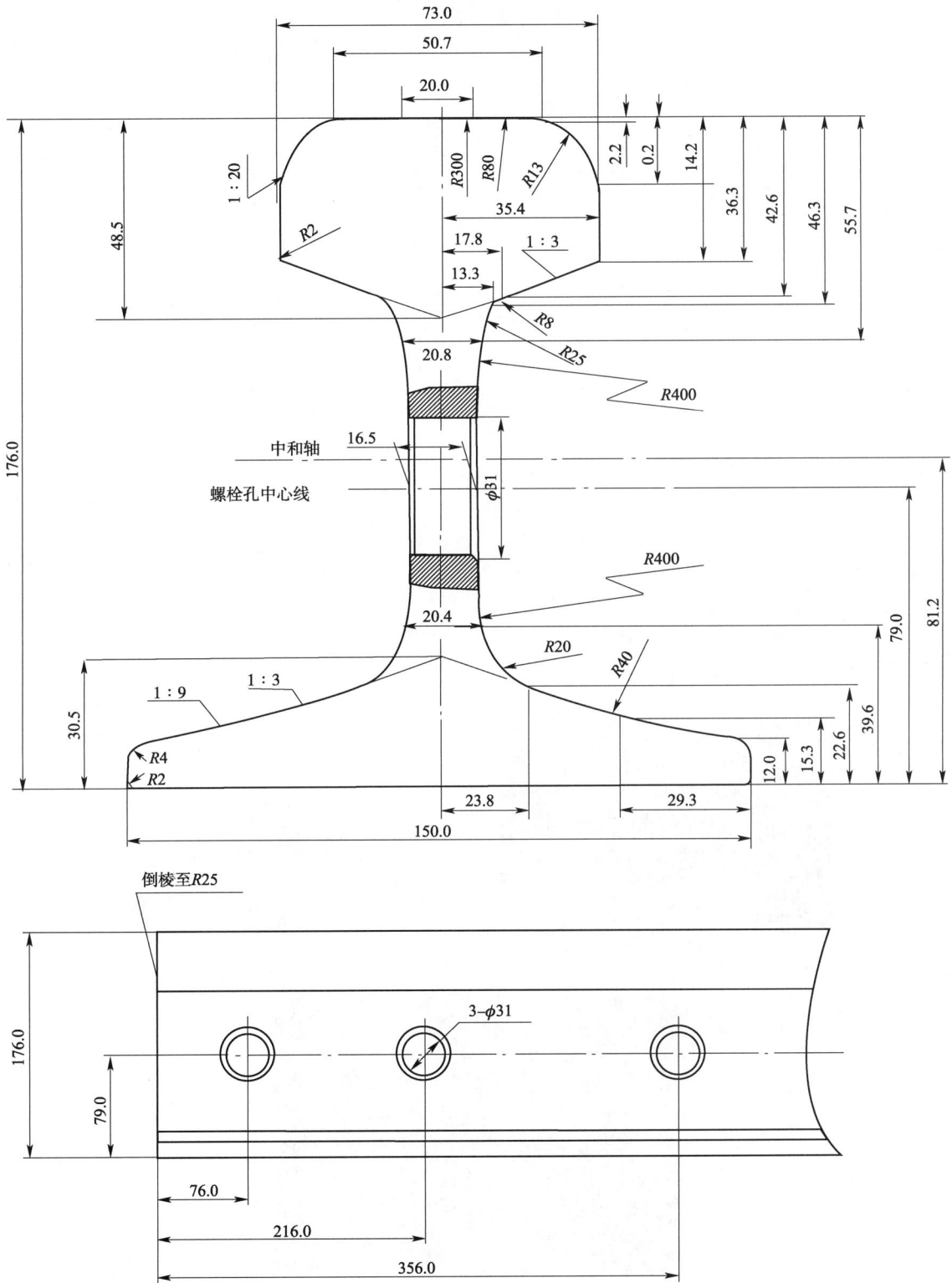

图 4-5　60kg/m 钢轨断面图(尺寸单位:mm)

各种钢轨的断面尺寸汇总            表 4-1

| 项　目 | 钢轨类型（kg/m） | | |
|---|---|---|---|
| | 43 | 50 | 60 |
| 每米质量(kg/m) | 44.653 | 51.514 | 60.64 |
| 横截面面积(mm²) | 57 | 65.8 | 77.45 |
| 钢轨高度(mm) | 140 | 152 | 176 |
| 轨头宽度(mm) | 70 | 70 | 73 |
| 轨底宽度(mm) | 114 | 132 | 150 |
| 轨头高度(mm) | 42 | 42 | 48.5 |
| 轨底高度(mm) | 27 | 27 | 30.5 |
| 轨腰厚度(mm) | 14.5 | 15.5 | 16.5 |
| 螺栓孔高度(mm) | 62.5 | 68.5 | 79 |
| 螺栓孔直径(mm) | 29 | 31 | 31 |
| 轨端至1孔中心距离(mm) | 56 | 66 | 76 |
| 1孔至2孔中心距离(mm) | 110 | 150 | 140 |
| 2孔至3孔中心距离(mm) | 160 | 140 | 140 |

图 4-6　钢轨通过夹板和联结零件连接

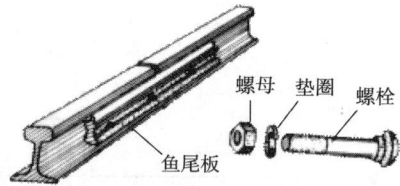

图 4-7　钢轨连接结构

图 4-8　钢轨连接现场

### 知识拓展

## 无 缝 线 路

将每根 12.5m 或 25m 长的钢轨联结成轨道,接头之间会有约 6mm 的轨缝,轨缝是为了防止钢轨在热胀冷缩时产生温度力。钢轨温度每改变 1℃,每根钢轨就会承受 1.645t 的压力或拉力。轨温变化幅度为 50℃时,一根钢轨则要承受高达 82.25t 的压力或拉力。钢轨接头是轨道结构中最薄弱的环节,通过钢轨接头时会产生很大的冲击力,对轨道结构产生很大的破坏作用,城市轨道交通车辆的振动加剧,会缩短车轮的使用寿命。无缝线路(Continuous Welded Rail)没有大量的钢轨接头,它是把标准长度的钢轨焊连而成的长钢轨线路,如图 4-9 所示。它是把不钻孔、不淬火的 25m 长的钢轨,在基地工厂用气压焊或接触焊的方法,焊成 200~500m 的长轨,然后运到铺轨地点,再焊接成 1000~2000m 的长度,铺到线路上就成为一段无缝线路。如果没有加工、运输、施工上的困难,从理论上讲,"无缝线路"可以无限长。无缝线路是铁路轨道现代化的重要内容,无缝线路具有减少行车阻力、行车平稳、降低行车振动和噪声、机车车辆及轨道维修费用低、使用寿命长等优点。据有关统计,与普通线路相比,无缝线路至少能节省 15% 的经常维修费用,延长 25% 的钢轨使用寿命。

图 4-9 无缝线路

## 单元二 轨枕、扣件及道床

### 一、轨枕及扣件

1. 轨枕

轨枕是轨道的基础部件,其功能是支撑钢轨,保持钢轨的位置,并将钢轨压力传递到道床。按制造材料可分为木枕、混凝土枕及钢枕三种,如图 4-10~图 4-12 所示。

图 4-10 木枕

图 4-11 混凝土枕

图 4-12 钢枕

轨枕最初采用木材制造,木材的弹性和绝缘性较好、易于加工、使用方便,受周围介质的温度变化影响小,质量小,加工和在线路上更换简便,并且有足够的位移阻力。经过防腐处理的木枕,使用寿命也大大延长,在 15 年左右。由于取材的原因,木枕的弹性、强度和耐久不够均匀,会加大轮轨动力作用,并且要使用大量的优质木材。20 世纪初,有些国家开始生产钢枕和钢筋混凝土轨枕,以代替木枕。然而,因为钢枕的金属消耗量过大、易于锈蚀、维修费用高,造价高,体积也庞大,使用量逐渐减少,只有德国等少数国家还在使用。许多国家从20 世纪 50 年代起,开始普遍使用混凝土轨枕,损伤率和报废率比木枕要低得多。在无缝线路上,钢筋混凝土轨枕比木枕的稳定性平均提高 15% ~ 20%。混凝土轨枕除了能大量节约优质钢材外,还有使用寿命长、稳定性高、养护工作量小等优点。

2. 扣件

扣件是联结钢轨与轨枕间的零件,其作用是将钢轨固定在轨枕上,保持轨距并阻止钢轨的横纵向移动。扣件应能长期、有效地保持钢轨与轨枕的可靠联结,并能在动力作用下充分发挥其缓冲减震性能,延缓轨道残余变形积累。因此,扣件要具有足够的强度、耐久性和一定的弹性,并有效地保持钢轨与轨枕之间的可靠联结。此外,还要求扣件系统零件少,安装简单,便于拆卸。一般有木枕扣件和混凝土枕扣件。

木枕扣件(图 4-13)依其联结钢轨、垫板与木枕三者之间的关系分为分开式及混合式。分开式扣件是将固定钢轨和固定铁垫板的螺栓或道钉分开。一般用道钉将铁垫板固定在枕木上,铁垫板上有承轨槽,固定钢轨的螺栓安装在铁垫板上,然后用弹条或扣板将钢轨固定。混合式扣件由铁垫板和道钉组成。用勾头道钉(方形)直接将钢轨与铁垫板以及枕木连接在一起,扣压力较小,为防止钢轨纵向爬行,需要较多的防爬设备。

混凝土枕由于质量大、刚度大、弹性较差的特点,对扣件性能要求较高,对其扣压力、弹性和可调性均有较严格的要求。混凝土枕扣件,按其结构可分为弹条扣件(图 4-14)、扣板式扣件(图 4-15)、拱形弹片式扣件三种。由于拱形弹片强度低,容易引起残余变形,甚至折断。扣板式扣件由扣板、螺纹道钉、弹簧垫圈、铁座及缓冲垫板组成。螺纹道钉用硫黄水泥砂浆锚固在混凝土轨枕承轨台的预留孔中,然后利用螺栓将扣板扣紧。弹条式扣件采用弹条作为扣压件,利用材料的弯曲变形及扭转变形,不存在断面的削弱问题,结构形式比较合理,已成为中国混凝土枕轨道的主型扣件。弹条扣件有弹条 I 型、II 型、III 型。目前使用的主型扣件为弹条 I 型,弹条 I 型由 ω 弹条、螺纹道钉、轨距挡板及橡胶垫组成,又称 ω 扣件。随着重载高速铁路的发展,近年来又研制成功弹条 II 型和 III 型扣件等。弹条 II 型的外形与弹条 I 型的外形相同,弹程不小于 10mm。扣压力较弹条 I 型有所提升。弹条 III 型为无挡肩扣件,适合于重大运量、高密度的运输条件,它具有扣压力大、弹性好等优点。特别是取消了混凝土挡肩,消除了轨底在横向力作用下发生横位移的可能性。

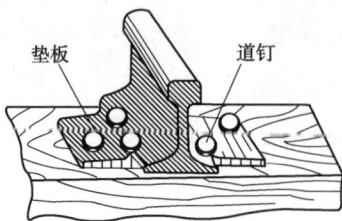

图 4-13　木枕扣件　　　　　　　　图 4-14　扣板式扣件

图 4-15 弹条扣件

## 二、道床

道床铺设于路基、桥梁或隧道等下部结构之上,钢轨、轨枕或支承块之下的碎石、卵石层或混凝土层作为钢轨或轨道框架的基础。道床的主要作用是支撑轨枕,把轨枕上部的巨大压力均匀地传递给路基,并固定轨枕的位置,阻止轨枕纵向或横向移动,在减少路基变形的同时还可缓和机车车辆轮对对钢轨的冲击,便于排水。

道床一般分为有砟道床和整体道床两类,如图 4-16 和图 4-17 所示。有砟轨道结构道床位于路基或结构物之上、轨枕之下,其作为轨排的基础具有以下功能。

①将城市轨道交通车辆的荷载通过钢轨、轨枕并经过道床的扩散作用,散布于路基或结构物上,起保护结构物或路基的作用。

②提供抵抗轨排纵横向位移的阻力,保持轨道的正确几何形位,这对无缝线路尤为重要。

③由于道床材料具有透水性,因此其排水性能良好,这对减轻轨道的冻害和提高路基的承载能力非常重要。

④道床具有一定的弹性和阻尼,可起到缓冲和减振的作用。

⑤便于轨道养护、维修作业。轨道不平顺可以通过捣固枕下道砟加以找平,轨道方向错乱可以通过拨道予以拨正。

图 4-16 有砟道床

图 4-17 整体道床

整体式道床采用就地连续灌注混凝土基床或纵向承轨台,简称浇注型轨道。这种形式结构简单,减振性能较好,但施工较为复杂。此外,也可以把预制好的混凝土枕与混凝土道床浇注成一个整体。或者采用预制的钢筋混凝土支承块与混凝土道床浇注成一体。

65

在城市轨道交通发展的初期即采用了石砟铺筑而成的道床作为轨排的基础。土质路基上一般采用碎石道床,碎石道床结构简单,容易施工,减振、减噪性能较好,造价低。从造价、轨道弹性、阻尼和易于维修恢复轨道线形等方面有砟轨道均优于无砟轨道。但有砟轨道存在自重大、不易保持轨道几何形态、维修工作量大、易脏污等缺陷,在新建的高架、地下城市轨道交通线路中已不采用,只在地面线、站场线中使用。一般新建的城市轨道交通地下、高架及车站部分线路均采用无砟轨道结构形式。采用最普遍的无砟轨道为整体道床。

# 单元三 道 岔

## 一、道岔定义及分类

道岔是指使机车车辆从一股道转入另一股道的线路连接设备。在设有渡线和折返线的车站,必须设置道岔,实现车辆的转线;在车场内,股道则通过道岔逐级与走行线连接。

道岔的基本形式为轨道的连接、轨道的交叉以及轨道连接与交叉的组合。根据道岔的构造特点、用途和平面的形状,标准道岔主要有:普通单开道岔、单式对称道岔、复式对称道岔、交分道岔、交叉渡线。

(1)普通单开道岔(图4-18)

这种道岔保持主线为直线,侧线在主线的左侧或右侧岔出(面对道岔尖端而言)。侧线向右侧岔出的,称为右向单开道岔,简称"右开道岔"。侧线向左侧岔出的,称为左向单开道岔,简称"左开道岔"。在各种类型道岔中,普通单开道岔使用最广泛,约占90%以上。

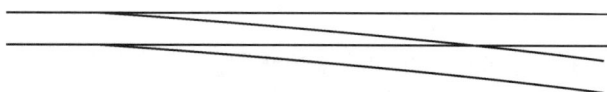

图4-18 普通单开道岔　　　　　　　　　　普通单开道岔结构

(2)单式对称道岔(又称双开道岔)

单式对称道岔是指自主线向左右两侧对称岔出两条线路的道岔,两辙叉角相等,如图4-19所示。

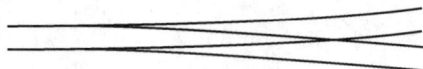

a)　　　　　　　　　　　　　　　　　b)

图4-19 双开道岔

（3）复式对称道岔（又称三开道岔）

复式对称道岔是指主线为直线，用同一部位的两组转辙器将线路分为三条，两侧对称分支的道岔，如图 4-20 所示。

（4）交分道岔

交分道岔是指两条线路相互交叉，列车不仅能够沿着直线方向运行，而且能够由一直线转入另一直线的道岔，如图 4-21 所示。

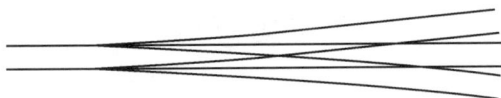

图 4-20　三开道岔示意图　　　　　　　　图 4-21　交分道岔

（5）交叉渡线

交叉渡线是指在两条相邻线路上互相交叉过渡的道岔设备。交叉渡线由四组单开道岔、一组菱形交叉及连接轨道组成，如图 4-22 所示。除此之外，还有一种交叉设备，通常使用的叫作菱形交叉。它由两组锐角辙叉和两组钝角辙叉组成，但没有转辙器，所以股道之间不能转线。

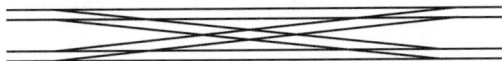

a)

b)

图 4-22　交叉渡线

🔖 案例导读

天津地铁 1 号线地面线及地下线在困难条件下铺设复式交分道岔，功能相当于两组对向铺设的单开道岔，显著缩短了道岔占地长度，降低了工程造价，但相应地给维修养护带来了困难。

## 二、普通单开道岔组成及工作原理

（1）组成

在各种类型道岔中，最常见的是普通单开道岔。它由转辙器、连接部分、辙叉及护轨三个单元组成。转辙器包括基本轨、尖轨和转辙机械，具体如图 4-23 所示。

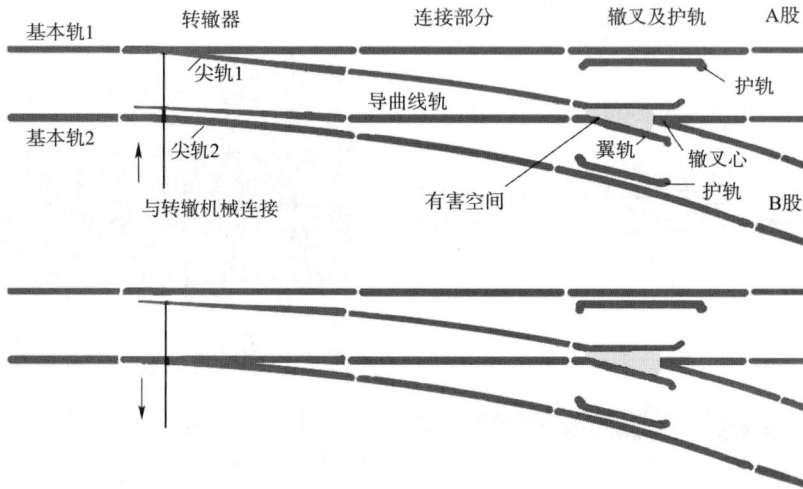

图 4-23　普通单开道岔组成及工作原理

转辙器：由两条基本轨、两条尖轨及转辙机械组成。列车依靠尖轨的开通方向不同而进入直股或侧股线路。尖轨连接杆与转辙机械相连，利用连接杆带动尖轨，使一根尖轨靠贴基本轨时，另一根尖轨与另一侧的基本轨离开适当宽度（尖轨动程），以保证道岔在同一时间只能与其联结的两条线路中的一条开通。尖轨与尖轨连接杆间用连接板连接。

连接部分：由两根直轨和两根导曲线轨组成，把转辙器和辙叉连接起来。在导曲线上不设外轨超高，所以侧向过岔速度要受限制。

辙叉及护轨：辙叉由两条翼轨和辙叉心组成。辙叉和辙叉心之间保持一定的轮缘槽，保证机车车辆的轮对通过。护轨（Turnout Guard Rail）是固定型辙叉的重要组成部分，设于固定辙叉的两侧，是控制车轮运行方向、防止其在辙叉有害空间冲击或爬上辙叉心轨尖端、保证行车安全的重要设备。在可动心轨辙叉中，一般仅在侧股设护轨，用以防止心轨的侧面磨耗。辙叉两个工作边缘的交点，叫作辙叉的理论中心。事实上辙叉尖的末端与实际尖端，有6~10mm 的宽度。两翼轨之间的最小距离（翼轨在此有曲折点）叫作咽喉。咽喉至实际尖端之间的一段，叫作有害空间。在有害空间处，辙叉心不能控制轮缘方向，车轮正当的方向要依靠护轮轨来控制。普通单开道岔在辙叉心部分存在有害空间（即辙叉心实际尖端与翼轨间最小距离处存在着轨线中断不连续的情况），当列车通过时，会造成车轮与辙叉实际尖端互相冲击。一般采取限制通过道岔速度来降低不利影响，减少乘客不适感觉，或者设置活动心轨道岔。活动心轨最主要的特点是辙叉心轨可以扳动。当要开通某一方向股道时，活动心轨的辙叉心轨就与开通方向一致的翼轨密贴，与另一翼轨分开，这样普通道岔的有害空间就不存在了。

（2）工作原理

当机车车辆要从 A 股道转入 B 股道时,操纵转辙机械使尖轨移动位置,尖轨 1 密贴基本轨 1,尖轨 2 脱离基本轨 2,这样就开通了 B 股道,关闭了 A 股道,机车车辆进入连接部分沿着导曲线轨过渡到辙叉和护轨单元,如图 4-23 所示。若尖轨 1 脱离基本轨 1,尖轨 2 密贴基本轨 2,这样开通 A 股道,关闭 B 股道。

# 单元四 附属设备

## 一、车挡

为对失控列车进行强制停车,一般在线路尽头端设置车挡,如图 4-24 所示。目前,车挡一般有液压式缓冲车挡、滑动式缓冲车挡和固定车挡等几种形式。地面车场线路终端一般采用固定式车挡。在地下折返线线路终端有条件采用液压式缓冲车挡和滑动式缓冲车挡,其中液压式缓冲车挡是液压制动,技术先进、结构合理、制动距离短、占用线路短、综合造价低,应优先选用。

a)

b)

c)

d)

图 4-24 车挡

## 二、轨道加强设备

轨道加强设备主要有防爬设备(图 4-25)和轨距拉杆。防爬设备包括防爬器、防爬撑。

（1）防爬器

为增加木枕线路的纵向阻力,防止线路纵向爬行,在轨底安装防爬器,防爬器与木枕之间加设隔离板,再用防爬销钉紧。

（2）防爬撑

防爬撑是与防爬器配套使用的设备，有木撑和石撑两种形式，安装的位置可以在线路道心，也可以在轨底部位，安装时不能留有空隙。

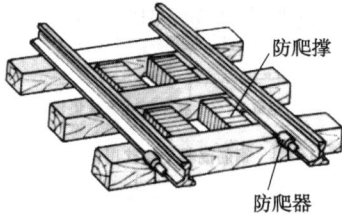

防爬撑

防爬器

图4-25　防爬设备

（3）轨距拉杆

通常在碎石道床线路的小半径曲线地段、岔前基本轨接头附近、导曲线以及其他薄弱地段或线路状态不良处安装轨距拉杆，用以保持轨距，并加强轨道框架结构的刚度。轨距拉杆按使用要求分为普通轨距拉杆和绝缘轨距拉杆，绝缘轨距拉杆用于装有轨道电路的线路上。

### 三、防脱护轨

新型防脱护轨装置一般安装在小半径曲线轨道内股钢轨的里侧，主要防止列车车轮发生爬（或跳、滑）轨脱线事故，确保行车安全。新型防脱护轨由护轨、护轨支架、扣板、弹性绝缘缓冲垫片和联结紧固部件（螺栓、螺母）等组成。护轨支架安装在相邻轨枕（支承块）之间的基本轨轨底上，用螺栓和扣板将支架紧固在基本轨轨底上。护轨可采用15kg/m的标准轻轨或角钢；护轨支架采用高强精密铸钢；其余联结紧固件均采用现行通用标准件。

防脱护轨一般设于高架桥的下列地段：

①半径不大于500m曲线地段的缓圆（圆缓）点两侧，其缓和曲线部分35m、圆曲线部分15m范围内，曲线下股钢轨的内侧；

②高架桥跨越城市干道、铁路及通航航道等重要地段，以及受列车意外撞击时易产生结构性破坏的高架桥地段及其以外各20m范围内，在靠近双线高架桥中线侧的钢轨内侧；

③竖曲线与缓和曲线重叠处，重叠范围内两股钢轨内侧。

### 🍎 复习与思考

#### 一、填空题

1. 传统的轨道结构由＿＿＿＿＿、＿＿＿＿＿、＿＿＿＿＿、＿＿＿＿＿、道岔和防爬器、轨距拉杆及其他附属设备等组成。

2. ＿＿＿＿＿不仅直接承受列车荷载，而且也是引导车辆运行的装置。

3. 钢轨应有足够的承载能力、抗弯强度、断裂韧性及稳定性、耐磨性、耐腐蚀性，其断面形状采用具有最佳抗弯性能的工字形断面，由＿＿＿＿＿、＿＿＿＿＿、＿＿＿＿＿三部分组成。

4. ＿＿＿＿＿没有大量的钢轨接头，它是把标准长度的钢轨焊连而成的长钢轨线路。

5. ＿＿＿＿＿是轨道的基础部件，其功能是支撑钢轨，保持钢轨的位置，并将钢轨压力传递到道床。

6. 道床一般分为有＿＿＿＿＿和＿＿＿＿＿两大类。

7. ＿＿＿＿＿是指使机车车辆从一股道转入另一股道的线路连接设备。

8. 普通单开道岔由＿＿＿＿＿、＿＿＿＿＿、＿＿＿＿＿三个单元组成。

#### 二、判断题

1. 60kg/m及以上的为重型钢轨，50kg/m及以下的为轻轨。　　　　　　　（　　）

2.有砟道床采用就地连续灌注混凝土基床或纵向承轨台,简称浇注型轨道。　　（　　）

3.扣件是联结钢轨与轨枕间的零件,其作用是将钢轨固定在轨枕上,保持轨距并阻止钢轨的横纵向移动。　　（　　）

4.道岔的转辙器部分包括基本轨、尖轨和转辙机械。　　（　　）

三、简答题

1.简述轨道结构的组成部分。

2.道岔的作用有哪些?

3.道岔的类型有哪些?

4.简述单开道岔的工作原理。

# 模块五　辅　助　线

辅助线(也称配线)是为了保证正线运营而配置的线路,一般不行驶载客车辆,与运营正线直接贯通。辅助线主要包括折返线、停车线、渡线、存车线、车辆段出入线、安全线、联络线等。辅助线的设置必须从线网布局、与其他线路的换乘方式、车站分布、客流断面分布特征、工程地质以及地下管线的布置等全局考虑,并对客流预测、运行交路、发车密度、停站时分、列车满载率等基础要素进行分析,按线网规划确定正线间联络线及其渡线,确定车辆段(或停车场)与正线接轨站的配线、支线与正线接轨站的配线,按列车运行交路选定中间折返站及其配线。

## 单元一　折　返　线

折返线是供列车改变运行进路或方向的线路。除此之外,折返线还可以起到临时停放列车的作用,以实现列车的合理调度和正常运行。

城市轨道交通的线路一般都比较长,全线的客流分布可能会不均匀,这时可组织区段运营。区段运营是指列车根据运行交路的要求,在端点站与中间站或中间站与中间站之间进行列车折返。因此,除了在始发站、终点站之外,在这些提供折返作业的中间站上,也需要为列车设置折返线。折返作业是司机驾驶列车到达终点站或临时折返站,车站行车员以及司机按有关规定完成折返操作的程序与步骤。随着经济的不断发展,城市化进程不断加快,线路必定不断延伸,全程运行距离不断攀高。列车全程运行时,会出现列车满载率的不均匀性和不经济性等问题。传统的全线单一交路模式已经不能满足客流发展的需要。列车交路计划是根据运营组织的要求及运营条件的变化,按列车运行图或由行车调度员指挥列车按规定区间运行、折返的列车运行计划。列车运行区段、折返地点和相应开行列车数量的实施方案,是城市轨道交通列车运营组织方案的重要组成部分之一。列车运行交路的意义在于加快车辆周转,提高运行效益。为此组织多样化的交路形式,即组织部分列车在某区域按小交路折返运行,有利于加快车辆周转、减少车辆运用、降低运营成本、提高运行效益。

### 一、折返线布置形式

折返线布置形式按折返方式主要可分为站前折返和站后折返两种。

站后折返一般是折返线与站台纵列布置,列车的折返作业过程与列车的接发车作业分离。采用站后折返方式时,出发列车与到达列车不存在敌对进路;列车进出站载客运行时不经过道岔区段,乘客无不舒适感。当采用尽头折返线形式时,折返线既可供列车折返使用,也可供列车临时停留检修之用。因此,站后折返方式被广泛采用。站后折返方式的缺点是列车的折返走行距离较长。

站前折返一般是折返线与站台横列布置,列车的折返作业过程与列车的接发车作业可同时进行。采用站前折返方式,列车在折返作业过程中,走行距离较站后折返短;在进行折返作业时,乘客可同时上下车从而缩短停站时间;车站正线兼折返线,以及站线长度缩短,有利于节省车站建设投资。但是出发列车与到达列车可能存在敌对进路;列车进站或出站侧向通过道岔,列车速度受到限制、影响乘坐的舒适感;在客流较大时,站台秩序会受到影响。在采用站前折返方式的情况下,想要完全消除接发列车作业的交叉干扰,难度较大。

按折返线与站台的位置关系,折返线布置形式主要可分为纵列式和横列式两种。横列式是指折返线与车站站台平行并列布置。纵列式是指折返线与车站站台沿正线列车到达方向纵列布置。

按折返线衔接方式,折返线布置形式主要可分为尽头式和贯通式。尽头式折返线一般设于车站列车到达方向的前端。贯通式折返线,折返列车可经两端的渡线进出。

折返线按其性质,又可以归纳为双折返线、双渡线折返线、单折返线、单侧线折返线和综合折返线等,具体如图 5-1 所示。

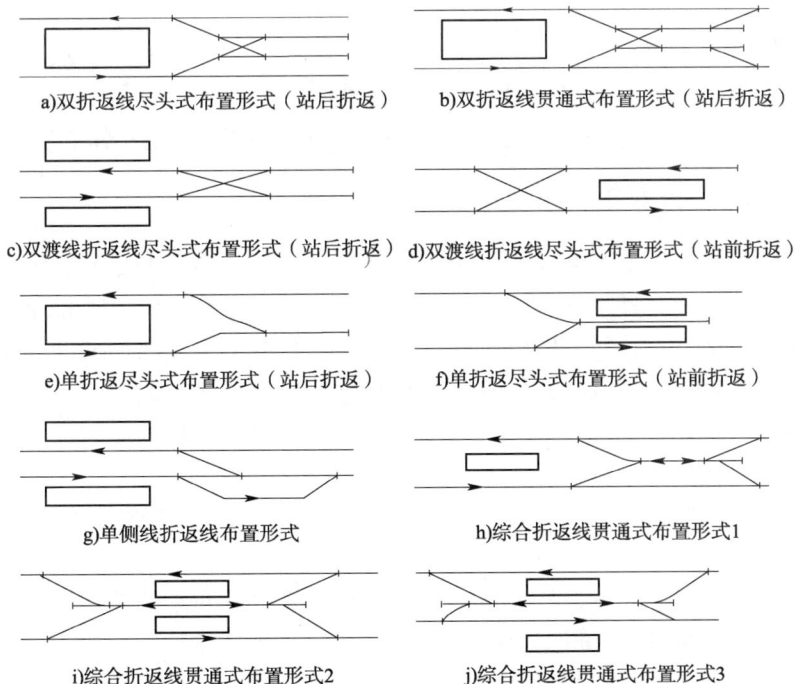

图 5-1 折返线的常用布置形式

（1）双折返线

如图5-1a)和图5-1b)所示,双折返线可设于列车的区段折返站上或端部折返站上,折返能力可大于30对/h。当折返列车对数较少时,可以留出一条线作为停车线。在端部正线继续延伸后,仍可作为折返线或停车线使用,没有废弃工程,特别适用于明挖法施工的岛式车站,在北京、上海、广州等城市地铁线路中得到了广泛使用,是最常用的一种折返线形式。在站前或折返线尾部加设渡线[参见图5-1a)],可以增加另一方向的列车折返灵活性,在终点站可增加列车的存放位置。

（2）双渡线折返线

如图5-1c)和图5-1d)所示,双渡线折返线分别为站后和站前正线折返,作为正常列车运行的折返,只适用于终端站上。若采用站后正线折返,车站可用侧式站台,渡线短,节省折返时间;若采用站前正线折返,车站一般采用岛式站台,方便乘客乘车。

采用渡线作为折返线,节省建设资金,但是当正线延伸后,其正常运营列车难以折返,需另设折返线车站。

（3）单折返线

如图5-1e)和图5-1f)所示,单折返线的折返能力和灵活性稍差,折返与存车不能兼顾,一般多单独用作折返线。

（4）单侧线折返线

如图5-1g)所示,单侧线折返线是一种比较简便经济的区段列车折返线形式,主要用在高架线上。需要折返的列车利用正线折返,后续前进列车在高峰时间内,可以通过侧线越行,在平峰时间内,后续前进列车仍可沿正线运行。

（5）综合折返线

如图5-1h)、j)所示,综合折返线是集列车折返、乘客上下车、列车越行、列车出入段以及列车转线联络等功能中的两项或多项的折返线形式。图5-1i)布置形式集列车折返、乘客上下车、列车越行三个功能于一体,使用灵活、功能多,但车站规模大、效率较低。

## 二、折返线的设置原则

①线路起终点站或每期工程的起终点站,因列车需要转线返回,必须设置折返线或渡线。在靠近车辆段一端,一般可不设独立的折返线而设渡线折返线,利用正线折返;当线路上客流断面发生变化时,为了经济合理地使用运输能力,在小客流断面的区段上减少开行列车对数,故一部分列车需要中途折返,在这些车站也应设置区段折返线。

②为了缩短折返时间,保证最小的行车间隔,折返线的有效长度应满足《地铁设计规范》(GB 50157—2013)的规定。

③对于尽头式的折返线,其末端应设缓冲车挡。车挡可按空载列车运行速度不大于30km/h的标准设计。

④折返线因承担着正常运营任务不宜作为临时停放故障列车的停车线使用。若在折返线上增设检查坑和相应设施,可作为夜间停放列车的存车线使用。

⑤对于终点站,有时可通过延长正线并增设渡线作为折返线使用,但必须根据列车对数和信号要求核算其折返能力。

⑥对于中间折返站,在折返作业量大的车站可采用站后折返,布置独立折返线[参见图5-1e)],而折返作业量小的车站可采用渡线折返。

### 三、折返线设置

1. 折返线能力

折返站的折返能力即折返站在单位小时内能折返的最大列车数,它是由折返站折返间隔时间决定的。

2. 折返线长度

折返线的有效长度主要考虑以下两个因素:一是停车线端距道岔基本轨端留有必要的距离,如该距离太短,影响列车加速,从而影响列车折返能力。列车进入折返线通过最后一组道岔时,不希望降低速度以便尽快给其他列车开通线路,为此折返线的长度也不能太短。

根据以上情况,折返线留有足够的长度对保证列车折返安全和折返能力是必要的。为此,《地铁设计规范》(GB 50157—2013)中规定:折返线有效长度宜为远期列车长度加40m(不含车挡长度),其中40m为信号安全防护距离,正常情况下不应占用。但是,这种规定必然造成站前折返和站后折返有效长度实际上不对等。如站前折返时,道岔防护信号机在列车端之前5m,不含在40m内;站后折返时,信号机与列车端部正好对齐,司机看不见信号,为了司机能看见信号,列车需后退5m,从而侵占了5m的安全距离。

3. 折返线平纵断面技术标准

(1)平面技术标准

列车进折返线仍处于列车自动防护系统(ATP系统)保护下,一般会降低速度,并且随时准备停车。根据上海轨道交通线的行车规则,当侧向通过道岔时,最大速度不超过30km/h。因此,原则上其平面连接曲线半径可采用与正线相同的标准,但尾部需保证有一节车辆长度和车挡位于直线上。

(2)纵断面坡度设计标准

城市轨道交通列车是动力分散型的动车组列车,各动车上具有独立的制动系统,制动能力大,可靠性高。隧道内的折返线,为保障车辆停放和检修作业的安全,线路坡度要求尽量平缓,但为保证隧道内的排水,线路又必须保持最小的排水坡度。在北京、上海的地铁工程中,均采用2‰的坡度,通过运营使用未发现其他问题。因此,《地铁设计规范》(GB 50157—2013)中规定:隧道内的坡度宜为2‰,地面和高架桥上的坡度不宜大于1.5‰。同时,为了防止列车向车站溜车,确保停车安全,折返线应布置在面向车挡或区间的下坡道上。

## 单元二 停 车 线

停车线主要用于故障列车临时停放及夜间存车,以减少故障列车对正常行车的干扰和组织线路局部事故时的临时交路。

城市轨道交通系统复杂、设备多,且线路密度较大,列车运行间隔较小,列车在运营过程中难免发生故障。为了不影响后续列车运行,设计上应能使故障列车及时退出运营正线,停放到停车线上,尽量减少对后续列车的干扰。一般来说,在城市轨道交通线路沿线每隔3~5个车站的站端应加设车辆停车线或渡线。

## 一、停车线的布置形式

一般而言,停车线布置形式可分为纵列式和横列式两种。为提高停车线使用的灵活性,又可分为贯通式停车线和尽头式停车线。贯通式停车线的末端可与一侧或两侧正线连通,形成3方向或4方向与正线连通。尽头式停车线末端应设车挡;贯通式停车线末端连接正线时宜设安全线,在困难条件下可设置列车防溜设备。

1.纵列式停车线

(1)纵列式停车线的布置特点

停车线布置在车站的一端,与站台纵列,有尽头式和贯通式之分,如图5-2所示。

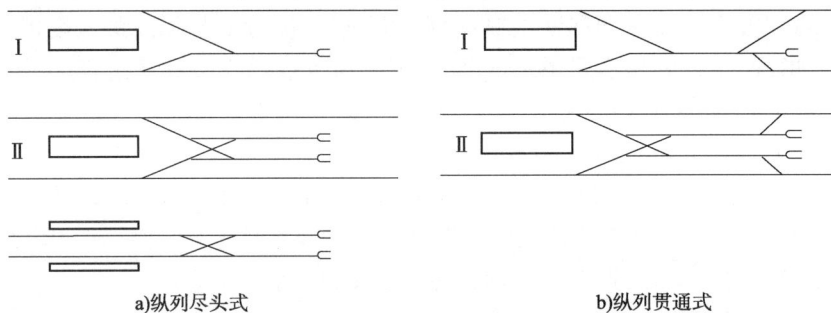

a)纵列尽头式　　b)纵列贯通式

图5-2　纵列式停车线布置形式

纵列尽头式停车线往往与折返线结合布置,在车站一端设两条尽头线,其中折返与存车各占1条。在使用上两者无严格的区分,可以混用。在列车自动控制系统(ATC系统)中,一般明确某线折返为优先模式。如上海地铁1号线上海火车站主折返模式就是以折3线为优先折返线,当折3线空闲时,列车折返首先使用折3线;当折3线存有车辆时,才使用折4线(图5-3)。终端(折返)站多采用此布置形式,如上海地铁1号线的莘庄站、南京地铁2号线汪家村站、武汉地铁1号线的宗关站等。

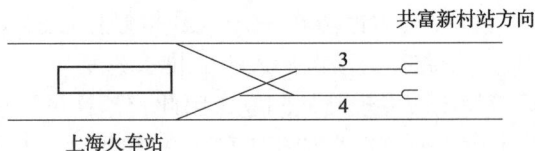

图5-3　上海地铁1号线上海火车站站停车线/折返线布置形式

贯通式停车线布置在车站的一端,可贯通两条运行正线,双方向的暂存列车进出更方便。对于岛式车站,在尽头式停车线末端增设渡线,即可构成贯通式停车线。如上海地铁7号线新沪路站、南京地铁2号线上海路站、广州地铁4号线琶洲塔站、北京地铁5号线天坛东路站停车线均采用类似的布置形式。

(2)纵列式停车线的优缺点

优点:旅客乘降与列车技术作业位置相分离,便于列车检查与工程车存放;对于岛式车站,可利用车站两端"喇叭口"地形条件设置停车线,工程量增加不多。

缺点:一般而言,纵列式停车线的建设成本略高于横列式停车线。对于尽头式停车线,存放列车仅能从一端进出,不便于反方向列车出入停车线,不能采用故障列车重联牵引入停车线故障处理模式,作业灵活性较差。

2.横列式停车线

(1)横列式停车线的布置特点

停车线位于站台长度范围内,与站台成平行布置,有尽头式和贯通式之分,如图5-4所示。

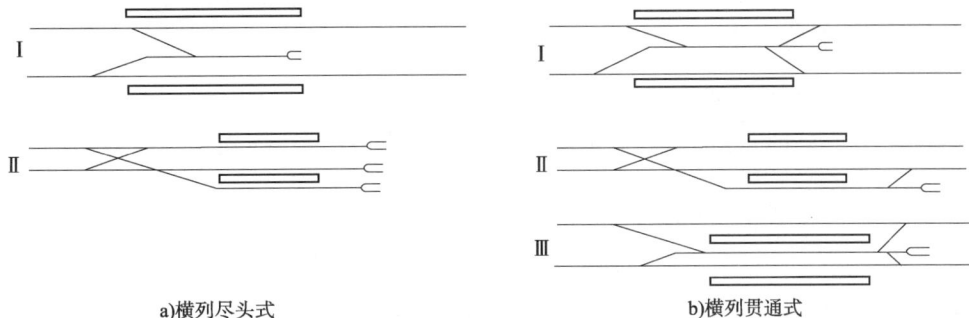

a)横列尽头式　　　　　　　　　　b)横列贯通式

图5-4　横列式停车线布置形式

横列尽头式停车线一般设于车站内侧或外侧,兼顾停车、存车和折返功能。这种类型的停车线使用较少,上海地铁2号线杨高路站、南京地铁1号线古楼站、北京地铁1号线公主坟站使用了此布置形式。

横列贯通式停车线,可使列车从两端进出,根据停车线与正线和站台的位置关系,可以分为内侧式、外侧式和岛侧式。内侧贯通式(图5-4的横列贯通式Ⅰ)双方向列车进出停车线都顺畅,进路灵活,使用方便;上海地铁8号线曲阳路站采用了这种布置形式。外侧贯通式(图5-4的横列贯通式Ⅱ)有一个方向的列车进出停车线不方便;上海地铁2号线威宁路站使用此设计方案。岛侧式(图5-4的横列贯通式Ⅲ)与内侧横列式的不同点是车站站台布置采用了"两线夹两台"形式,停车线和正线均有站台面,其优点是具有停车兼折返功能,特殊情况下(如组织临时小交路折返)可当作折返线使用或白天运营期间当作折返线使用。这种布置形式使用较多,如德国慕尼黑地铁6条线路的35处停车线中,贯通式停车线设计有13处(近40%)。

(2)横列式停车线的优缺点

优点:布置紧凑,相对纵列式工程量较小;尤其采用横列贯通式布置形式时,由于停车线贯通上下行正线,双方向列车进出停车线都顺畅,使用方便。

缺点:车站横向距离宽,高架(或地下)车站建筑难度增加;横列尽头式布置的停车线,列车进出需要折返走行,对正线行车有一定的干扰。

## 二、停车线的布置原则

①为了使故障列车尽快退出正线运营,每隔一定距离的车站站端应加设车辆临时停车线供故障列车临时停放或检修。

②停车线应与正线贯通。

③当两停车线之间相距5个车站,且工程不复杂时,宜在中间的某个车站站端加设一单渡线。

④停车线仅作为故障列车临时停放处时,一般不进行日常技术检查,可不设检查坑。

⑤有时故障列车还需要救援车或其他列车牵引回段,停车线的长度除满足故障列车停放外,还应考虑采用救援车或其他列车与故障列车连挂作业的要求。

⑥在高峰运行时段,为提高车辆周转率,根据全线客流断面分布,可能采用组织大小交路折返列车运行的情况,因此必须在保证折返线功能的同时,考虑车辆出现故障的可能性,所以故障列车停车线不宜与折返线共用。

### 三、停车线布置参数

1. 停车线配置的最大间隔

当发生运营阻塞时,行车组织要求尽快恢复正线运营服务,缩短正线运营中断时间,这就要求在列车发生故障救援时,能有就近地方临时停放故障车。停车线就是为了在列车出现故障的时候迅速恢复正常运营而配置的。但是,地下停车线造价高,停车线设置不合理将大大增加投资规模。因此,如何合理地设置停车线以满足运营要求成为关键。

从停车线功能的角度出发,以故障救援过程为研究对象,故障列车总的救援时间 $T_{救援}$ 为:

$$T_{救援} = T_{连挂} + T_{推} + T_{出入线} \tag{5-1}$$

式中:$T_{连挂}$——故障列车与救援列车连挂阶段所消耗的时间(s);

$T_{出入线}$——救援列车进入与退出停车线阶段所消耗的时间(s);

$T_{推}$——救援列车推送故障列车的时间(s)。

有如下关系:

$$T_{推} = \frac{L_{间隔}}{v_{推送}} \tag{5-2}$$

式中:$L_{间隔}$——故障列车发生故障点至停车线的距离(m);

$v_{推送}$——救援列车推送故障列车的速度(m/s)。

按运营部门的行车规定,故障列车救援的行驶速度应不超过30km/h,考虑到救援列车与故障列车连挂后起动、制动加速度减小的因素,实际平均行驶速度在25km/h(6.94m/s)左右。

一般要求,在故障发生点距离前段停车线最大距离时,故障列车总的救援时间在某一个规定时间标准 $[T_{救援}]$ 之内,即 $T_{救援} = T_{连挂} + T_{推} + T_{出入线} \leq [T_{救援}]$。

因此,故障停车线配置的最大间隔 $L_{间隔}$ 为:

$$L_{间隔} = \{[T_{救援}] - (T_{连挂} + T_{出入线})\} \cdot v_{推送} \tag{5-3}$$

停车线配置的最大间隔,除受容许中断正线的行车时间、故障列车救援时间、列车运营间隔、服务水平、事故频率等因素影响外,还受投资规模、工程条件等限制。其中,容许中断正线的行车时间、故障列车救援时间、救援故障发生的频率是确定停车线配置的最短间隔的主要依据。一般情况下,城市轨道交通车辆出现故障的频率较低,在救援的过程和时间已经确定、救援的时间标准(即容许中断正线的行车时间)也已明确的情况下,将相关数据代入上式即可得到停车线配置的最大间隔。

如果故障列车平均行驶速度按25km/h计,走行时间($T_{连挂} + T_{出入线}$)以不大于20min为控制目标,故障列车救援的时间标准 $[T_{救援}] = 30min$,则停车线配置的最大间隔约8km。

2. 停车线的长度

停车线长度包括列车停留占用长度、考虑列车停车安全防护距离和信号系统控制要求的道岔信号区段长度,后两者都是因安全需要而配置,统称为预留安全距离。

(1)尽头式停车线长度

尽头式停车线长度计算示意图如图 5-5 所示,计算公式为:

$$L = A_1 + A_2 + A_3 + A_4 \quad (5\text{-}4)$$

式中:$A_1$——道岔中心至基本轨接缝长度(m);

$A_2$——列车计算长度(含2m的停车误差距离);

$A_3$——列车防护区段长度,一般取 $40 \sim 48$m;

$A_4$——滑动车挡与固定车挡间距,一般取 $25 \sim 28$m 可以满足安全需要。

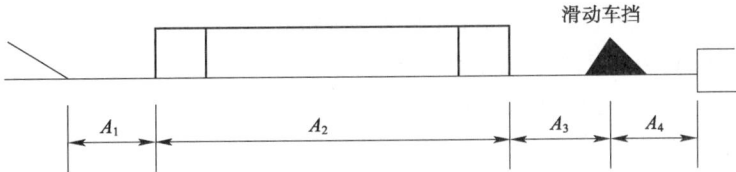

图 5-5　尽头式停车线长度计算示意图

(2)贯通式停车线长度

贯通式停车线分布分四种情况,如图 5-6 所示。

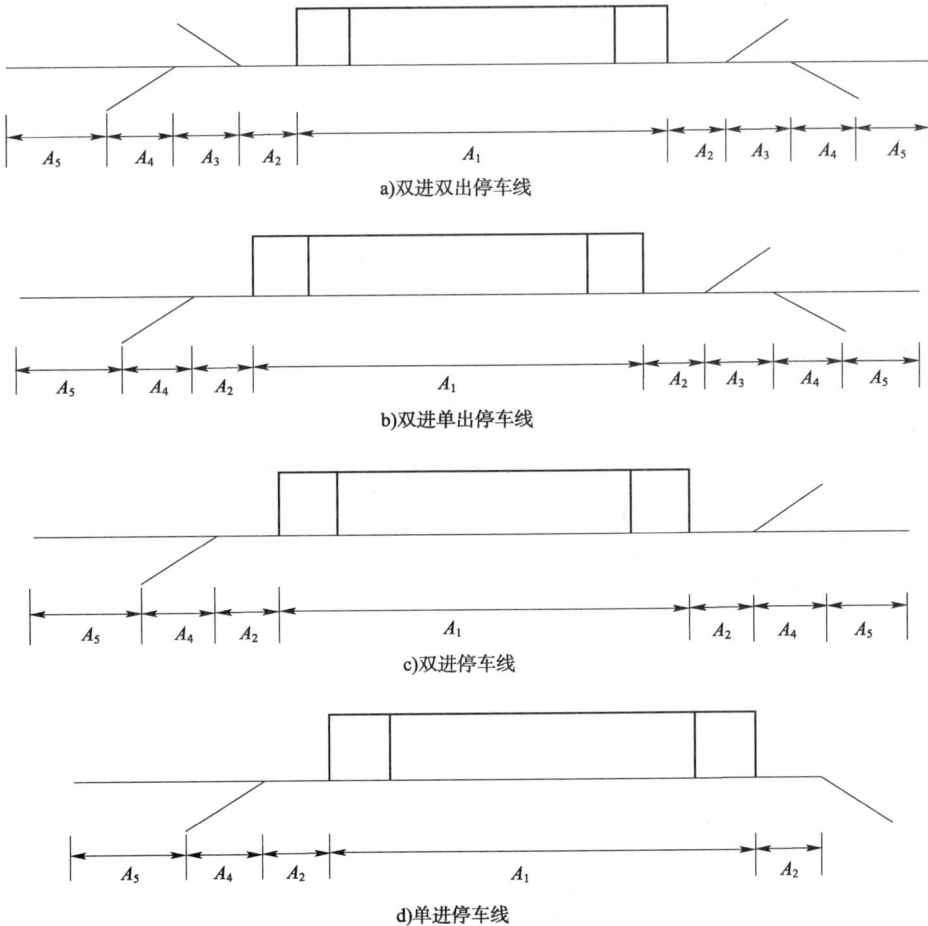

a)双进双出停车线

b)双进单出停车线

c)双进停车线

d)单进停车线

图 5-6　贯通式停车线长度计算示意图

79

双进双出停车线长度计算公式为：

$$L = A_1 + 2A_2 + 2A_3 + 2A_4 + 2A_5 \tag{5-5}$$

双进单出停车线长度计算公式为：

$$L = A_1 + 2A_2 + A_3 + 2A_4 + 2A_5$$

双进停车线长度计算公式为：

$$L = A_1 + 2A_2 + 2A_4 + 2A_5$$

单进停车线长度计算公式为：

$$L = A_1 + 2A_2 + A_4 + A_5$$

式中：$A_1$——列车计算长度（含2m的停车误差距离）；

$A_2$——道岔中心至基本轨接缝长度（m）；

$A_3$——道岔间距离，与道岔尺寸有关；

$A_4$——列车防护区段长度，一般取 40~48m；

$A_5$——滑动车挡与固定车挡间距，一般取 25~28m 可以满足安全需要。

3. 停车线的纵断面坡度设计标准

停车线的纵断面坡度设计依据与折返线相同。《地铁设计规范》（GB 50157—2013）规定：停车线应布置在面向车挡或区间的下坡道上，隧道内的坡度宜为2‰，地面和高架桥上的坡度不宜大于1.5‰。

# 单元三  渡  线

用道岔将上下行线及折返线连接起来的线路称为渡线。渡线单独设置时，用于临时折返列车，增加运营列车调度灵活性；在与其他辅助线合用时，起到完成或增强其他辅助线的功能。

## 一、渡线的布置形式

渡线常见形式一般有三种，包括单渡线、八字形渡线和交叉渡线，各种渡线的形式如图5-7所示。单渡线是用两组道岔和一直线段，沟通两条线路之间的联系。八字形渡线是用四组单开道岔和两直线段，可沟通两条线四个方向的直通进路。交叉渡线作用与八字形渡线相同，但结构形式不同，由四组单开道岔和一组菱形交叉以及连接短钢轨组成，长度比前者要缩短50%以上。

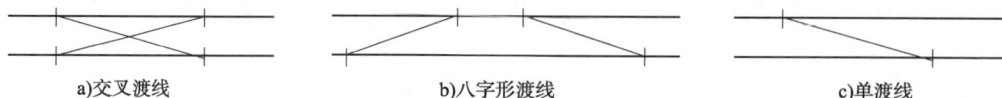

| a)交叉渡线 | b)八字形渡线 | c)单渡线 |

图 5-7  常见渡线类型

## 二、渡线的布置原则

①城市轨道交通线路设计中，渡线一般每隔 3~5 个站设置或配合折返线、存车线和停车线设置。

②渡线有单渡线、八字形渡线和交叉渡线等形式,应根据情况灵活选择。

③设置单渡线的方向应根据其功能需要合理设计。

# 单元四 存 车 线

存车线是为夜间在站停放列车而设置的线路,以便早晚及时按运行图发收车,减少列车的空走时间,确保列车正点安全运行。存车线在部分规范和文献中也叫作停车线,用于夜间停放列车。

## 一、存车线的布置形式

存车线的布置形式与停车线相同,需注意的是存车线线间距要加宽,线路底部要设坑深为 1.4m 的检查坑,并需考虑排水要求等。其有效长度不小于列车长度加 24m。

## 二、存车线的布置原则

①存车线一般应设于距离车辆段(或停车场)较远的折返站(含始发站和终点站)上,存车线的数量应满足夜间停放列车数量的要求。

②存车线用于夜间收车后停放过夜列车,列车为空载状态进入存车线。

③存车线上列车需要进行规定的技术检查作业,线路上应设检查坑,线路附近或所在车站应配置材料配件及存放必要的生活办公用房。

④尽头式存车线末端应设车挡。

⑤存车线和折返线使用时段不同,存车线可作折返线使用,其有效长度应满足折返线的要求。

由于存车线的设置涉及面较宽,尤其是设于地下车站的存车线,对车站设计的影响较大。此外,在运营管理上也将增加不少麻烦。因此,地下存车线的设置应十分慎重,在有条件的地方,宁可在地面增设停车场也不希望在地下多设存车线。

# 单元五 车辆段出入线

车辆段出入线是正线与车辆段之间的连接线,是车辆段与正线之间的联络通道。车辆段(场)出入线可以设计为单线或双线,平交或者立体交叉,车辆段(场)出入线应尽量与正线在车站接轨。

停车线、牵出线、
出入段线

## 一、车辆段出入线的接轨形式

车辆段出入线与正线的接轨方式,按接轨点的不同可分为中部接轨与终端接轨,按与正线的交叉方式可分为平面交叉和立体交叉,具体形式如图 5-8 所示。

(1)终端接轨

车辆段设于线路终端,两正线作为车辆段出入线贯通车辆段,如图 5-8a)所示。无论是市内还是城际间的轨道交通,从车辆段在全线中的位置及线路系统工程的追踪间隔时间及交路等情况分析,这种接轨方案对运营来讲都是最为理想的。天津地铁1号线刘园停车场即为这种终端接轨方式。

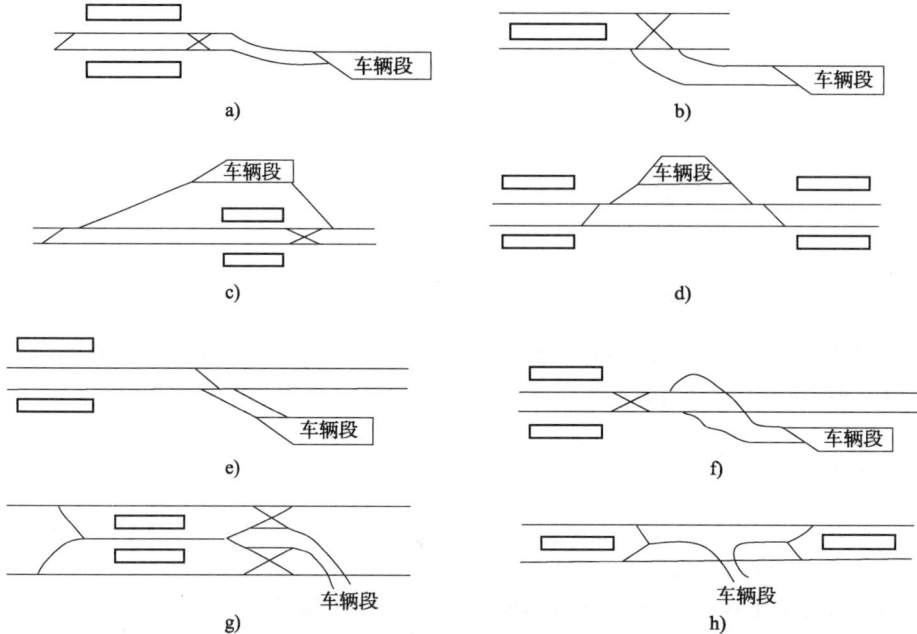

图5-8 车辆段的接轨形式

(2)中部接轨

车辆段两出入线与线路正线在中部接轨,存在如图5-8b)、图5-8h)所示的多种形式。当车辆段设于线路中部而无法采用终端接轨时,根据实际情况可采用图5-8b)和图5-8c)的2种接轨方式。图5-8b)的接轨方式,终点站采用站前折返,车辆段于站前接轨、与正线平面交叉,车辆段出入线与站前折返渡线相结合,列车行至终点站后直接入段,缩短车辆周转时间,减少车辆配置数量;工程量也较小,适合于追踪间隔较大的轨道交通系统。南京地铁一期工程下行车辆段即采用这种方式。

图5-8c)的接轨方式,车辆段两出入线左端与站外区间正线衔接,右端与终点站站后折返线衔接,避免了与正线的交叉干扰,同时增加了车站的折返能力。这种布置形式,运营更为方便、灵活。早晨发车或高峰加车时,左端车辆段出入线可直接发车,故障列车也可及时返库,不必让故障列车运行至终点站后再返库。收车利用右端车辆段出入线入段。该方式在追踪间隔较小的轨道交通系统中优势比较明显,不必进行立体交叉即能满足运营需要。天津津滨轻轨车辆段即采用这种接轨方式。

图5-8d)的接轨方式,左端车辆段出入线发车与正线运营有干扰,需检算后确定能否利用其发车。当系统追踪间隔较大时,车辆段两出入线均可双方向使用,运营灵活。若系统追踪间隔较小,两线固定使用可避免发、收车与正线的运营干扰。

图5-8e)的接轨方式,车辆段出入线与正线平面交叉,当系统追踪间隔较人时,在确保正线通过能力的前提下可采用。其优点是工程投资较省。

图5-8f)的接轨方式,车辆段出入线与正线进行了立体交叉,可解决发、收车与正线的交叉干扰问题。适合系统追踪间隔较小、接轨方向线路较长且客流较多而另一方向线路较短

且客流较少、或接轨方向线路较短而另一端有停车场的车辆段。广州地铁 2 号线赤沙车辆段即为这种接轨方式。

图 5-8g) 的接轨方式,车辆段两出入线并行与正线立交,接轨车站采用三线双岛式站台,车辆段两出入线均具备向两正线 4 个方向发、接车条件,且不干扰正常运营。虽然这种接轨方式运营上非常灵活方便,适应能力强,但车站规模较大,工程投资较大。

图 5-8h) 的接轨方式,设"八字"车辆段出入线与正线立交,两线双方向使用,上下行发、收车均较顺;与正线形成三角线,具备调头功能,在不增加较多投资的基础上较好地解决了车辆的偏磨问题。它适合于追踪间隔较小、车辆段两端客流较均衡的轨道交通系统。

当然,车辆段与正线的接轨方式还有其他不同形式。设计中应结合实际情况,兼顾与相关道路、管线、建筑物、周边环境的关系,做到技术可行、经济合理、运营安全方便。

### 二、车辆段出入线的布置原则

①车辆段出入线应连通上下行正线。当车辆段出入线与正线发生交叉时,宜采用立体交叉方式。但在确保满足远期区间线路通过能力和运营要求的前提下,也可采用平面交叉方式,以降低工程造价。

②车辆段出入线要以满足区间通过能力和运营要求为前提,同时要考虑城市规划的总体布局,按照节省工程造价的原则进行设计。车辆段出入线设置双线或单线,应根据远期线路的通过能力计算确定。尽端式车辆段出入线宜采用双线,贯通式车辆段可在车辆段两端各设一条单线。

# 单元六 安 全 线

安全线是列车运行进路的隔开设备之一,是为防止车辆段出入线、折返线或岔线(支线)上行驶的列车未经允许进入正线与正线上行驶的列车发生冲突的一种安全设备,从而确保正线列车安全、正常运行。安全线的有效长度一般不小于 40m。

1. 安全线的设置原则

①当车辆段出入线上的列车在进入正线前需要一度停车,且停车信号机至警冲标之间的长度小于列车制动距离时,宜设置安全线,如图 5-9 所示。当设置安全线有困难时,也可设置脱轨器或脱轨道岔,如图 5-10 所示。

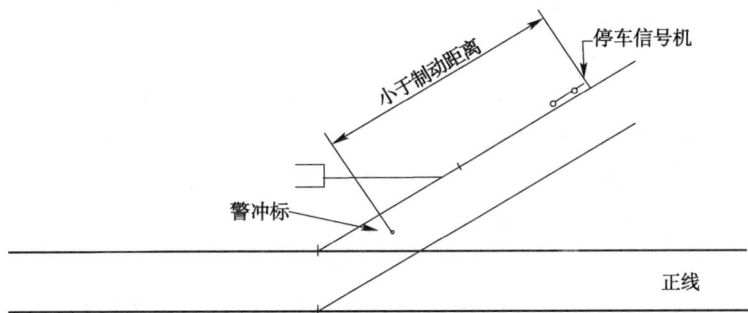

图 5-9 安全线设置示意图

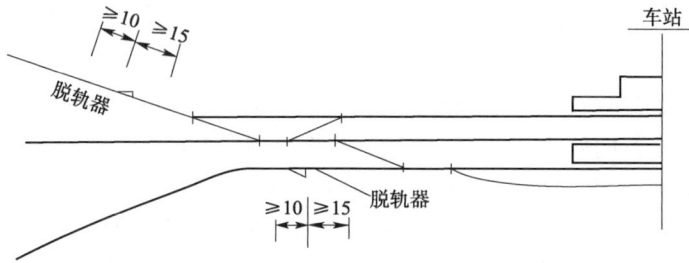

图 5-10　脱轨器设置示意图(尺寸单位:m)

②当折返线末端与正线接通时,宜设置道岔隔开设备,如图 5-11 所示(L 为列车长度)。

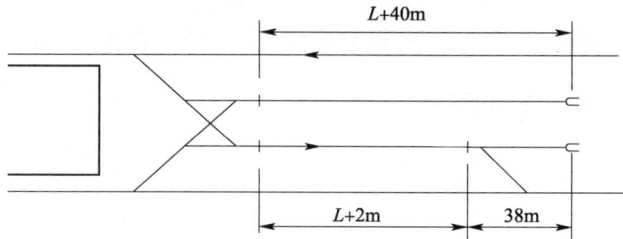

图 5-11　折返线末端接正线形式

③岔线(支线)在站内接轨,当两正线间为岛式站台,且站台端至警冲标间的距离大于或等于 60m 时,可不设列车运行隔开设备,如图 5-12 所示。若为侧式站台,宜设置道岔隔开设备,如图 5-13 所示。

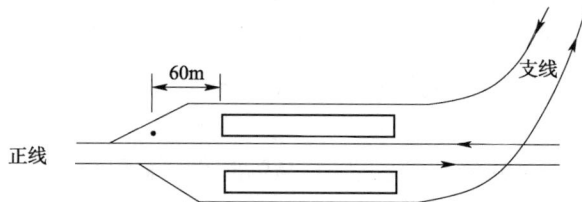

图 5-12　岛式车站岔线接轨形式

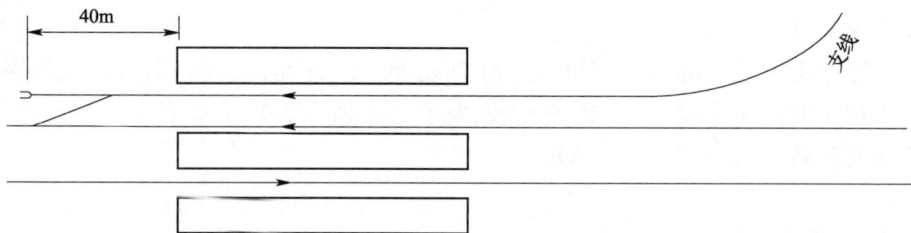

图 5-13　侧式车站岔线接轨形式

至目前为止,我国城市轨道交通线路设计实践中,上海、北京地铁系统基本上不设安全线,经调研,多年的运营实践中,均未发生因无安全线造成列车运行冲突事件。广州地铁系统中安全线配置较普遍,但至今还没有使用过安全线。

2.安全线布置

①城市轨道交通线路的安全线长度一般不应小于 40m,而城市间铁路的安全线长度一般不应小于 50m,它是根据一台救援吊车吊起脱轨机车作业所需的长度,并使该作业不影响

其他线路列车运行的原则确定的。

②安全线设置为曲线时,其曲线地段与相邻线的间距根据安全线的布置形式、车辆高度等条件确定,其值应能保证机车、车辆侧翻时不影响相邻线的行车安全。

③为提高进入安全线车辆的安全性,安全线的纵坡一般设计为平坡或面向车挡的不大于3‰的下坡。

# 单元七 联 络 线

联络线是为沟通两条独立运营线而设置的连接线,为两线车辆过线服务。通过城市轨道交通联络线的跨线车辆,一般以不载客车辆为主。设置联络线的目的包括:为列车转线提供通道,满足路网车辆资源共享的需要;供检修车或工程车转线使用;两线间的联络线可实现不同线路的跨线运营需要;同线联络线主要用于车辆及其他大型设备的运输,必要时也可作为车辆转线之用;在紧急情况下,还可以作为救援通道使用。

1. 联络线的布置形式

(1)单线联络线

在两条交叉的线路,或者在两条相近的平行线路之间,仅为车辆送修或调转运营车辆需要而设置的联络线,一般采用单线联络线,如图 5-14 所示。

(2)双线联络线

作为临时运营正线使用的联络线应采用双线,根据列车行车组织的要求,双线联络线又分为与正线平面交叉和立体交叉两种形式。这种联络线工程量大、造价高,采用时要慎重考虑。

(3)联络渡线

两条线路采用同站台平行换乘方式时,其车站可采用平面双岛四线式车站或上下双岛重叠四线式车站,这种车站可采用单渡线将两条线路连通,如图 5-15 所示。

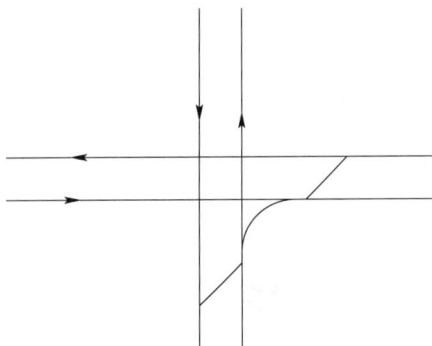

图 5-14 单线联络线

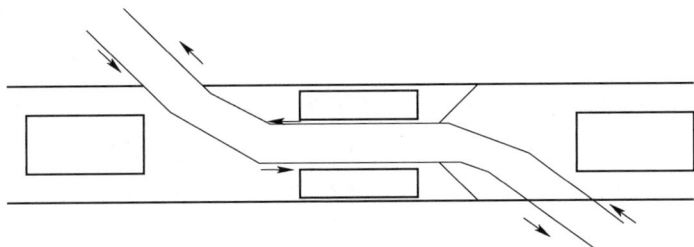

图 5-15 联络渡线

2. 联络线的布置原则

①联络线设置地点应由城市轨道交通线网规划统筹确定;联络线的设置位置,即设在两线交叉的哪一象限,应根据工程简单、施工干扰小、拆迁量少等原则选择。

②联络线是一种辅助线路,利用率较低,且不载客运营,因此,一般都按单线双向运行设

计,其设计标准可取辅助线中的下限值。

③为运送大修车辆设置的联络线,要尽可能设在最短路径的位置上,同时要考虑工程实施的可能性。

④考虑线网的修建顺序,使后建线路通过联络线从新建的线路上运送车辆和设备。

⑤联络线尽量在车站端部出岔,便于维修和管理。困难情况下也可在区间出岔,但应避免造成敌对进路。

⑥联络线的设置应考虑运营组织方式,要注意信号制式及限界的兼容性。

⑦联络线与车站的停车线或折返线统一布置时,会增强运营组织的灵活性。因此,条件许可时,联络线宜结合其他辅助线一并布置。图 5-16和图 5-17 是联络线与其他辅助线合并布置的实例。

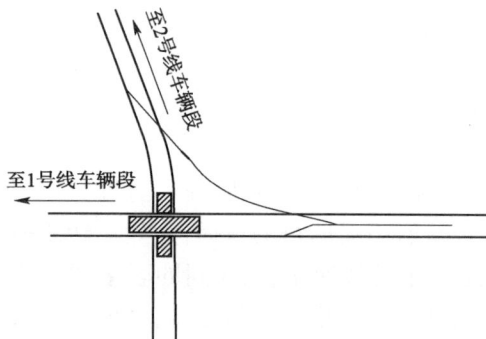

图 5-16　联络线与停车线合并布置

图 5-17　联络线与停车线合并布置

**案例导读**

## 上海城市轨道交通 14 号线线路辅助线(配线)方案设置

### 一、工程背景

上海城市轨道交通 14 号线是在建的一条重要的市区级线路,与路网中 16 条线路换乘,发挥网络整体效益。线路起于嘉定封浜站,终于浦东金桥桂桥路站,线路全长约 38.5km,设车站 31 座,全部为地下线。全线设 1 段 1 场,即封浜车辆段和金桥停车场。其中,浦东南路站—龙居路站 6 站 6 区间与东西通道工程先期结合。全线车站及配线方案见图 5-18。

### 二、配线研究

1.起终点站配线设置

全线起点站为封浜站,设折返线及出入段线接轨封浜车辆段;终点站为桂桥路站,设折返线及出入场线接轨金桥停车场。

(1)封浜站配线设置

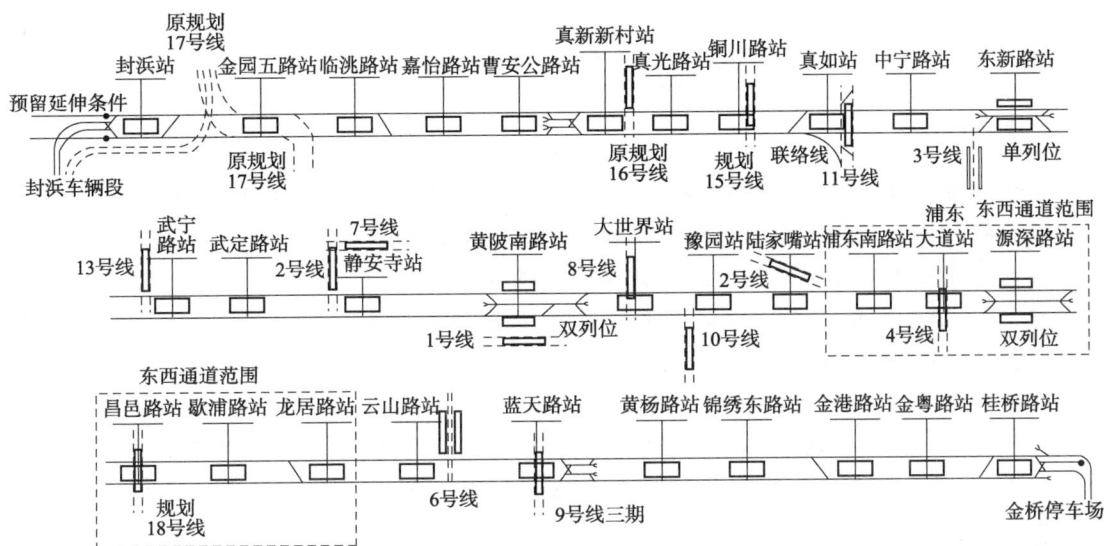

图 5-18  全线车站配线方案示意图

封浜车辆段场址位于嘉定封浜,与原规划 17 号线车场共用场址,为地面形式。封浜站为地下二层车站。从满足折返能力、增强运营灵活性、降低工程造价等方面分析,封浜站配线主要有 2 种方案,如图 5-19 所示。

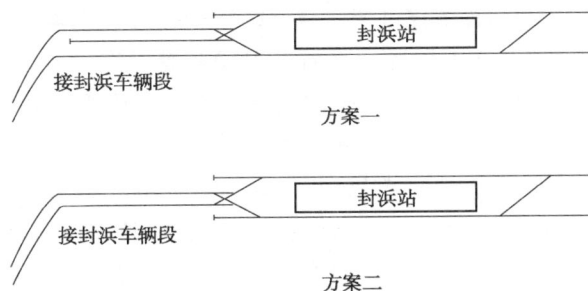

图 5-19  封浜站配线方案示意图

①方案一。在封浜站西端设 1 股专用折返线,另设 2 股出入段线接轨车辆段。

②方案二。在封浜站西端仅设 2 股出入段线,兼作折返线使用。

方案一有专用折返线,列车折返作业与出入段线没有冲突,但土建规模稍大,且封浜站远期没有继续向西延伸的条件;方案二使用出入段线折返,折返作业时出入段线使用不便,但在大小交路 1:1 开行时也能满足折返能力要求,土建规模稍小,经结构处理,能保留远期继续向西延伸的条件。

虽然线路全长已接近 39km,定位为市区级线路,而且又是 8A 编组,但由于上海市正处于城市化发展期,上海西部地区的发展需要城市轨道交通支持,考虑未来的不确定性,仍然建议保留继续向西延伸的条件,因此推荐采用方案二。

(2)桂桥路站配线设置

金桥停车场位于浦东金桥,与 12 号线、9 号线三期共用场址,为地面形式。桂桥路站位于车场地块内,为地下二层零覆土车站。从满足折返能力、增强运营灵活性与安全性、降低工程造价等方面分析,建议桂桥路站配线采用图 5-20 所示方案。

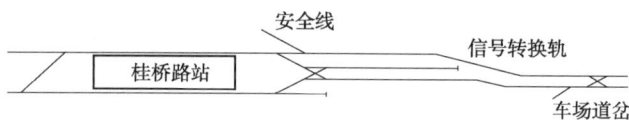

图 5-20　桂桥路站配线设置方案示意图

由于桂桥路站不需预留远期继续东延的条件,因此采用站后设置1股专用折返线和2股出入场线的方案。桂桥路站距离线路车场咽喉区很近,出入场线长度较短,信号转换轨端部至站前警冲标距离仅为380m左右,且这一段线路采用35‰以上超大坡度,如果信号转换不成功,而采用人工驾驶,此处又在超大坡度上,存在安全隐患。为此,在警冲标前面加1股安全线,提高运营安全性。

2. 中间折返站配线设置

停车线设在中间折返站时,应与折返线分开设置,在正常运营时段,不宜兼用。从简化配线形式、压缩车站土建规模等方面考虑,一岛一侧站台、双岛站台方案均不经济,适合采用岛式站台方案。站后设2股折返线兼停车线,正常运营时段另1股折返线可用于临时停车。

3. 停车线及单渡线设置

(1)停车线及单渡线选择

浦东南路站—龙居路站6站6区间位于浦东大道上,与东西通道工程先期结合实施,上下重叠范围约6km,车站部分同步开挖。由于建设条件复杂,因此在浦东南路站—龙居路站选择条件相对较好的源深路站设置了1线2列位停车线,在龙居路站设置了单渡线。封浜站和桂桥路站均与车场接轨,中间折返站真新新村站和蓝天路站均具备停车功能。停车线尽量均匀布置在封浜站、真新新村站、源深路站、蓝天路站与桂桥路站之间;结合车站两端平面线形条件、纵断面坡度条件、车站埋深、对周边建筑物的拆迁等因素,经综合考虑,选择在东新路站和黄陂南路站各设置1处停车线,其中黄陂南路站为1线2列位停车线。根据"停车线间每相隔2~3座车站或3~5km应加设渡线"的要求,选择在封浜站—真新新村站之间的临洮路站,真新新村站—东新路站之间的真如站,源深路站—蓝天路站之间的龙居路站,蓝天路站—桂桥路站之间的金港路站设置单渡线,均顺向布置。在上述配线站中,具有停车线功能的封浜站—真新新村站为7.5km,真新新村站—东新路站为5.4km,东新路站—黄陂南路站为6.0km,黄陂南路站—源深路站为6.2km,源深路站—蓝天路站为6.3km,蓝天路站—桂桥路站为6.9km,分布均匀合理;单渡线车站临洮路站、真如站、龙居路站、金港路站也均匀分布在停车线车站之间。

东新路站—黄陂南路站(6.0km,4座站)和黄陂南路站—源深路站(6.2km,6站)受到工程条件制约难以设置单渡线。从均匀分布方面考虑,可能设置的车站中,武定路站由于车站规模扩大导致拆迁问题难以协调无法设置单渡线,静安寺站由于两端平面线形、纵断面坡度和车站埋深等因素无法设置,豫园站由于两端大坡度及车站埋深等因素无法设置,陆家嘴站由于土建规模扩大侵入超高层建筑地下室范围内而无工程条件,浦东南路站若设置单渡线会导致75m长的已实施东西通道工程主体废弃。

(2)停车线车站配线形式

东新路站位于凯旋北路南侧的武宁路上,路幅较宽,建设条件相对较好。该站若采用岛式站台、站后设双停车线的方案,会导致车站规模偏大,造价增加;若采用侧式站台、站中设停车线,虽然车站规模较小,但该站不能上客和清客折返,运营使用不便。因此,建议该站采用1岛1侧式站台、站中设停车线的方案,车站规模不是特别大,运营使用也方便。黄陂南路站位于南北高架东侧的金陵西路,建设条件复杂,受地形限制,只能采用侧式站台方案,可满足预留"黄陂南路站—桂桥路站"先期开通运营的条件。该站需具备列车临时清客向浦东折返的功能,为此加设了单渡线,全线通车后仍将保留,增加运营灵活性。源深路站与东西通道结合先期实施,且受周边条件限制,也采用了侧式站台方案。

4. 联络线及安全线设置

联络线的设置需考虑资源共享、车辆基地分布位置和承担任务范围、实现互联互通等因素,从设置必要性与实施可行性出发,全线仅在真如站设置了联络线,且11号线车站在先期建设时就已经预留了联络线接入条件。安全线可用在折返线或停车线末端及正线接轨点之前,防止列车停车不准确发生冒进的安全问题。线路在所有折返线、停车线末端均设置了满足规范要求长度的安全线,并在桂桥路站入段线接轨正线之前设置了1股安全线。

5. 全线配线形式

线路配线方案具备可行性与合理性,能满足正常运营管理的需求,充分考虑了大客流区段突发故障的应急处理,兼顾了运营的灵活性与安全性。但由于工程条件的限制,东新路站—源深路站长约12.2km范围内仅黄陂南路站有配线,数量过少,对于运营来说缺少一定的灵活性。

🍎 课堂测试

手绘案例导读中的线路图,根据配线学习,标注出配线的类型,并表述其功能。

# 单元八  辅助线与区间堵塞时的行车组织

## 一、配线与行车组织的关系

配线是为保证城市轨道交通系统正常运行,实现列车合理调度而设置的线路,能够提高列车组织的机动性,满足行车组织调整多样化的需要其功能主要体现在以下方面。

1. 适应正常行车交路,加快车辆周转,提高运行效益

随着线路位置、长度、时段等因素的不同,不同线路的客流断面会呈现出不同的客流分布特点。当列车全程运行时,难免产生部分区段运能浪费。利用配线可以实现多样化的运营组织方式,在满足乘客需要的前提下,组织列车在不同区段运行,例如大小交路、短交路等形式,从而减少车辆的空驶里程数,加快车辆周转,减少运用车辆数,降低运营成本,提高运行效益。

2. 备用列车停放,适应夜间停车或迎峰加车运行

备用列车停放有两种方式:一是为次日早发车的列车夜间停放。由于线路起讫点车站离车辆段或停车场较远,为减少早晨车辆远距离空驶消耗,宜在终点站或中间折返站增加配线,为次日早发车服务。这种配线主要在停运后的夜间时段使用,可与折返线兼用。二是备用加开列车的停放。有的车站位于大型客流集散点,有经常性突发客流,需要备用加车或按

计划为迎接高峰客流时段加车,也可设置备用列车停车线。此类配线多在非高峰时段使用,但使用率较低。

**3. 组织全线多站点发车,提高服务水平**

首班车发车通常由两端车站始发,中间各站的第一次列车到达时间是随线路长度而延迟,线路越长、延迟时间越多,造成中间站服务水平较低,有效服务时间较短。增加配线,可灵活组织多车站同时发车,提高服务水平。

**4. 提高故障状态下的行车调整灵活性**

全线运营过程中,难免会遇到各类故障。一种是车辆本身的故障,另一种是地面设备故障,如信号、轨道(道岔)和各类电气设备等的故障。还会遇到局部故障,如地下线局部受淹、高架线遇恶劣天气(暴风雨雪)影响等,使局部地段停运,列车不能正常运行。在这些情况下,列车须绕行故障点或局部折返运行,维持非故障区段的正常运行。合理设置各类配线,能够增加列车运行调度的灵活性,最大限度地减小对正常运行的影响。

**5. 故障车辆下线,恢复正常运行秩序**

列车由于故障不能正常运行时,同时由于城市轨道交通线路的特性限制,必须尽快退出正线,尤其是在高峰运行时段,为避免故障列车对正线运行的影响,故障列车应就近退出正线,待非高峰时间再将列车送回车辆段检查和修理。为此,沿线相距一定距离设置能够供故障列车待避的配线是非常有必要的。

## 二、区间堵塞时的行车组织

城市轨道交通是一个复杂的大系统,在运营过程中,不可避免地会产生各种故障,区间堵塞是可能发生的一种故障。区间堵塞时,运营部门需采取各种措施进行处理,包括调整列车运行方式、车站作业方式和设备运行方式等,而辅助线的配置形式是列车运行方式调整的基础条件。

**1. 区间堵塞**

地铁在运营过程中,线路上发生的意外情况有可能导致中断行车,引起区间堵塞。一般来说,区间堵塞主要有如下几种情况。

①列车在区间内出现严重故障甚至脱轨,无法继续运行,在对故障列车进行救援之前,可视为区间堵塞。

②在牵引供电系统中,接触网系统的某一部分断裂,在恢复正常工作以前,部分区段可能停止运营,可视为区间堵塞。

③道岔故障,包括正线道岔故障和折返线道岔故障。正线道岔发生故障,正常的进路无法实现,区间车站必然引起堵塞,此时列车运行转为区间堵塞模式。终点折返站如果因道岔故障引起一条折返进路不能实现,当有两条折返进路时,可以利用另一条进路进行列车折返,以维持全线列车运行。如果由于道岔故障两条进路都不能办理列车折返时,列车将采用区间堵塞模式运行。

④在城市轨道交通发生事故或火灾等紧急情况时,根据紧急情况下的处理预案,部分区段可能停止运营,可视为区间堵塞。

除了上述几种原因外,各种突发事故都有可能造成区间堵塞。如果在短时间内不能解决,正常的运行交路无法实现,就需要利用渡线、停车线、存车线和折返线等组织临时交路。根据临时交路安排列车运行,根据故障发生的地点和严重程度,采取相应的行车措施,尽可能维持城市轨道交通其他区段的运营。

2. 区间堵塞时的行车组织

区间堵塞时,为了维持城市轨道交通其他区段的运营,可采取两种行车组织措施:一种是组织列车按临时小交路运行,另一种是组织列车在局部地段按单线双向运行,维持全线低水平的贯通运行。几种常用的行车组织方法如下。

(1)临时交路运行

线路中部发生堵塞时,在堵塞区段两端利用渡线或停车线等折返掉头,组织线路两端按小交路运行,如图5-21a)所示。线路一端发生堵塞时,可把该段线路甩掉,列车利用渡线或停车线等折返掉头,采用短交路运行,如图5-21b)所示。

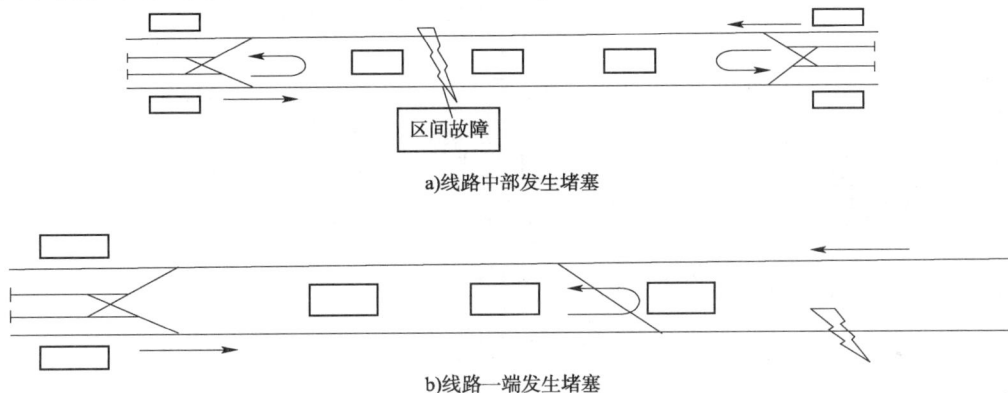

a)线路中部发生堵塞

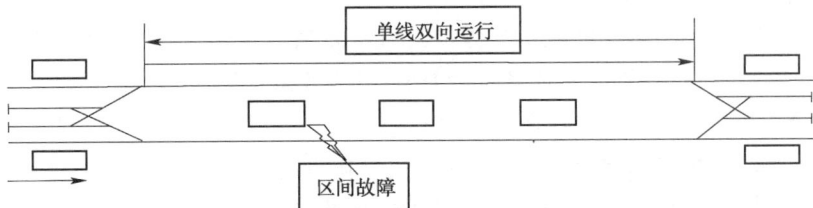

b)线路一端发生堵塞

图5-21 区间堵塞时的行车组织方法

(2)单线双向运行

列车单线双向运行是地铁行车组织中一种有效的调度调整方式,其特点是在一条固定进路上同一时间内只有一趟列车往返运行,如图5-22所示。因列车运行交路类似于拉风箱的动作,也被形象地称为"拉风箱"运行。"拉风箱"运行是应急情况下对地铁全局性的行车组织进行科学合理的调整,可以最大限度地发挥地铁设备、设施的潜能,维持一定限度的地铁降级运输能力,把突发事件对运营的影响降到最低。

图5-22 单线双向运行

案例分析

2007年11月14日,南京地铁1号线上行线16列车,高峰行车间隔4min56s,平峰行车间隔7min22s。9:00,行车间隔由高峰期向平峰期过渡时,安德门—三山街的上行接触网跳闸失电,电力调度员(以下称"电调")多次重合闸送电不成功,后行车调度员(以下称"行调")采用扣车、抽线、小交路运行、"拉风箱"运行等方式相结合进行调度调整。9:45,经接触网专业人员抢修,恢复正常(故障发生时全线列车运行情况如图5-23所示)。

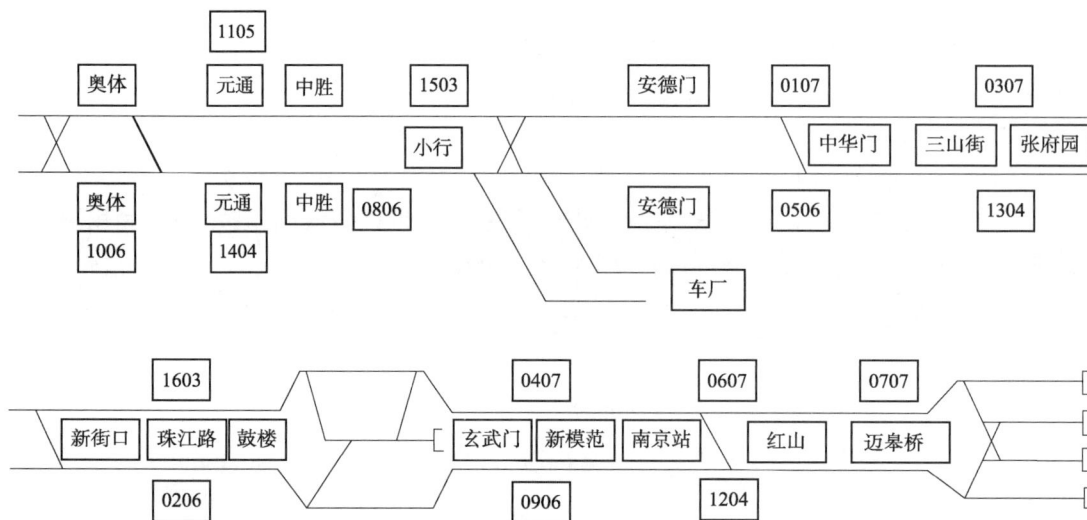

注:▭▭ 为故障发生时的车次位置(9:00)。

图5-23 南京地铁1号线平面示意图

## 一、事件处理经过

9:00,电力监控系统报警:安德门—三山街上行接触网跳闸。电调随即通知值班站长、行调和接触网专业人员。行调做出初步行车调整:0506次列车在中华门上行站台降弓待令,后续列车0806次在小行上行站台待令。

电调多次远程送电不成功。自9:05开始,行调进行了一系列的行车调整。

①扣车。分别于9:05、9:10将1105次、1503次扣停在奥体折返线,9:10将0906次扣停在迈皋桥折返线。

②回厂。9:22,组织1404次回车厂,9:25,组织终到奥体的0107次改开1604次回车厂。

③进存车线。9:23,组织终到迈皋桥的0206次空驶进鼓楼存车线。

④"拉风箱"运行。9:18,组织0806次经渡线进入下行线,在小行—中华门区间"拉风箱"运行;9:25,组织0607次中华门清客后在中华门—新街口下行线"拉风箱"运行。

⑤小交路运行。分别于9:08、9:25、9:40组织0407次、0707次、1205次在新街口清客后折返,开行新街口—迈皋桥小交路运行;9:32,组织1006次开行奥体—小行小交路运行。在调整过程中,行调将反向运行的0806次及时扣停在安德门(避免了与0607次在中华门冲突),对各换乘站的行车进路进行了安全防护,并对进站列车限速30km/h,同时通知车厂信号楼调度准备开行接触网抢修车进行抢修。9:42,专业人员抢修完毕;9:45,电调送电成功,安德门—三山街上行接触网恢复供电。

## 二、事件影响

清客6列:0407次、0707次、1205次在新街口清客,0506次、0806次、0607次在中华门清客;晚点8列,最大晚点15 min;抽线8列;加开4列,均为小交路开行车次;全线退票(含IC卡更新)728张,乘客投诉1次。

## 三、事件分析

经专业人员检查,造成此次故障的原因是:避雷器连接电缆脱落,与接触网支架接触并接地,使该段接触网发生短路。处理本次故障时,行调采用了扣车、抽线、加开、小交路运行、"拉风箱"运行等多种调度调整方式,结合实际将单线双向运行区段进行拆分,对换乘站行车进路及列车进站速度进行了安全控制,并通知车站加强服务,将故障影响降到最低程度。

## 四、事件经验

①扣车及时。接触网跳闸后,行调及时将故障区域内的0506次扣停在中华门上行站台并降弓,将后续0806次扣停在小行站(防止驶入无电区)。

②运营调整方案正确。为最大限度维持列车运行,值班站长及时组织奥体—小行、新街口—迈皋桥小交路运行,小行—新街口"拉风箱"运行;为缓解正线运营调整压力,行调及时组织3列车在奥体及迈皋桥折返线待令,2列车回车厂,1列车进入鼓楼存车线。

③灵活使用"拉风箱"运行方式。在组织小行—新街口区段单线双向运行时,由于该区段两端距离较长(8.098km),单程运行需13 min,再加上返程及折返时间,乘客的单次最大候车时间为28 min;行调将运行区段合理拆分为小行—中华门(4.145km)及中华门—新街口(3.953km)两段,使乘客的单次最大候车时间缩短为16 min,同时加速了车站滞留乘客的周转,"距离控制"基本符合前面的分析。

④安全控制有效。为防止列车冲突,及时将反向运行的0806次扣停在安德门;为保证运行安全,对换乘站的进站列车进行了限速。

⑤判断准确,配合默契。值班站长迅速启动接触网故障处理应急预案,电调对故障判断准确,与行调配合默契;行调能够及时通知信号楼调度,使接触网抢修车处于应急待令状态。

⑥信息通报及时准确。对故障信息、调度调整信息及车站的晚点信息发布及时准确,加强了车站的服务质量。

## 五、存在问题

①电力系统远程操作不能执行,报文信息上传迟滞,对本次故障处理有较大影响。

②1205次在新街口因清客折返,停车并占用渡线时间过长(9min),影响后续上行列车在张府园停车10min,下行列车在珠江路停车12min,对全局性运营调整有一定影响。

### 实训项目

带领学生去实训中心,有条件的可以去实地认知不同种类的辅助线,了解各种辅助线的功能及布置形式。在假设某些区间堵塞的情景下,让学生结合辅助线合理组织行车。

实训项目的详细内容及具体操作见教材后配备的实训指导书。

### 复习与思考

**一、填空题**

1. _____ 是为了保证正线运营而配置的线路,一般不行驶载客车辆,与运营正线直接贯通。

2. _____ 是供列车改变运行进路或方向的线路。

3. _____ 是折返站在单位小时内可能折返的最大列车数,它是由折返站折返间隔时间决定的。

4. _____ 主要用于故障列车临时停放及夜间存车,以减少故障列车对正常行车的干扰和组织线路局部事故时的临时交路。

5. 用道岔将上、下行线及折返线连接起来的线路称为 _____。

6. 辅助线是指为空载列车进行折返、停放、检查、转线及出入段作业所运行的线路,包括
_____、_____、_____、_____、_____、_____、
_____等。

7. _____ 是为夜间在站停放列车而设置的线路,以便早晚及时按运行图发收车,减少列车的空走时间,确保列车正点安全运行。

8. _____ 是正线与车辆段之间的连接线,是车辆段与正线之间的联络通道。

**二、判断题**

1. 折返线上增设检查坑和相应设施时,可作为夜间停放列车的存车线使用。 （ ）

2. 渡线是为沟通两条独立运营线而设置的连接线,为两线车辆过线服务。 （ ）

3. 折返线可以起到临时停放列车的作用,以实现列车的合理调度和正常运行。 （ ）

4. 渡线单独设置时,用于临时折返列车,增加运营列车调度灵活性。 （ ）

**三、简答题**

1. 城市轨道交通的辅助线有哪些形式?

2. 简述不同辅助线的作用及设计要求。

3. 简述渡线的定义及基本形式。

4. 简述辅助线与行车组织的关系。

# 模块六 城市轨道交通车站

## 单元一 车站分类及组成

城市轨道交通车站是城市轨道交通网络的重要组成部分,车站对于乘客是乘降、换乘和候车的场所,对于车站工作人员是开展日常工作的场所,同时也是接发列车的场所。

### 一、车站的分类

1. 按车站与地面相对位置分类

按车站与地面相对位置可分为地下站、地面站和高架站,如图 6-1 ~ 图 6-3 所示。

图 6-1 地下站

图 6-2 地面站

2. 按线路的修建位置和担负的运营功能分类

①设置在线路两端的车站是端点站。

②线路除端点站之外的车站是中间站。

③在两条及两条以上城市轨道线路交叉处的车站是换乘站,乘客可从一条线路换乘到另一条线路。

图6-3　高架站

④多种交通工具集中换乘的地点是大型换乘中心或者称为城市轨道交通枢纽。

3.按车站规模分类

这里的车站规模不是通过车站占地面积或建筑面积来衡量,而是指车站达到的高峰小时客流量大小。高峰小时客流量在2万人次以下,属于小型车站。高峰小时客流量达2~3万人次,属于中等车站。高峰小时客流量达3万人次以上,属于大型车站。

4.按站台形式分类

①岛式站台车站:是指站台在上、下行线路中间,如图6-4、图6-5所示。②侧式站台车站:是指站台在上、下行线路两侧,如图6-6、图6-7所示。③岛侧混合式站台车站:是将岛式站台与侧式站台设置在同一站内(图6-8)。

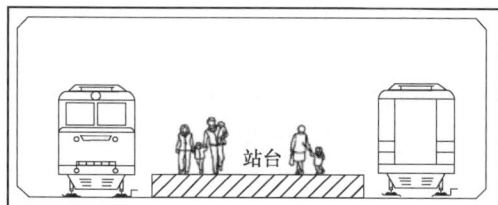

图6-4　岛式站台车站示意图

图6-5　岛式站台车站实景

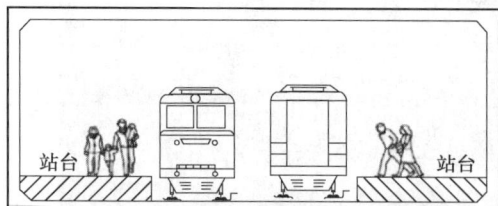

图6-6　侧式站台车站示意图

图6-7　侧式站台车站实景

## 二、车站的组成

1.按照车站建筑的空间位置

车站一般包括出入口及通道、风亭(地下)等其他附属建筑物、车站主体。图6-9为一般车站组成部分。各部分的功能如下。

图 6-8 岛侧混合式站台车站示意图

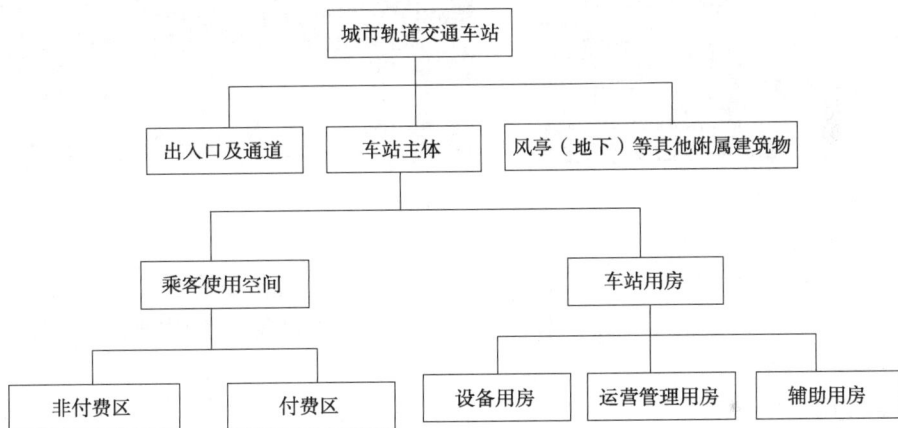

图 6-9 城市轨道交通车站组成部分

（1）出入口及通道

供乘客进、出车站的建筑设施，如图 6-10 所示。

a)出入口

b)通道

图 6-10 城市轨道交通车站出入口及通道

（2）风亭（地下）等其他附属建筑物

风亭的作用是保证地下车站具有一个舒适的地下乘车和运营环境，如图 6-11 所示。除此之外还有紧急疏散口、冷却塔等，但是不一定全都设置，不同的车站类型，如地面车站、地下车站、高架车站所需要的附属设施就不同。

图 6-11　车站风亭

（3）车站主体

车站主体是供乘客集散、候车、换乘及上下车的设施。它又是地铁运营设备设置的中心和办理运营业务的地方。根据车站主体功能的不同,可分为乘客使用空间和车站用房两大部分。

①乘客使用空间。乘客使用空间分为非付费区和付费区。非付费区是乘客购票并正式进入车站前的活动区域。它一般应有较宽敞的集散空间、售检票区域。根据需要这部分区域还可设银行、公用电话、小卖部等公用设施。付费区包括站台、楼梯和自动扶梯、导向牌等,它是为乘客候车提供服务的设施。乘客使用空间是车站设计的重点,设计时要注意客流流线的合理性,以保证乘客方便、快捷地出入车站。

②车站用房。车站用房包括设备用房、运营管理用房和辅助用房三部分。运营管理用房是车站运营管理人员使用的办公用房,主要包括车站控制室（图 6-12）、站长室、行车值班室、票务室、警务室、广播室、会议室和公安保卫室等。设备用房主要用于保证列车正常运行、保证车站内良好环境和在灾害情况下乘客安全,主要包括通信、信号、自动售检票、变电、环控、屏蔽门、防灾和给排水等设备用房。辅助用房主要用于保证车站内部工作人员正常工作生活,主要包括卫生间、更衣室、休息室、茶水间等。车站用房应根据运营管理需要设置,在不同车站配置不同,应尽可能减少用房面积,以降低车站投资。

图 6-12　车站控制室

**2.按照车站的使用功能**

按照车站的使用功能,大型城市轨道交通系统的车站组成包括:站厅、设备区、站台。其中站厅分为非付费区和付费区。站厅非付费区设置售票、咨询、商业、服务设施,可以为乘客提供售票、咨询、商业等服务。站厅付费区是乘客通过闸机或免费通道进入站台候车前经过的区域,也是乘客检票、聚集、疏散的区域。设备区是车站管理用房及设备安装的区域,一般分设于站厅和站台的两端部。站台是乘客候车、乘降区域。车站功能分区如图6-13所示。

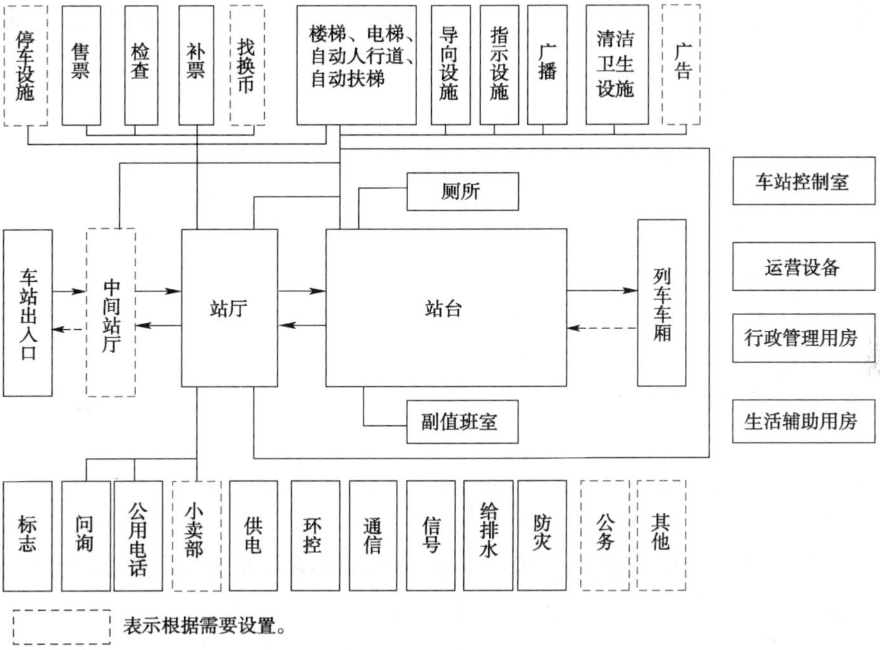

图6-13 城市轨道交通车站功能分区

# 单元二 车站平面布局与设计

## 一、车站总平面布局设计的步骤

车站总平面布局包括车站中心的位置(站位)、车站外轮廓的范围以及出入口风亭的确定等,它是车站设计的关键环节。由于影响车站总平面布局的因素很多,在设计中往往很难落实,一般需反复研究论证,才能获得好的设计方案。

为尽可能减少方案重复,车站总平面布局的设计可按以下步骤进行。

1.分析影响因素,确定边界条件

影响车站站位和总平面布局的因素主要有以下几个方面。

①周围环境。主要包括:现状道路及交通条件,公交及其他交通方式站点设置,周围建筑物功能性质及基础,规划落实情况以及文物古迹和可能的山地、河流等自然条件。

②建筑物拆迁和管线改移条件。主要包括:车站周围现状建筑物和地下管线的使用情况,拆迁改移条件以及规划建筑物、管线方案和可能的实施时间。

③施工方法。不同的施工方法对车站站位和总平面布局影响较大,要结合地质条件和周围自然状况,提出可能的施工方法,结合总平面方案一同考虑。

④客流来源及方向。车站的主要功能是最大限度地吸引客流,要根据主要客流的来源

和方向考虑站位和出入口通道的设置。

⑤综合开发的条件。结合城市轨道交通车站建设进行综合开发越来越引起人们的重视,尤其在城市密集区,土地资源稀缺,应寻求一切可能条件,使车站与其他建筑物相结合。

上述因素是确定车站总平面布局的最主要因素,哪些是作为边界条件确定下来的,哪些是应该在方案比较中进行取舍的,都要一一落实清楚,只有弄清这些,进行方案设计才会有坚实的基础。

2. 根据功能要求构思总体方案

在构思总体方案时,首先要明确车站整体的功能要求,明确车站的特点与性质,才能有的放矢地进行总体方案设计。

不同的车站,除提供乘客上下车场所这一相同的功能外,各有其特点,大致可分为以下几种具有某种典型功能的车站。

①以换乘为主要功能的车站。主要应考虑乘客的换乘条件,以尽可能减少换乘距离为主要因素进行设计,并留有足够的换乘能力。

②接运大型客流集散点的车站。要考虑突发性客流特点,留有足够的乘客集散空间,并创造快捷的进出站条件。

③有列车折返运行需要的车站。以列车在车站的运营能力为主,考虑车站辅助线的设置以及由此带来的车站站位及平面布局的变化。

④有与建筑物开发结合要求的车站。应考虑结构的统一性,并分清各种客流的流向,要使进出站客流有独立的通道,并尽量减少与其他客流的交叉干扰。

⑤有其他特殊功能需要的车站,包括远期需进一步延伸的起点站、与其他交通系统的联运站等。

当然,车站的功能需要远不止以上几种,一般是以上几种或与其他功能需要合在一起的组合,在确定站位和布局时,对此都要加以细致考虑。

3. 确定出入口与风亭的数量及位置

在总体构思完成、站位大致确定后,最重要的工作就是确定车站出入口和风亭的数量及位置。车站的出入口和风亭位置的确定,往往对总平面布局有很大影响,有时甚至是决定性的影响,"有出入口才有车站"在某种意义上也反映了出入口的重要性。

出入口和风亭位置的选择应注意以下几点。

①单独设置的车站出入口的位置一般选在城市道路两侧、交叉口及有大量人流的广场附近,出入口宜分散均匀布置,以便最大限度地吸引乘客。

②单独修建的地面出入口和地面通风亭,其位置应符合当地城市规划部门的规划要求,一般设在建筑红线以内。如有困难不能设在建筑红线以内时,应经过当地城市规划部门的同意,再选定其位置。地面出入口的位置不应妨碍行人通行。

③要考虑城市人流流向来设置出入口,不宜设在城市人流的主要集散处,以免发生堵塞。车站出入口应设在较明显的位置,便于识别。

④车站出入口和地面通风亭不应设在易燃、易爆、有污染源并挥发有害物质的建筑物附近,与上述建筑物之间的防火安全距离应符合有关规范的规定。

⑤应尽可能创造条件使车站出入口、风亭与周围建筑物结合,尽可能减少用地和拆迁。

⑥车站出入口应尽可能与城市过街地道、天桥、下沉广场结合,以方便乘客、节约投资。

4．绘制车站总平面布置图

在以上工作基础上,要根据设计方案进行车站总平面布置图的绘制,根据设计阶段的不同,图纸内容深度也不同,它一般在 1/500 地形图上进行,主要应包含以下内容。

①站中心的详细位置,包括线路里程、坐标等。

②车站主体的外轮廓尺寸,包括端点的线路里程、关键点的位置坐标等。

③出入口、风亭通道的位置、长度、宽度。

④出入口、风亭的详细位置、尺寸、坐标等。

⑤车站线路及区间的连接关系。

⑥车站周围地面建(构)筑物情况、地形条件等。

⑦与车站有关的设施情况等。

## 二、车站建筑层次空间布局

以地下车站为例,进站乘客从地面入口处进入车站,首先要在地下通道内行走,经过自动售票机或人工售票窗口购票,然后通过检票闸机检票,进入付费区,再经由车站的通道、楼梯电梯等才能到达车站的站台乘车。同样,出站乘客下车后首先进入站台,然后经由楼梯电梯、站厅、通道,在检票闸机进行检票后,再通过出站通道、出入口出站。根据乘客在车站内的活动过程分析,地下车站的站台层设置在车站的最底层较为合适。这样,对于地下二层的车站,底层(负二层)设置为站台层,上层(负一层)设置为站厅层,较符合乘客在车站的活动规律。两个层次的结构已能够满足运营功能的需求。当地下车站为地下三层时,增加的一个层次可以用于商业性或其他综合性开发,但首先应充分满足车站的运营功能,开发层通常设置于地下的第一层,如图 6-14 所示。当车站为地下四层时,车站层次增加,如果条件允许,可以适当减少车站每层的使用面积,以减少工程量和建筑成本。如果车站的长度与宽度受客流量的影响或受设计规范约束而不能减小时,负一层、负二层可都设置为开发层。

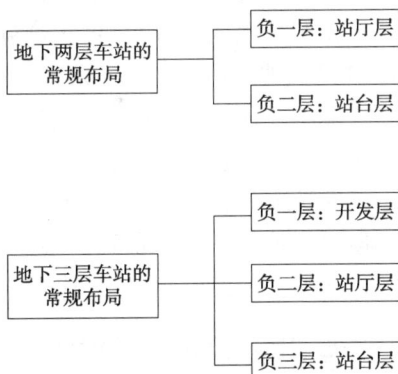

图 6-14　地下车站建筑层次空间布局

1．地面车站建筑空间布局

根据客流量、线路、站址环境、城市规划及与其他交通方式衔接等条件,地面车站可设置为单层或双层。地面单层车站宜为侧式站台车站,站厅布置在线路的两侧,两站厅用天桥或地下通道连接。地面双层车站的站厅宜设在站台层的上方。

地面线路为了节省土地资源,区间上下行线路的线间距通常较小,在不设置道岔群及辅助线路的车站,站内上下行的线间距也相应缩小。这种情况下,站台分设于上下行线路的两侧,因此在地面车站设置侧式站台较为理想。这类车站可以设计为单层车站,站厅分别设置于上下行站台的外侧。当站外广场的客流组织和交通衔接条件较好时,也可不设置站厅,乘客可以通过地下通道或人行天桥进出站。当站址可用空间面积较小而又必须设置站厅时,站厅可以设于站台层的上方,即采取双层车站的方案。

### 2. 高架车站建筑空间布局

高架车站多是因为环境及景观等因素而铺设。为减少高架桥的工程量,高架车站的线间距设置和布局思路与地面车站一致,都是为了节省车站周边的地面资源,并充分利用线路与地面之间的垂直空间,高架车站多采用双层设计,站台层在上方,站厅层在下方,也可以利用高架桥下的站外广场。高架车站站台层的布局与地面站站台层的布局非常接近,不同之处是增加了乘客登上高架桥面站台的楼梯和电梯。

### 3. 地下车站建筑空间布局

根据车站客流量与功能要求、线路及站址环境等条件,地下车站可设计成单层、双层或多层。单层车站的站厅宜布置在车站的两端,两站厅用楼梯和通道连接。双层车站的站厅宜设于上层,站台宜设于下层。地下车站由于所处位置的特殊性,在施工条件、设备安装和布置方面都较地面车站和高架车站更为复杂。车站结构的内部净空,是满足设计客流量疏散通过的必要空间,是保证各专业的设备和管线布置需要的空间。其尺寸由建筑限界、曲线半径、道床、线路安全距离、施工误差、结构变形、建筑装修吊顶限高,以及大型设备和管线安装限高等因素确定。

在车站有限的空间里,供电、通风与空调、给排水、防灾、通信、信号、自动售检票、建筑装修照明、广告牌、标志指示牌等要根据各自的功能要求确定相应设备的安装位置。

### 4. 车站建筑空间布局原则

①车站出入口,应设置于道路两边红线以外或城市广场周边,需具有标志性或可识别性,以利于吸引客流,方便乘客。

②站厅层,应分区明确,依据站内结构及设施配置情况对客流进行合理的组织,避免和减少进出站客流的交叉,合理布置管理用房、设备用房,应满足各系统的工艺要求。

③站台层,需以车站上下行远期超高峰小时设计客流量来计算站台宽度,根据线路走向及换乘要求确定站台形式。根据车站需要布置设备或管理用房区。

此外,车站平面布置还应考虑服务设施设备,包括电梯、售票机、空调通风设施设备等。

## 三、出入口及通道设计

### 1. 车站出入口

车站出入口是车站的门户,除了功能设计需要科学先进外,还需要具备简洁美观等艺术特点。出入口是地面客流与车站的衔接口,也是城市轨道交通管理辖区的分界点。出入口一般设有一定数量和类别的导向标志引导乘客出行。

(1)出入口的数量

车站的出入口数量可根据进出站客流的数量以及方向确定,首先要满足进出站客流的通过能力,其次,应尽可能照顾各个方向的客流,以方便乘客进出站。《地铁设计规范》规定:"车站出入口的数量,应根据客运需要与疏散要求设置,浅埋车站不宜少于4个出入口。当分期修建时,初期不得少于2个。小站的出入口数量可酌减,但不得少于2个。"

(2)出入口布局原则

①出入口宜设于道路或城市广场的醒目位置,以便吸引客流、方便乘客识别和进出车站,并应设置足够的客流集散空间。

②在与地面交通衔接的站点,出入口宜设在火车站、公共汽车站附近,便于乘客换乘,并保证有足够的集散空间。

③车站出入口宜分散均匀布置,出入口之间的距离尽可能大一些,使其能够最大限度地吸引更多乘客,方便乘客进入车站。

④车站出入口宜尽可能直接连接已建的建筑物地下室、过街通道、商场、人行天桥及其他大型公共建筑,利于资源共用,节约地面占地,实现双赢。

车站出入口的设计也需要科学定位,充分考虑乘客方便,同时也需要考虑城市建筑的美观,应融入城市或地区的人文特色,具有鲜明的标志,这样对一些乘客的紧张情绪也可起到一定的缓解作用。

(3)出入口平面形式

车站出入口按平面形式分为以下几种,如图 6-15 所示。

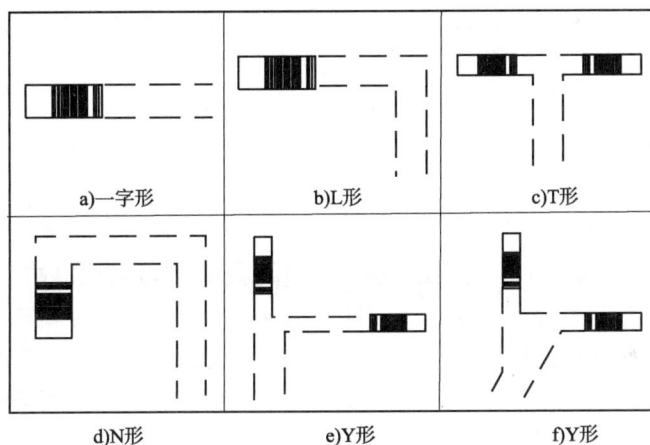

图 6-15 城市轨道交通车站出入口平面形式

一字形:施工简单,进出方便,经济。口部较宽,不宜修在路面狭窄地区。

L 形:施工稍复杂,进出方便,较经济,不宜修在路面狭窄地区。

T 形:施工稍复杂,造价较高,口部较窄,适合于路面狭窄地区。

N 形:环境条件所限,出入口长度较长。

Y 形:布置灵活,适用性强,布置两个以上的出入口。

(4)出入口宽度计算

$$B_n = \frac{Mab_n}{CN} \qquad (6\text{-}1)$$

式中:$B_n$——出入口楼梯宽度,$n$ 出入口序号;

　　$M$——车站高峰小时客流量;

　　$a$——超高峰系数,一般取 1.2~1.4;

　　$b_n$——出入口客流不均匀系数,一般取 1.1~1.25;

　　$C$——楼梯、扶梯通过能力,如表 6-1 所示;

　　$N$——出入口数量。

出入口的最小宽度不应小于 2.5m。兼作城市地下人行过街通道的车站出入口,其宽度应根据城市过街客流量加宽。车站出入口地面与站厅地面高差较大时,宜设置自动扶梯。

**扶梯和楼梯通过能力** 表6-1

| 设 备 名 称 | 通过能力(人/h) | |
| --- | --- | --- |
| 1m宽自动扶梯 | 9600 | |
| 1m宽楼梯 | 单向下行:4200 | |
| | 单向上行:3700 | |
| | 双向混行:3200 | |

**2. 通道设计**

乘客从车站出入口到站厅层或从站厅层到站台层需要通过一定的通道,通道是联系车站出入口和站厅层的纽带。不管是地下车站还是地上车站,一般从立体结构上分为三层或两层,大型换乘枢纽站分层更多,所以每层之间的联系通道设计也将直接影响站内乘客流线的组织。通道的设计应以乘客流动的路线为主要考虑依据,遵循两个原则,即减少进出站乘客流线的交叉和最大限度缩短乘客从出入口到站台的走行距离。

通道主要由楼梯、电梯和步行通道构成。由于地下车站或高架车站一般由地下2~3层或地上2~3层组成,因此各层之间都设有楼梯、自动扶梯或垂直电梯,以方便不同需要的乘客进出车站和乘车。

**(1)楼梯**

有些车站从出入口到立体一层的通道为步行楼梯,进站客流和出站客流混用,没有严格划分区域,这样当客流较大时就容易产生进出站客流对流的情形,对客流组织不利。有些车站,既有步行楼梯也有自动扶梯,自动扶梯有效地将进出站客流分开,避免对流或拥挤。在客流量大的车站,一般步行楼梯中央设置栏杆,有效地将进出站客流引导分开,例如北京西直门地铁站出入口,客流疏解护栏一直延伸到地面街道数十米。

车站立体一层到立体二层之间的通道应按照进出站客流流线设计,严格分流,以免客流过量或产生紧急情况时进出站客流因对流而发生事故,因此对闸机的状态设置以及导向标志都应配合通道的设计。

通道坡度的设计也很重要。坡度大容易造成乘客的疲劳感和不安全感;坡度太小会增加车站占地面积和施工的工程量。因此,应科学地设计坡度。当通道台阶数量多时,在不同段设置缓解平台,同时应尽量减少工程量和占地面积。楼梯一般采取26°~34°倾角,单向通行其宽度不小于1.8m,双向通行其宽度不小于2.4m。当宽度大于3.6m时,应设置中间扶手,且每个梯段不宜超过18步。楼梯在车站发生紧急情况时,主要用于向外疏散乘客,所以车站楼梯平时应保持畅通,任何物品不得堆放在楼梯处,任何人员不得滞留在楼梯处。

**(2)电梯**

电梯是垂直电梯、倾斜方向运行的自动扶梯、倾斜或水平方向运行的自动人行道的总称。地铁电梯系统设计应遵循如下标准。

①自动扶梯一般采取30°左右倾角,两台相对布置的自动扶梯工作点间距不得小于16m;扶梯工作点至前面影响通行的障碍物间距不得小于8m;扶梯与楼梯相对布置时,自动扶梯工作点至楼梯第一级踏步的间距不得小于12m。车站出入口若不受提升高度的限制,应设置上下行自动扶梯。站厅层与站台层之间,一般宜设上下行自动扶梯,对客流量不大的

车站(且高差小于 5m 时),可用楼梯代替下行自动扶梯。当发生火灾时,车站的自动扶梯须停止运行,作为固定楼梯用于疏散乘客。按照《城市轨道交通工程项目建设标准》(建标104—2008),自动扶梯和步行梯的设置标准如表 6-2 所示。

自动扶梯和步行梯的设置标准 表 6-2

| 提升高度 $H$(m) | 上　行 | 下　行 | 备　用 |
|---|---|---|---|
| $H \leqslant 6$ | 步行梯(或扶梯) | 步行梯 | — |
| $6 < H \leqslant 12$ | 自动扶梯 | 步行梯(或扶梯) | 当上下行均设自动扶梯时,应加设步行梯(或扶梯)为备用 |
| $12 < H \leqslant 19$ | 自动扶梯 | 自动扶梯 | 加设备用步行梯(或扶梯) |
| $H > 19$ | 自动扶梯 | 自动扶梯 | 加设备用自动扶梯 |

自动扶梯是由一台链式输送机和两台胶带式输送机组合而成的升降传送系统。自动扶梯的主要特点是输送能力大,生产效率高;自动扶梯能逆转,满足不同需要;当停电或零件损坏时,可作步行梯用;提升高度较大;造价高。

②车站垂直电梯设置在出入口、站厅层和站台层,一般是给有需要的人士使用,如伤残人士、携带大件行李的乘客或其他有特殊情况的人员。

无障碍通道设计要突出"以人为本"的原则,针对地铁车站设置的位置不同,可采取三种不同的设计方法。第一种设计方法为车站位于道路地面以下,出入口位于道路的两侧,残疾人乘坐的轮椅挂在楼梯旁设置的轮椅升降台下到站厅层,然后再经设置于站厅的垂直升降梯下达到站台;为盲人设置盲道,从电梯门口铺设盲道通至车厢门口。第二种设计方法为车站建于街坊内的地下,车站的垂直升降梯可直接升至地面。第三种设计方法要求盲道的铺设必须连贯,在站台层上行和下行两个方向都需要铺设,但一般只需自站台中心处的车厢门铺设至垂直升降梯门口。

## 四、站厅层布局

城市轨道交通车站平面布局应保证旅客使用方便及安全、迅速地进出,并具有良好的通风、照明、卫生、防灾等设备,为旅客提供舒适、清洁的环境。

站厅的作用是将进出车站的乘客迅速、安全、方便地引导到站台乘车或使下车乘客迅速离开车站,因此它是一种过渡空间。站厅是用于售票、检票,布置部分服务与控制设备的场所,其布局方式主要取决于车站的售检票方式(人工、半自动和自动售检票)。一般应使站厅有付费区和非付费区的功能区别,同时售检票系统应设在有利于乘客进出站的地方,尽量压缩乘客在站内停留时间。一般地,站厅内要设置售检票及问询等设施,在一定程度上会形成乘客聚集。因此,站厅要起到分配和组织人流的作用。站厅应有足够的面积,除考虑正常购票、检票及通行所需面积外,尚需考虑乘客短暂停留及特殊情况下紧急疏散的情况。站厅最终面积主要由远期车站预测的客流量大小和车站的重要程度决定,目前还没有固定的计算方法,一般根据经验和类比分析确定。

大部分车站站厅层主要是为乘客提供售检票等服务和车站人员工作、各系统设备集中设置的场所,大致分为公共区和设备区,如图 6-16 所示。

| 房间编号 | 房间名称 | 房间编号 | 房间名称 | 房间编号 | 房间名称 | 房间编号 | 房间名称 | 房间编号 | 房间名称 |
|---|---|---|---|---|---|---|---|---|---|
| 1 | 车站控制室 | 8 | 男女卫生间 | 15 | 两用通信设备室 | 22 | 照务室 | 29 | 小系统机房 |
| 2 | 总控设备室 | 9 | 公安安全室 | 16 | 公安通信设备室 | 23 | AFC配线间 | 30 | 冷冻站 |
| 3 | 值班站长室 | 10 | 开水间 | 17 | 车站备品库 | 24 | 配电室 | 31 | 通风机房 |
| 4 | 会议交接室 | 11 | 清扫工具间 | 18 | 弱电电缆竖井 | 25 | 环控电控室 | 32 | 乘客服务中心 |
| 5 | 值班休息室 | 12 | 垃圾间 | 19 | OA通信各间 | 26 | 冷冻站电控室 | 33 | 售票厅监控机 |
| 6 | 男女更衣室 | 13 | 蓄电池室 | 20 | 信号设备 | 27 | 强电电缆竖井 | 34 | 自动监票机 |
| 7 | 专用卫生间 | 14 | 专用通信设备室 | 21 | AFC机房 | 28 | 钢瓶间 | 35 | 自动取票机 |

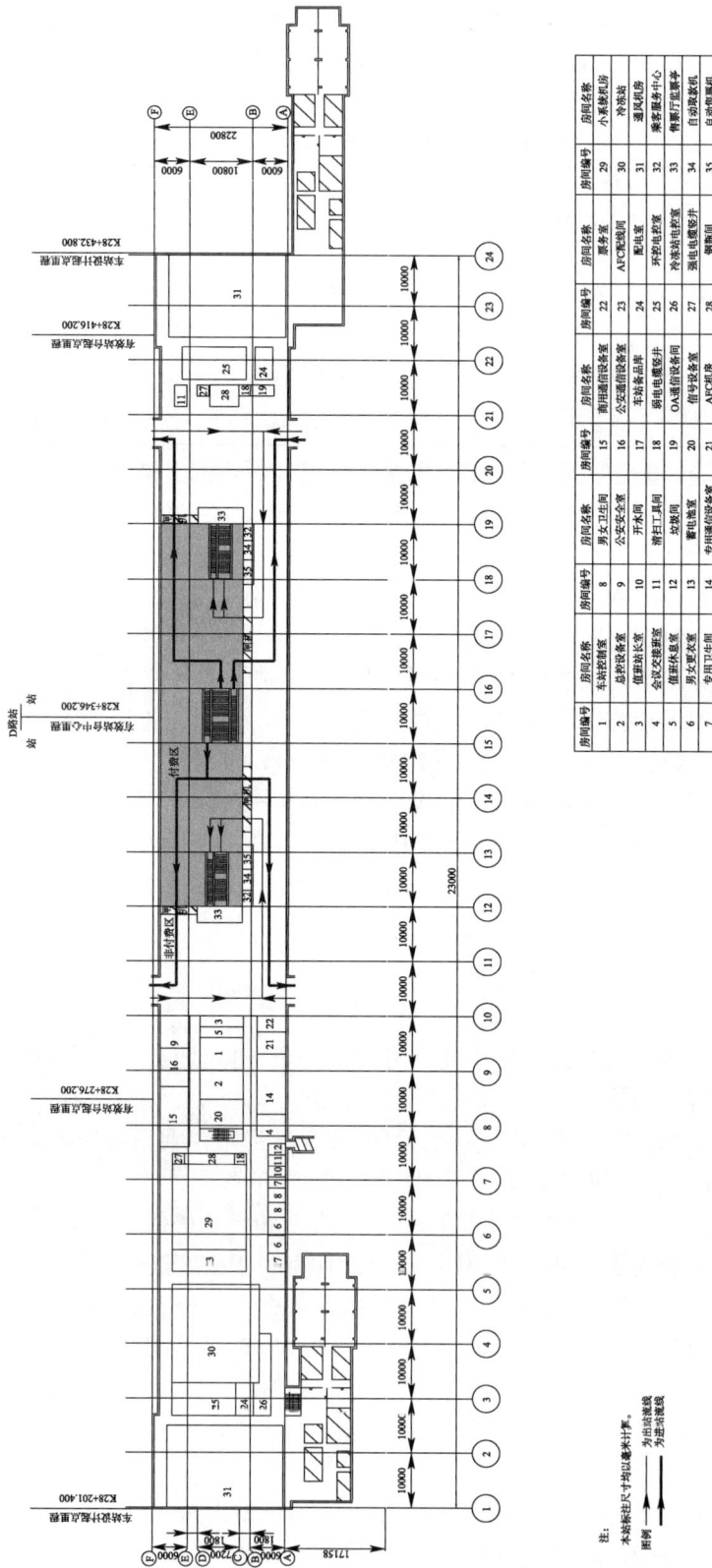

图 6-16 站厅平面布局图

注：
本站标准尺寸寸均以毫米计算。
图例：━━ 为出站流线　━━ 为进出站流线

106

1. 站厅层公共区设计

公共区是乘客集散的区域,可以划分为付费区和非付费区。进站乘客在非付费区完成购票后通过检票设备进入付费区,到站台乘车;出站乘客通过检票设备进到非付费区后出站。付费区内设施一般有:通往站台层的楼梯、自动扶梯、补票处、换乘通道(换乘车站)。非付费区设施一般有:售票、问询、公用电话等,可增设金融、邮电、服务业等机构。

非付费区内除了设置必要的售检票系统设备外,还可根据站厅面积大小设置些商铺、自助银行、公共洗手间、自动售货机、公用电话等便民设备设施,布置原则以不影响乘客出入为首要条件。自动售检票系统设备主要设置在站厅层,按乘客进出站流向合理布置,向乘客提供购票、检验车票等服务,主要有自动售票机、自动充值机、验票机以及进出站闸机等。按照进站客流的流动路线特点,有一部分客流从入口进站后首先需要买票,所以售票设备一般设在站厅非付费区内。随着城市经济的不断发展,大部分城市轨道交通售票设备都采用自动售票机,还有一些城市的城市轨道交通车站采用人工售票设备,有些车站则是采用人工售票与自动售票相结合的设备。

人工售票处应设在进站流线的前端,而售票室的设置不能占用通道,必须保证流线畅通的情况下尽可能将售票室设在流线一侧。根据我们国家的交通习惯,车站出入口流线应为右进左出,所以售票室也应设在入口右侧为宜。自动售票机也应同理设置。另外,售票设备的设置还应考虑车站规模来配备。自动售票机大部分需要使用零钱购票,因此在自动售票机旁边还应配备找零钱的机器。机器识别人民币纸币面额不宜过大,否则会造成零钱紧张而影响正常服务。考虑城市轨道交通车站出入口特点,每个出入口基本都双向使用,因此自动售票机如果设在入口进站客流一侧,虽然方便了乘客购票,但客流量大时会造成进出站客流拥堵。另外,若售票机配置数量太多又分散,则会增加投资,造成一定程度的浪费。所以,自动售票机的放置位置及配置数量既要考虑方便入口乘客购票,也要考虑车站设备的利用率,其设置位置根据每个车站的站厅层的规模和结构,集中摆放在一个或两个区域,尽量避开直接进站上车无须购票的乘客流线和出站乘客流线。区域大小应留有余地,以满足客流高峰时期的需要。

2. 车站用房区域

各城市地铁运营公司对城市轨道交通车站用房的定义不尽相同。一般来讲,车站用房包括运营管理用房、辅助用房和设备用房等。根据客流的大小,在不影响客流集散的同时可以设置商业用房。

(1)运营管理用房

运营管理用房包括站长室、会议室和公安保卫室(警务室)、车站控制室、票务室、信号值班室以及站台监视亭等。在管理用房中,主要解决车站控制室及站长室的位置以及消防疏散工作楼梯的位置等。车站运营与管理的中心,一般应设在便于对售票检票和自动扶梯口等进行监视的地方。

(2)设备用房

设备用房、管理用房基本分设于车站两端,一端大、一端小,中间作为站厅公共区。

设备用房是安置各类设备、进行日常设备维修及保养的场所,一般分为票务维修室、通信机械室、信号机械室、环控配电室、照明配电室、低压配电室、蓄电池室、环控机房、气瓶间、污水泵房、混合风室、风机房、电缆井、屏蔽门控制室、电梯机房、变电所控制室、动力变压器室、变电所储藏室、变电所检修室、变电所整流变压、金属封闭高压开关设备室、整流器柜及直流开关柜室等。常设设备用房如表6-3所示。

站厅层设备用房参考表(使用面积) 表6-3

| 房 间 名 称 | | 参考面积(m²) | 备 注 |
|---|---|---|---|
| AFC管理室 | | 15 | 靠近售检票区 |
| 环控机房 | 无集中供冷 | 1000~1250 | 为一般情况下规模,不含风道、风亭、冷却塔面积 |
| | 集中供冷 | 760~900 | |
| 气瓶室 | | 20~25 | 靠近被保护房间 |
| 照明配电室 | | 8~12 | 每层每端各设一处 |
| 环控电控室 | | 30~40 | 邻环控机房 |
| 民用通信设备室 | | 15 | 尽量设在站厅层 |
| 电梯机房 | | 6 | 设在最下层 |
| 污水泵房 | | 20 | 设在卫生间下方,内设污水池 |
| 废水泵房 | | 20~25 | 位于车站最低点 |
| 消防泵房 | | 50~60 | 高架站、地面站设,内设72m³水池 |

设备用房中最大的是环控机房,其中包括冷冻机房、通风机房及环控电控室。另外,车站强弱电设备应分开控制,有噪声源的设备用房应远离乘客活动区。地铁车站的环控设计基本上由五个系统组成:①车站公共区域的环控系统,主要是站厅、站台的制冷送风(包括新风)回风系统;②车站的排风(排烟)系统;③站台层列车及车道产生的热量和废气的排热、排烟系统;④车站活塞风及区间隧道发生灾变时的送风排烟系统;⑤各管理用房的小环控系统。

(3)辅助用房

辅助用房一般包括洗手间、更衣室、休息室、备品库、垃圾间、清扫工具间等。车站站厅层一般设有公共洗手间,有条件的车站还专门设置残疾人专用洗手间。

有些车站将公用电话安装在站厅层和站台层,方便乘客使用。有些车站将公用电话安装在通道一侧。根据各城市的轨道交通设施状况不同,有些城市在大中型车站内设置银行或自助银行,一般设在站厅层,为乘客提供兑零、取款、存款、转账服务。车站运营管理用房、辅助用房及面积参考如表6-4所示。

车站运营管理用房、辅助用房面积参考 表6-4

| 房 间 名 称 | 参考面积 | 备 注 |
|---|---|---|
| 站长室 | 15~18m² | 站厅层,靠近控制室 |
| 车站控制室(含防灾控制) | 35~50m² | 站厅层客流大的一段 |
| 警务室 | (12~15m²)×2 | |
| 交接班室(兼会议室、用餐室) | 1.2~1.5m²/人 | 按照一班定员计 |
| 更衣室(分男、女) | 0.6~0.7m²/人 | 按车站全部定员计 |
| 茶水室 | 8~10m² | 附洗涤池 |
| 卫生间 | — | 管理人员用 |

## 五、站台层布局

**1.站台选型**

站台层主要是供列车停靠、乘客候车及乘降车的区域。按站台与轨道线路的位置关系，站台可分为:岛式站台、侧式站台和混合式站台。

(1)岛式站台

上下行线分布在站台的两侧。站台面积可以得到充分利用,乘客换乘方便,如图6-17所示。

(2)侧式站台

站台分别分布在上下行线两侧,乘客乘降车互不干扰,不易乘错方向,站台横向扩展余地大,如图6-18所示。

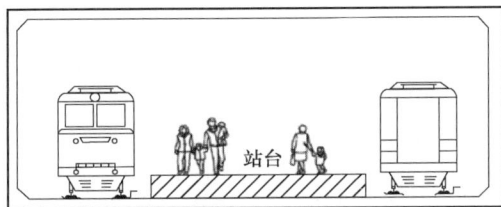

图6-17　岛式站台

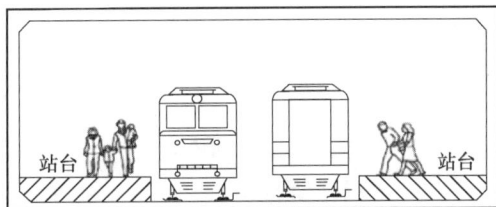

图6-18　侧式站台

(3)混合式站台

既有岛式站台,又有侧式站台的混合式站台,一般多为始发或终到站,设有道岔和信号联锁等设备。

**2.站台尺寸计算**

(1)站台计算长度

站台长度是指远期列车编组总长度加上列车停站时误差距离。

$$L = l \cdot n + l' \qquad (6-2)$$

式中:$l$——单节车辆长度(m);

$n$——车辆编组数;

$l'$——列车停站误差距离,一般为 $1 \sim 2$m。

对于远期列车编组在 $6 \sim 8$ 辆的城市轨道交通车站,站台长度一般在 $130 \sim 180$m。例如,上海明珠线列车 6 节编组时长度为 139.98m,预留4m,共 143.98m。

(2)站台宽度

站台宽度根据车站远期预测高峰小时客流量、列车运行间隔时间、结构横断面形式、站台形式、楼梯及自动扶梯位置等因素计算确定。我国现行的规范和标准对站台宽度尚无统一计算方法,设计中常用的几种计算方法如下。

①计算方法 1。

侧式站台宽度:

$$B_1 = \frac{M \cdot W}{L} + \alpha \qquad (6-3)$$

式中:$B_1$——侧式站台宽度(m);

$M$——超高峰小时单向列车上下列车人数;

$W$——站台乘客站席/站立客流密度($m^2$/人),即单位面积平均站立的乘客人数;

$L$——站台计算长度(m);

$\alpha$——站台安全防护宽度。

岛式站台宽度:

$$B_2 = 2B_1 + C + D \tag{6-4}$$

式中:$B_2$——岛式站台宽度(m);

$B_1$——侧式站台宽度(m);

$C$——柱宽(m);

$D$——楼梯、自动扶梯宽(m)。

②计算方法2。

$$A = N \cdot W \cdot \beta \cdot P_车 P_{上下车} \tag{6-5}$$

式中:$A$——站台总面积($m^2$);

$N$——列车车厢数;

$W$——客流密度,0.75$m^2$/人;

$\beta$——超高峰系数;

$P_车$——每节车的定员数;

$P_{上下车}$——上下列车乘客所占比例。

侧式站台宽度:

$$B_1 = \frac{A}{L} + \alpha + B' \tag{6-6}$$

式中:$B_1$——侧式站台宽度(m);

$A$——站台总面积($m^2$);

$L$——站台计算长度(m);

$\alpha$——站台安全防护宽度(m);

$B'$——乘客沿站台纵向流动宽度(m)。

岛式站台宽度:

$$B_2 = 2B_1 + C + D \tag{6-7}$$

式中:$B_2$——岛式站台宽度(m);

$B_1$——侧式站台宽度(m);

$C$——柱宽(m);

$D$——楼梯、自动扶梯宽度(m)。

为保证车站安全运营和安全疏散的基本需要,我国《地铁设计规范》(GB 50157—2013)中规定了车站站台的最小宽度尺寸标准,如表6-5所示。

车站站台最小宽度尺寸标准　　　　　　　　　　表 6-5

| 车站站台形式 | | 站台最小宽度(m) |
|---|---|---|
| 岛式站台 | | 8.0 |
| 多跨岛式站台车站的侧站台 | | 2.0 |
| 无柱侧式站台车站的侧站台 | | 3.5 |
| 有柱侧式站台的侧站台 | 柱外站台 | 2.0 |
| | 柱内站台 | 3.0 |
| 通道或天桥 | | 2.5 |
| 出入口 | | 2.5 |
| 楼梯 | | 2.0 |

（3）站台高度

站台高度是指站台面距轨面的高度。站台按高度可分为低站台和高站台，其选择需要与车型匹配。站台与车厢地板高度相同称为高站台，一般适用于流量较大、车站停车时间较短的车站。高站台对残疾人、老年人上下车也很有利。考虑到车辆满载时弹簧的挠度，高站台的设计高度一般低于车厢地板面 50～100mm。站台比车厢地板低时称为低站台，适用于流量不大的车站。

站台的设计要有排水措施。一般地，站台横断面应有 2% 的坡度，地下站可设 1% 的坡度。

（4）轨道中心到站台边缘距离

根据车辆类型确定的建筑限界给定了从轨道中心到站台边缘的距离，实际设计时还要考虑 10mm 左右的施工误差。若轻轨车体宽度为 2.6m，则轨道中心线至站台边缘的距离可选定为 1.4m。

如前所述，站台应布置在平直线段上。特殊情况下需要设在曲线上时，轨道中心到站台边缘距离可按下式确定：

$$L = L_1 + E + 0.8C \tag{6-8}$$

式中：$L$——轨道中心到站台边缘距离(mm)；

$L_1$——轨道中心到建筑限界的距离加 10mm 的施工误差；

$E$——曲线总加宽；

$C$——线路超高值。

3. 站台设备设施设置

站台也分为公共区和设备区，一般两端为设备区，中间为公共区，站台层平面布局如图 6-19 所示。设备区设有设备用房和一些管理用房，如表 6-6 所示。公共区的功能是供乘客上下车和候车之用，主要有站台监控亭、乘客座椅、公用电话、紧急停车按钮等设备设施。站台还设有立柱、屏蔽门或安全护栏等。

（1）立柱

站台立柱是站房建筑的一部分，根据车站规模大小，其设置数量也不尽相同。立柱位置设置应考虑不能占用乘客通道，尽量避免遮挡乘客或工作人员的视线，同时车站可以很好地利用立柱的表面积实现其他功能，如悬挂宣传牌、导向标志、广告等。根据站台宽度不同，有的车站设置双排立柱，有的车站设置单排立柱。

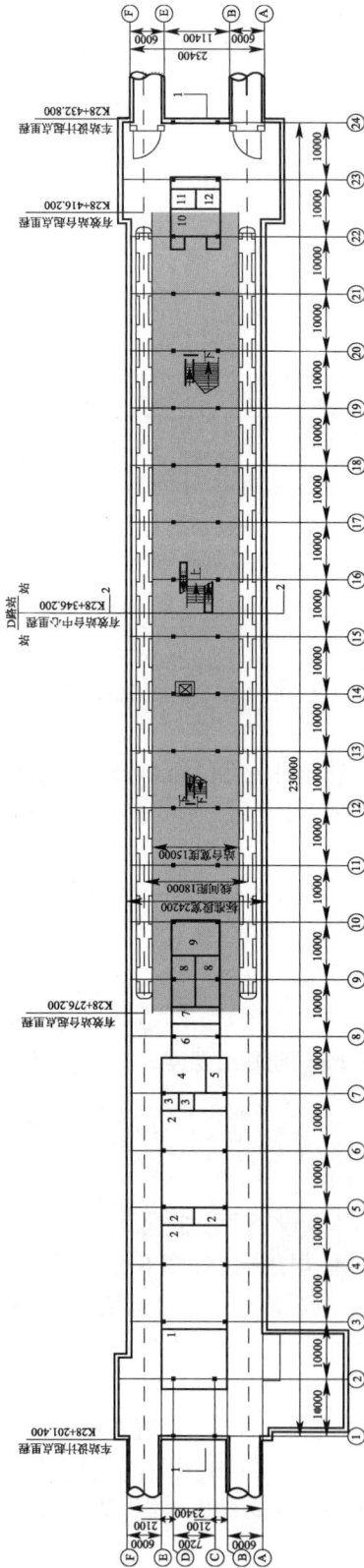

图 6-19 站台层平面布局图

说明：
本图尺寸除商程以米计外，其余均以毫米计。

| 房间编号 | 房间名称 | 房间编号 | 房间名称 | 房间编号 | 房间名称 |
|---|---|---|---|---|---|
| 1 | 隧道风道室 | 5 | 照明配电室 | 9 | 安全门设备室 |
| 2 | 牵引降压变电所 | 6 | 污水泵房 | 10 | 隧道风室 |
| 3 | 电缆井 | 7 | 车站备品库 | 11 | 废水泵房 |
| 4 | 钢瓶间 | 8 | 公共卫生间 | 12 | 照明配电室 |

**站台层用房参考表**（使用面积）　　　　　　　　　表 6-6

| 房 间 名 称 | | 参考面积（m²） | 备　　注 |
|---|---|---|---|
| 降压变电所 | | 220 ~ 280 | 尽量设在站台层 |
| 牵引降压混合变电所 | | 380 ~ 480 | 尽量设在站台层 |
| 蓄电池室 | | 15 ~ 25 | 宜设在站台层 |
| 电缆井 | | 5 | 按需要定个数 |
| 通信设备室 | | 20 ~ 30 | 尽量设在站台层 |
| 通信电源设备室 | | 15 ~ 25 | 临近通信设备室 |
| 信号设备室 | 联锁站 | 50 ~ 65 | 尽量设在站台层（与车站控制室同一端） |
| | 无联锁站 | 20 ~ 30 | — |
| 信号电源设备室 | | 15 ~ 20 | 联锁站设，邻信号设备室 |
| 屏蔽门设备及控制室 | | 15 ~ 20 | 设在站台层 |
| 工务用房 | | 15 ~ 20 | 设在有道岔的站台层 |

（2）安全护栏、屏蔽门、安全门

安全护栏或屏蔽门都是为了保证乘客在站台上乘降安全需要而设置。针对城市轨道交通车站站台高的特点，为有效防止乘客乘降前后在站台边沿掉入股道，车站应设置护栏或屏蔽门。深圳地铁车站大多装备了屏蔽门，广州地铁新线车站修建时安装了屏蔽门，旧线改造施工时车站也基本设有屏蔽门，北京地铁 5 号线车站全部设置屏蔽门，上海地铁车站地面部分有些车站设置了安全护栏。

安全护栏和屏蔽门的设置根据车站具体情况而定。屏蔽门相对护栏造价要高，但安全程度也高，适合在大多数地铁车站设置。同时，屏蔽门还能节约车站空调能源，降低列车噪声，为乘客提供良好的候车环境。

安全护栏虽然造价低，视线也较开阔，但还是存在安全隐患，适合在轻轨或地铁地面部分车站设置。目前国内各城市轨道交通车站大部分采用进口设备，而进口设备的来源各有不同。因此，在屏蔽门和护栏的技术装备方面存在一定差异。屏蔽门的安装虽然在维护上有一定的投入，但其安全效益是长远的，其设置位置应与列车停靠时车厢门相对应，做到列车停稳时门对门位置准确无误，否则会对乘客的上下车造成极大的不便。

在动力供电系统中，一般每个车站设置一个降压变电所，有时也可几个车站合设一个；也可将降压（动力）变压器附设在某个牵引变电所之中，构成牵引与动力混合变电所。

## 六、车站客流的流线设计

流线，是指车站内乘客的流动过程和流动路线。这些流线具体反映乘客对车站站房各类设施的设置及布局的基本要求。其组织是否合理，既影响车站的作业安全、效率及能力，也直接关系到对乘客服务质量的高低。设计快捷、简明、方便、流畅的乘客流线是城市轨道交通车站建设的方针和目标之一。车站站房内各类设施的设置应以合理组织各种流线，力求减少乘客的走行距离，方便乘客办理各种旅行手续以及经济合理、节约用地为原则。

在城市轨道交通车站，乘客流线主要有三种：进站乘客流线、出站乘客流线和中转乘客流线，乘客流线如图 6-20 所示。

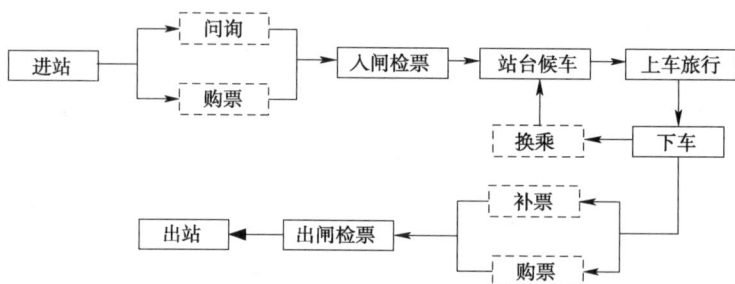

图 6-20　城市轨道交通车站乘客流线

1. 进站乘客流线

进站乘客流线按照其流动过程来看,可以分为以下两种主要类型。

①通过站房直接上车的乘客流线。这种乘客流线主要是持城市一卡通或储值票等直接通过闸机结算费用的乘客。这类乘客大部分是当地居民,在上下班时间出现出行高峰。

②进入车站购票上车的乘客流线。这类乘客主要是不经常乘坐城市轨道交通出行的当地居民或从其他交通工具换乘过来的外地乘客。这类客流在节假日或周末比较集中。

2. 出站乘客流线

出站乘客流线比进站乘客流线简单,乘客办理手续少,使用站房时间短。一般情况下,终到乘客经过闸机出站,票卡有问题的需要到票务中心处理或者补票出站。

3. 换乘乘客流线

在综合型枢纽站或城市轨道交通线路间换乘车站,存在大量的中转换乘乘客,他们的流动过程形成了换乘乘客流线。

4. 流线组织原则

通过以上分析可以看到,车站内各种乘客流线均有其特定的内在需求,这些需求均需要通过合理设置与布局乘客站房的各类设备设施来予以满足。为了尽可能满足其需求,在考虑乘客站房各类设施设备的设置与布局时,一般应遵循以下两个原则。

①避免各种流线相互交叉干扰。具体来讲,在对站房流线设计组织中,应力求将各种乘客流线分开,尤其是将进站乘客流线与出站乘客流线分开,将进出站乘客流线与中转乘客流线分开。

②最大限度地缩短乘客走行距离,避免流线迂回。一般来讲,对于进出站乘客流线中流量最大的普通乘客流线,应首先保证其流动路线最简捷通畅,使流线距离最短。对于流量不大的其他乘客流线,也应根据其特点、需要,尽量缩短其流线距离,避免迂回。

通常,上述各种流线特点的满足及流线组织原则的实现都要依赖于乘客站房内各种服务用房及设施的合理设置与布局,如站房出入口及扶梯位置、售检票设备的布置等。

### 实训项目

带领学生去地铁车站或轻轨车站进行现场参观和学习,认知不同类型城市轨道交通车站,了解车站的组成部分。对车站建筑空间布局和站厅、站台的各设施设备的布局进行优缺点分析。以满足最大限度方便旅客和最大限度提高运营效率为标准,提出合理的设施设备布局及乘客流线方案的改进方法。实训项目的详细内容及具体操作见教材后配备的实训指导书。

## 复习与思考

### 一、填空题

1. 城市轨道交通车站按车站与地面相对位置分为：_____、_____、_____。

2. 城市轨道交通车站按照站台形式分_____、_____、_____。

3. 车站用房区域包括_____、_____、_____。

### 二、判断题

1. 站厅是用于售票、检票，布置部分服务与控制设备的场所，其布局方式主要取决于车站的售检票方式（人工、半自动和自动售、检票）。　　　　　　　　　　　　　　（　　）

2. 一般应使站厅有付费区和非付费区的功能，区别于高架车站，地下车站多采用双层设计，站台层在下方，站厅层在上方。　　　　　　　　　　　　　　　　　　　（　　）

3. 城市轨道交通车站非付费区内设施一般有：通往站台层的楼梯、自动扶梯、补票处、换乘通道（换乘车站）。　　　　　　　　　　　　　　　　　　　　　　　　　（　　）

4. 车站的长度与宽度受客流量的影响或受设计规范约束而不能减小时，负一负二层可都设置为开发层。　　　　　　　　　　　　　　　　　　　　　　　　　　　（　　）

### 三、简答题

1. 比较说明岛式站台和侧式站台的特点。

2. 城市轨道交通车站由哪几部分组成？各部分的功能是什么？

3. 城市轨道交通车站平面布置原则有哪些？

# 模块七　换　乘　站

学习目标

1. 掌握各种换乘方式的特点。
2. 了解选择换乘方案时考虑的因素。

**建议学时**

4 学时

城市轨道交通线网中,两条或多条线路构成的交叉点,即换乘站,换乘站作为城市轨道交通网络的"锚固点",对全网运转效率和整体效益的发挥具有举足轻重的作用,在线网设计中有着特殊的地位及作用。随着国内城市轨道交通线网的加快建设和逐步形成,换乘站已经成为网络中最为突出的矛盾点,良好的换乘不但关系到轨道交通的服务水平,而且关系到城市公共交通的吸引力,把握好换乘站的规划与设计显得尤为重要,同时也是轨道交通投资、建设、设计和运营等各方关注的焦点。从日常的线网运营现象看,线路之间的交叉点的个数、位置,决定着线网的形态,影响着线网中各换乘站客流量的大小、乘客的换乘地点、出行时间及方便程度,从而影响整个线网的运输效率。而且,市民对减少换乘时间、提高出行质量的要求,使得换乘问题逐渐突显并得到重视。

## 单元一　换　乘　方　式

根据乘客换乘的客流组织方式,可将车站换乘方式分为站台直接换乘、站厅换乘、通道换乘、站外换乘和组合换乘几种。

### 一、站台直接换乘

站台直接换乘有两种方式,同站台换乘和上下层站台换乘。

同站台换乘一般适用于两条平行交织的线路,且采用岛式站台的设计,两条不同线路的车辆分别停靠同一站台的两侧,乘客换乘时,由岛式站台的一侧下车,穿越站台至另一侧上车,即完成了转线换乘,这种换乘方式对乘客十分方便,是应该积极寻求的一种换乘方式,但这种车站往往要花费较大的工程投资。由于这种换乘方式要求两条线具有足够长的重合段,需要把车站预留线及区间交叉预留处理好,工程量大,线路交叉复杂,施工难度大。因此,站台直接换乘尽量选在建设期相近或同步建设的两条线的换乘站上。

同站台换乘要求站台能够满足换乘高峰客流量的需要,乘客无须换乘行走,换乘时间最短,但换乘方向受限。双岛式站台通过同一个站厅能实现四个方向的换乘,单岛式站台每一层只能实现两个方向的换乘,其余换乘方向的乘客仍然要通过站厅或自动扶梯、楼梯进行换乘,换乘时间相应增加。在所有换乘方式中同站台换乘的换乘能力最大,适用于某一换乘方向的换乘客流较大的情形。这种换乘方式的主要制约因素是站台的宽度和列车的行车间隔,前者关系到站台的容量,后者关系到站台出清速度。北京地铁 4 号线与北京地铁 9 号线的换乘站国家图书馆站就属于同站台换乘,4 号线与 9 号线站台位于同一层面,为地下双岛式车站,如图 7-1 所示。

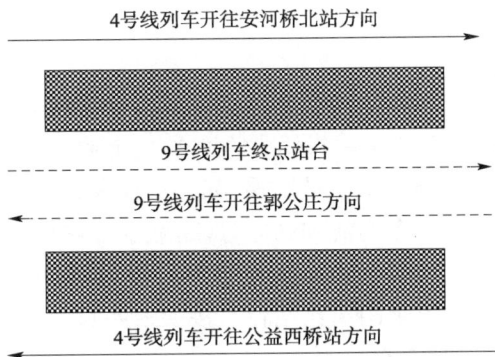

图 7-1  国家图书馆站同站台换乘示意图

上下层站台换乘是指乘客由一个站台通过楼梯或自动扶梯到另一站台直接换乘。根据地铁线路交叉的情况及两车站的位置,可形成站台与站台的十字换乘、T 形换乘、L 形换乘的模式,如图 7-2 和图 7-3 所示。

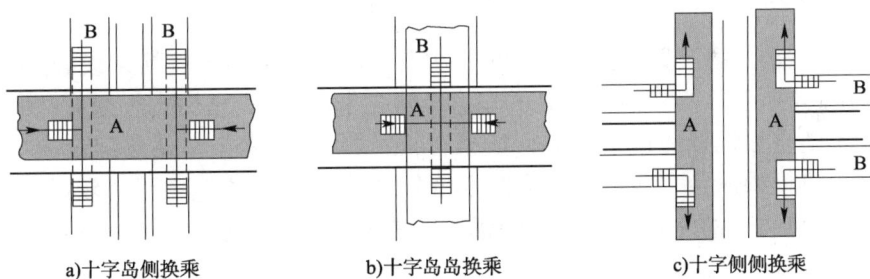

a)十字岛侧换乘    b)十字岛岛换乘    c)十字侧侧换乘

图 7-2  城市轨道交通车站十字换乘模式

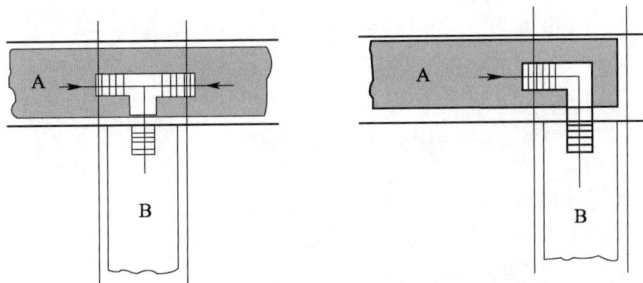

图 7-3  城市轨道交通车站 T 形、L 形换乘

上下层站台换乘方式的关键在于楼梯或自动扶梯的宽度,该宽度往往受岛式站台总宽度的限制,使其通行能力不能满足乘客流量的需要。这种换乘方式要求换乘楼梯或自动扶梯应有足够的宽度,以免高峰客流时发生乘客堆积和拥挤而发生安全事故。同时要注意上下楼梯的客流组织,避免进出站客流与换乘客流的交叉紊乱。在所有换乘方式中,这种换乘

方式的换乘能力最小,其制约因素是自动扶梯(楼梯)的运量。在上下层站台配置的组合中,线路的交叉点越少,则换乘能力越小。实践中,通过增加站台宽度以扩大交叉处面积,是提高上下层站台换乘能力的基本途径。这种换乘方式的节点要求一次做成,预留线路的限界净空及线路位置受到制约,这就要求预留线要有必要的研究设计深度,避免预留工作做得不尽合理。

## 二、站厅换乘

站厅换乘是指乘客由一个车站的站台通过楼梯或自动扶梯到达另一个车站的站厅或两站共用的站厅,再由这一站厅通到另一个车站的站台的换乘方式。站厅换乘一般用于相交车站的换乘,乘客下车后,无论是出站还是换乘,都必须经过站厅,再根据导向标志出站或进入另一个站台继续乘车。由于下车客流到站厅分流,减少了站台上人流交织,乘客行进速度快,在站台上的滞留时间减少,同时又可减少楼梯等升降设备的总数量,增加站台有效使用面积,有利于控制站台宽度,但换乘距离比站台直接换乘要长。若换乘过程中需要进出收费区,检票口的能力可能成为限制因素。

站厅换乘方式与前两种方式相比,站厅换乘方式中,乘客换乘线路必须先上(或下)、再下(或上),换乘总高度落差大。若是站台与站厅之间是自动扶梯连接,可改善换乘条件。这种换乘方式有利于各条线路分期修建、后期形成。

## 三、通道换乘

通道换乘是指在两个或几个单独设置车站之间设置联络通道等换乘设施,方便乘客完成换乘,如图7-4所示。当两线交叉处的车站结构完全脱开,车站站台相距有些距离或受地形条件限制不能直接设计通过站厅进行换乘时,可以考虑在两个车站之间设置单独的换乘通道为乘客提供换乘途径。通道可直接连接两个站台,这种方式换乘距离较近,换乘时间较短;通道还可连接两个站厅收费区,换乘距离相对较远,换乘时间较长。

图7-4 长春轨道交通3号线、4号线临河街站换乘通道

通道换乘方式布置较为灵活,对两线交角及车站位置有较大适应性,预留工程少,甚至可以不预留,容许预留线位置将来可以少许移动。通道宽度按换乘客流量的需要设计。换乘条件取决于通道长度,一般不宜超过100m。这种换乘方式最有利于两条线工程分期实

施,预留工程量少,后期线路位置调节的灵活性大。换乘通道一般应尽可能设置在车站的中部,并避免和出入站乘客交叉。由于受各种因素影响,换乘通道一般都较长,这样使得乘客的换乘距离和时间都比前两种换乘方式要长,要注意尽可能减少通道长度。

### 四、站外换乘

站外换乘是指乘客在车站付费区以外进行换乘,实际上是没有专用换乘设施的换乘方式。这种换乘方式是乘客在车站付费区以外进行换乘,它主要用于下列情况。

①高架线与地下线之间的换乘,因条件所迫,不能采用付费区内换乘的方式。

②两线交叉处无车站或两车站相距较远。

③规划不周,已建线没有换乘预留,增建换乘设施十分困难。

此种换乘方式往往是客观条件不允许或线网规划不当造成的。乘客换乘路线可分割为出站行走、站外行走和进站行走,在所有换乘方式中站外换乘所需的换乘时间和换乘距离最长,再加上在站外与其他人流交织以及步行距离长,给乘客的换乘带来很大不便,应尽量避免。

### 五、组合式换乘

在换乘方式的实际应用中,往往采用两种或几种换乘方式组合,以达到完善换乘条件、方便乘客使用、降低工程造价的目的。例如:同站台换乘方式辅以站厅或通道换乘方式,可使所有的换乘方向都能换乘;站厅换乘方式辅以通道换乘方式,可以减少预留的工程量。组合式换乘可进一步提升换乘通过能力,同时还具有比较大的灵活性,工程实施比较方便。

### 六、换乘方式分析

1. 换乘时间

换乘时间主要取决于换乘走行距离。一般而言,各种换乘方式的换乘时间,按同站台换乘、上下层站台换乘、站厅换乘、通道换乘和站外换乘依次增加。

同站台换乘时,在列车共线运行区段的换乘站,乘客在同一站台的同一侧换乘,无换乘走行;在两线平行交织的共用换乘站,乘客在同一站台的另一侧换乘,换乘距离小于站台宽度。因此,同站台换乘的换乘时间最短。但应指出,双岛式站台只能实现 2 个换乘方向的客流在同站台换乘;单岛式站台,每一层均只能实现 2 个换乘方向的客流在同站台换乘。其余换乘方向的乘客,仍然需要通过站厅(双岛式、岛侧式)或自动扶梯、楼梯(单岛式)进行换乘,换乘时间相应增加。

上下层站台换乘时,乘客换乘走行路线为下车站台—自动扶梯、楼梯—站厅收费区—自动扶梯、楼梯—上车站台。在各种换乘方式中,站厅换乘的换乘距离与换乘时间大体居中。

通道换乘时,换乘距离取决于两线车站连接的情况。连接站台的通道换乘与连接站厅收费区的通道换乘比较,后者的换乘距离较远,因此换乘时间也较长。为提高服务水平,缩短换乘时间,换乘通道长度不宜超过 100m。

站外换乘时,乘客换乘走行包括出站走行、站外走行和进站走行,换乘距离与换乘时间均是各种换乘方式中最长的。站外换乘,大多数情况是线网规划阶段没有考虑换乘问题。

没有站内换乘设施会给乘客带来极大不便,应尽量避免。

2. 换乘能力

换乘能力是指换乘设施在单位时间内能够通过的换乘客流量,换乘能力不足会产生客流拥挤、滞留,导致换乘时间延长和乘客抱怨,甚至还会引发不安全事件。

换乘能力的制约因素是站台、自动扶梯(楼梯)、通道与检票口等设施设备的能力,并且通常是受限于他们中能力最小的设施或设备。

在各站内换乘方式中,同站台换乘的能力最大,适用于优势方向换乘客流较大的情形。对同站台换乘而言,制约其换乘能力的主要因素是站台宽度与列车运行间隔,前者关系到站台的容量,后者关系到站台出清快慢。因此,站台加宽还应考虑列车运行间隔。

同站台换乘除前面已经提及的双岛式和单岛式外,还可考虑采用相邻两站均为单岛式的换乘方案,即两条线路平行运行一个区间(含两个车站),两个车站的站台均采用上下层结构,从而将换乘客流疏解到相邻的两个车站,如图 7-5 所示。该换乘方案的能力更大,适用于换乘客流量很大,并且各个换乘方向客流量比较接近的情形。

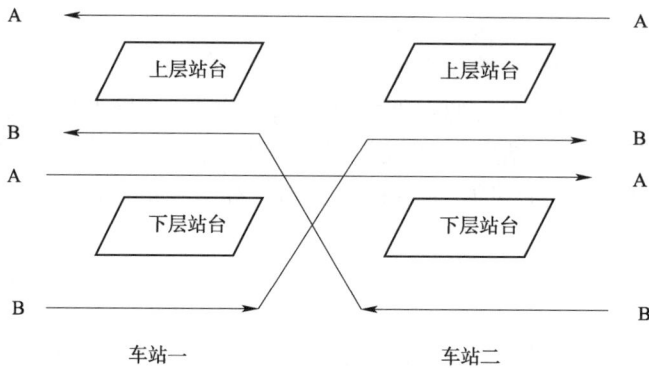

图 7-5　相邻两站上下层均为单岛式换乘示意图

在各站内换乘方式中,上下层站台换乘的能力最小。上下层站台换乘通过自动扶梯(楼梯)进行,换乘能力的瓶颈因素是自动扶梯(楼梯),而站台宽度、长度往往又限制了自动扶梯(楼梯)的数量与宽度。对各种上下层站台配置组合而言,交叉点越少(如十字交叉),换乘能力就越小,反之亦然。实践中,通过增加站台宽度来扩大交叉处面积,是提高上下层站台换乘能力的基本途径。

在平面换乘的情况下,通道换乘与站厅换乘的能力居中。通道宽度可根据换乘客流状况进行加宽,从而提高通道换乘的能力。在垂直换乘的情况下,自动扶梯(楼梯)的能力往往限制了通道换乘能力与站厅换乘能力的最终实现。此外,如果换乘过程中需要进出收费区,则检票口的能力也有可能成为限制因素。

总的来说,城市轨道交通换乘方式与线路走向、车站埋深、换乘客流量、地面环境、施工技术水平以及经济发展水平等因素密切相关。应在远期换乘客流量预测的基础上,因地制宜地选择能充分满足换乘需求且经济合理的方式。各种换乘方式的功能特点及优缺点如表 7-1所示。

各种换乘方式的比较                                    表 7-1

| 换 乘 方 式 | | | | 功 能 特 点 | 优 缺 点 |
|---|---|---|---|---|---|
| 站台直接换乘 | 同站台换乘 | | | 某些方向在同一站台平面内换乘,其他方向需通过通道、楼梯或站厅换乘 | 换乘直接、换乘量大,部分客流换乘距离较长 |
| | 上下层站台换乘 | 十字形 | 岛岛式 | 通过一次上下楼梯或自动扶梯,在站台与站台之间直接换乘 | 一点换乘,换乘量小 |
| | | | 岛侧式 | | 两点换乘,换乘量中 |
| | | | 侧侧式 | | 四点换乘,换乘量大 |
| | | T 形、L 形换乘 | | | 相对十字换乘,步行距离长 |
| 站厅换乘 | | | | 通过各线共用站厅换乘,或将各站厅相互连通进行换乘,乘客需各上下一次楼梯 | 客流组织简单,换乘速度快,引导标志设置十分重要 |
| 通道换乘 | | | | 通过专用的通道进行换乘 | 换乘间接,步行距离长,换乘能力有限,但布置灵活 |
| 站外换乘 | | | | 没有设置专用换乘设施,在付费区以外进行换乘,乘客需增加一次进出站手续 | 步行距离更长,各种客流混合,由线网规划的系统缺陷造成 |
| 组合式换乘 | | | | 同站台换乘、节点换乘、站厅换乘以及通道换乘中两种或两种以上方式的组合 | 保证所有方向的换乘得以实现 |

# 单元二 换乘方案选择

不同的换乘方式具有不同的功能特点,具有各自的优缺点,其使用的条件也不同。针对具体情况,采用合适的换乘方式能够极大地提高城市轨道交通的运输效率和服务水平,提高整个城市的功能水平和外在形象。

换乘方式的选择首先要定换乘点,再定线路与车站位置(包括车站形式),同时选择车站换乘方式,最终进行车站设计时,确定换乘结构形式。这就是三阶段,即规划、工程可行性研究、设计的实施程序。换乘方案选择时要以满足换乘客流需要为第一位,除应满足换乘时间短、换乘能力大等基本功能外,还应考虑客流组织、工程实施等因素。

## 一、客流组织

换乘站客流特性反映的是客流整体表现出来的特性,换乘站的客流,既有进出站客流,又有换乘客流。

客流组织往往是地铁运营的重点和难点,具有如下特性。

1.高集中性

换乘站除了具有普通车站的进出站客流外,还汇集有相交线路甚至全网多座车站之间的交换客流,由此造成换乘站客流集中,往往是普通车站客流量的数倍。

2. 多方向性和多路径性

由于进出站客流、换乘客流具有不同的出行目的、出行方向,即对应不同的出行路径,必然导致存在多股客流的交织,形成多个冲突点。适宜的换乘方式和合理的设施设备布局应有利于减少客流交织,同时需要加强信息引导。

3. 主导性

在换乘站的客流构成中,通常换乘客流占主导,而在某一时段的多种换乘方向中,同样存在主导换乘方向。因此,在车站设计和管理中应突出对主导客流的关注。

4. 方向不均衡性

同一时段、不同换乘方向的客流量会存在较大差异。例如,外围线路与城区线路相接的换乘站,早高峰以进城方向为主,两方向比例可高达几十比一;而在晚高峰则相反。这种方向的不均衡性会影响设施的利用率。因此,当采用通道换乘时,双向组织较单向组织更有利于均衡通道利用。相应地,岛式站台与侧式站台相比,其对客流的调解能力更强。

5. 时间不均衡性

高峰小时客流需求是影响换乘站的系统规模、设施设备能力等关键参数选取的主要依据,因此对高峰小时系数的准确把握十分重要。不同区域、不同功能类型的车站高峰小时系数不同,一般外围区高于中心区,通勤服务类型高于生活服务类型。

6. 短时冲击性

城市轨道交通客流的到达并非连续均衡,而是随列车的到达呈现脉冲式的分布规律,也就是在短时间内对换乘设施会产生冲击作用。这种冲击作用形成对换乘能力的最大考验。直接承受这种冲击作用的设施往往位于换乘设施的端部。由于短时冲击的存在,使得一批客流到达时,易在设施前形成拥堵和客流排队,当拥堵人数较多时,将会带来较大的安全隐患。

鉴于换乘站客流的特性,在进行换乘设计时,应注意通过调整设施布局、设置导向标志等措施,避免或减少换乘客流与进出站客流的交叉干扰。例如,采用上下层站台换乘时,除自动扶梯(楼梯)的高差应小些、通过能力配置应大些外,还应使换乘客流与出站客流的交叉干扰小些;采用通道换乘时,通道设计应考虑避免或减少双方向换乘客流的交叉干扰,以及换乘客流与进出站客流的交叉干扰。

## 二、工程实施

缩短换乘时间和提高换乘能力的要求,通常会使换乘设施复杂、施工难度增加。

同站台换乘时,两条线路在换乘站相邻区间平行交织。由于线路交叉,需要对线路的曲线、坡道进行特殊处理,工程量相应增加、施工比较复杂,因此需要在线网规划时就统筹考虑。在两线建设分期实施时,为降低施工难度,应将共用换乘站及相邻区间的预留工程处理好。上下层站台换乘,换乘设施布局紧凑,比较容易实现,对线路在区间的走向要求不高。

站厅换乘时,两条线路共用站厅收费区。由于上下层站台、自动扶梯(楼梯)布局不同,换乘设施设计有较多的变化。一般而言,工程量低于同站台换乘、高于通道换乘。在两线建设分期实施时,需要处理好工程预留接口。

通道换乘时,两条线路无法共用换乘站时采用,两线车站的相对位置有一定调整余地。

通道换乘布置灵活、施工方便,两线分期建设时,预留工程较少。

从降低施工难度、有利于分期建设考虑,一般应避免4条线路在一个换乘点交汇,同时应控制上下层次不超过2个站台层。对三线换乘站,应尽可能形成3个两两相交的换乘节点。

### 三、其他考虑因素

其他主要因素包括工程投资、施工技术水平、线形是否顺直、地下管线与障碍物、对道路交通影响、城市轨道交通与其他交通方式的换乘等。为保证换乘设计方案的实现,要求城市轨道交通线网规划保持稳定、严格控制换乘站周边规划用地。

换乘方案选择是一个多目标函数问题,需要综合考虑线路衔接方式、站位布置形式、站台形式及其组合、换乘时间、换乘能力、工程实施和投资费用等多方面因素。从换乘时间的角度考虑,同站台换乘和十字换乘的换乘时间比较短,但是否适用还需进一步分析。在换乘客流量不大或各个换乘方向的客流比较均衡时,采用同站台换乘并不是最理想的。由于受自动扶梯(楼梯)能力的限制,十字换乘难以适应换乘客流量较大的情形。而对通道换乘,虽然换乘走行距离较长,但如在通道内设置自动人行道则能缩短换乘时间,当然这会引起换乘相关费用的增加。因此,在工程实施具有可行性,其他条件不成为限制因素的前提下,应优先考虑换乘能力能够适应远期换乘客流需求、换乘时间与投资费用相对较少的换乘方案。

**案例导读**

## 北京市城市轨道交通换乘站分析

### 一、主要线路情况

北京地铁1号线为东西走向,大部分线路与地面的长安街重合。2号线是环线,线路图呈较规则的圆角矩形,线路东段、北段、西段的走向与北京二环路重叠,线路南段沿长椿街——前门——建国门行驶。4号线是北京市道路交通网络中一条贯穿市区南北的城市轨道交通主干线,沿途经过密集的居民生活区、繁华的商业区、有"中国硅谷"之称的高科技园区及秀丽的风景名胜区。5号线为南北走向,是贯穿北京市区南北方向的重要交通干线,连接丰台、东城、朝阳、昌平四个区,途径天坛、雍和宫等一批著名旅游景点和王府井、东单等繁华商业街。10号线是北京第二条地铁环线,具有连接中心城西北、东南方向的对角线功能,由西北至东南呈"L"形,北部线路位于三环和四环之间,东部线路与东三环重合。13号线全线沿京包铁路、北京铁路东北环线铺设,环北京市西北、北、东北部,呈"n"型。八通线是北京地铁1号线的东段延长线,全线均为地面或高架线路,主要线路沿京通快速路修建,将距离北京城市中心区相对较远的通州区和朝阳区联系起来。北京地铁8号线与地面的中轴线北延长线相重合。首都机场线是连接首都机场和市区的轨道交通线,线路途经东城、朝阳和顺义三个区,设东直门、三元桥、机场3号航站楼、2号航站楼四座车站,主要服务于航空旅客,是直接为机场服务的轨道交通线路。

北京市城市轨道交通换乘站换乘形式分类情况如下。

①T 字换乘,如复兴门站、北土城站。

②十字换乘,如惠新西街南口站、建国门站、宣武门站、海淀黄庄站、2 号线换 4 号线西直门站。

③L 字换乘,如雍和宫站。

④通道换乘,如西单站、西直门站、东直门站、崇文门站、东单站、国贸站、知春路站、芍药居站、立水桥站。

## 二、换乘站存在的问题

从北京市换乘站运营的实际状况看,主要表现为两大问题。

1. 换乘不便捷

换乘距离较长,是市民反映较多的问题之一。如现状的西直门站、复兴门站等,很大程度上降低了客流吸引力。究其原因:一方面是由于网络变化导致无预留工程或预留条件不足,后期不得不采用较长的换乘通道;另一方面,以往在车站方案设计或决策中过多考虑工程难度或工程造价等因素,而对换乘功能关注不足。

2. 车站能力不足

①运输能力不匹配。当换乘站处于相交线路的客流高断面时,线路富裕能力不足以满足换乘客流需求,导致乘客滞留于站台,带来较大的运营风险。

②设施规模偏低。城市处于快速发展时期,人口规模、岗位分布等众多客流预测的前提条件存在很大的不确定性;与此同时,对换乘系数、高峰小时系数等关键参数的把握也不到位,上述原因共同导致对换乘客流量估计不足。

③车站设计中对换乘客流分布规律的影响考虑不充分。当前车站设计思路更多考虑 1h 的通行能力,对客流分布特性分析不足,包括时间和方向的不均衡性、短时冲击性等,进而影响换乘形式的选择,在设施规模和疏散空间上设计余量不足。

三、北京市换乘站设计建议

①换乘形式选择和设施设计应充分考虑客流分布方向和时间不均衡性带来的影响。对于换乘客流规模较小的车站,通过设施尺寸取整、规模控制下限等方法,可以满足客流抗风险要求,但对于换乘规模较大的车站,必须通过超高峰小时系数校核将设施服务水平提高,即应以尖峰的 15 ~ 20min 为标准,满足乘客的疏散要求。

现阶段城市外围多采用高架侧式车站(外围具有明显的方向不均衡),而侧站台对客流方向的不均衡性调节能力较差,按照现行《地铁设计规范》(GB 50157—2013)计算出的侧站台宽度往往难以满足大客流的冲击。因此,新线设计中应对站台形式、站台规模等进行充分论证。

②应从交通功能优先、以人为本的视角,建立功能评价体系,对换乘距离、设施饱和度等指标进行约束,同时结合车站级别和乘客特点,体现差别化的设计标准。

近年来,在车站建筑评审中,更偏重于工程可行性、投资合理性和空间造型创新性,而对车站本身的核心功能——交通功能有所忽视。因此,有必要结合客流分布特性、乘客行为特点,建立客观、全面反映换乘站服务水平的功能评价体系,包括换乘安全性、便捷性、能力适应性和运能匹配性等。同时,也可以结合换乘站在网络中的功能定位、量级等不同,采用差别化标准,体现资源的优化配置。

③考虑运力不匹配导致乘客滞留、超高峰客流集中、客流预测风险性等不利因素,应适当提高车站设施规模和公共疏散空间的设计冗余度,并按照最不利的工况对车站规模进行校核。

④结合换乘客流特性(外来人口、残疾人等),提高换乘设施的服务标准,包括自动扶梯、自动步道的设置要求,并考虑故障维护对设施实际能力的影响,提高运营的抗风险能力。

换乘站客流量大,每人次减少一点"换乘损失",带来的社会总效益将非常明显。因此,有必要适当提高换乘站的设计标准,当换乘通道较长或爬升高度过大时,应增设自动步道或自动扶梯,同时应能满足紧急状态或机械故障情况下的客流疏散要求。

## 复习与思考

### 一、填空题

1.根据乘客换乘的客流组织方式,可将车站换乘方式分为 _____、_____、_____、_____、_____。

2._____是指换乘设施在单位时间内能够通过的换乘客流量。

3._____是指乘客由一个车站的站台通过楼梯或自动扶梯到达另一个车站的站厅或两站共用的站厅,再由这一站厅通到另一个车站的站台的换乘方式。

### 二、判断题

1.一般而言,各种换乘方式的换乘时间,按同站台换乘、上下层站台换乘、站厅换乘、通道换乘和站外换乘依次增加。 ( )

2.换乘通道长度,一般不宜超过100m。 ( )

3.站厅换乘布置较为灵活,对两线交角及车站位置有较大适应性,预留工程少,甚至可以不预留,容许预留线位置将来可以少许移动。 ( )

4.组合换乘给乘客的换乘带来很大不便,应尽量避免。 ( )

5.同站台换乘方式辅以站厅或通道换乘方式,可使所有的换乘方向都能换乘。 ( )

6.站厅换乘方式辅以通道换乘方式,可以减少预留的工程量。 ( )

7.换乘方案选择时要以满足换乘客流功能需要为第一位,除应满足换乘时间短、换乘能力大等基本功能外,还应考虑客流组织、工程实施等因素。 ( )

### 三、简答题

1.换乘方式有哪几种? 简述其特点。

2.站台直接换乘方式分为哪几类?

3.简述站外换乘的特点以及如何避免该种换乘方式的出现。

4.换乘方案选择考虑的因素有哪些?

# 模块八　城市轨道交通枢纽

## 学习目标

1. 掌握城市轨道交通枢纽的内涵。
2. 了解城市轨道交通规划的主要内容。
3. 了解城市轨道交通与对外交通方式及接运系统的衔接布局方法。

## 建议学时

4 学时

## 单元一　城市轨道交通枢纽概述

### 一、城市轨道交通枢纽内涵及系统特性

1. 城市轨道交通枢纽的内涵

城市轨道交通枢纽是城市综合客运交通体系的重要组成部分,是由城市轨道交通和其他若干种客运交通方式所联结的固定设备(固定位置或固定换乘设施)和活动设备组成的整体,共同完成旅客运输的中转和集散服务,它决定着城市轨道交通及与之相衔接的其他客运交通方式所共同组成的客运交通网络相邻路径的运输特点,是联结城市对外客运和市内客运、私人交通和公共交通以及公共交通内部转换的重要环节。它的基本内涵如下。

①拓扑形式。城市轨道交通枢纽是城市轨道交通运输网络上的一个节点,它连通着至少一条轨道交通线路和至少一种其他的客运交通方式,客流要以该节点作为到达地、始发地或中转地。节点的特性反映了城市轨道交通枢纽的交通功能。

②空间形式。城市轨道交通枢纽依附于城市某一土地开发区域(如城市中心区、商贸区、大型居住区、工业区、卫星城镇等),是一个设施集中,有着多样化的建筑和开放空间的区域场所。

## 知识拓展

### 城市轨道交通枢纽综合体建筑

在城市轨道交通的枢纽节点上(包括城市内部枢纽和城际交通枢纽),往往发生着密集的人员流动,随之产生庞大而又复杂的需求,如吃饭、住宿。这时,枢纽区域就会积聚大量的城市功能,其中突出的是服务、商业,甚至文化娱乐等功能。城市轨道交通枢纽综合体建筑

是围绕城市轨道交通枢纽建造的复合功能建筑。这种建筑,一般直接连接城市轨道交通站点,多数情况又同时连接公交枢纽,城市轨道交通枢纽综合体建筑体现了对交通资源(轨道、公交、汽车、自行车等)的综合利用和对其他功能(商业、办公、娱乐、餐饮等)的统筹布置,通过地上、地下、室内与室外空间的三维应用,整合建筑与城市空间。

**2.城市轨道交通枢纽的系统特性**

由系统科学理论可知,系统就是由两个或两个以上相互区别又相互联系的要素有机结合起来实现某一特定功能的综合整体。城市轨道交通枢纽是位于城市轨道交通线路与其他客运交通方式的交汇处,是实现城市客运过程所必需的各项设备的综合整体,完成居民出行中转和集散服务的功能。从系统和城市轨道交通枢纽的基本定义角度来看,城市轨道交通枢纽是一个由多个要素组成的完成特定功能的系统,它不仅具有系统的一般特征,同时还具有区别于其他系统的特性。

城市轨道交通枢纽的系统特性表现在以下几个方面。

(1)功能与目标的统一性

城市轨道交通枢纽由城市轨道交通和其他多种客运交通方式的多种运输设备组成,每种客运交通方式或客运设备在城市轨道交通枢纽中具有不尽相同的功能和作用,但作为一个整体,它们具有统一的功能和目标。城市轨道交通枢纽的基本功能是完成枢纽内乘客的中转换乘和集散,确保出行全过程的实现和连续性。

(2)构成和结构的复杂性

城市轨道交通枢纽连接着多种客运交通方式或多条城市轨道交通线路,每种客运交通方式或线路又由为实现其运输过程的多种运输设备按一定布局原则和技术要求统一配置而成。为实现各种客运交通方式或不同线路之间的相互协调,所有客运交通方式和线路的运输设备的布局与配置须统筹安排,由此构成了城市轨道交通枢纽结构的复杂性。城市轨道交通枢纽系统具有由多个多级子系统构成的多级递阶的复杂结构。

(3)城市轨道交通枢纽与其外部环境具有十分密切而复杂的联系

首先,城市轨道交通枢纽是城市轨道交通系统的子系统。而城市轨道交通属于城市公共交通范畴,因此城市轨道交通枢纽以城市轨道交通系统和城市公共交通系统为其外部环境。其次,就城市综合客运交通体系而言,它由线系统和点系统两个子系统群构成,城市轨道交通枢纽属于点系统,以城市综合客运交通体系为其外部环境。再次,就某个具体的城市轨道交通枢纽而言,它可能衔接了城市对外客运交通枢纽,又以城市对外客运交通系统及其枢纽为其外部环境。最后,城市轨道交通枢纽又是它所依托的城市用地区域系统的一个子系统,以城市区域的社会、经济系统为其外部环境。城市轨道交通枢纽与其外部环境的关系如图8-1所示。

(4)城市轨道交通枢纽的各个子系统发展不平衡性和技术差异性

由于枢纽内各种客运交通方式形成过程及发展不相同不平衡,各种客运交通方式运行过程和技术设备配置各有特点,决定了枢纽内各子系统之间存在一定的技术差异性。在具体的分析、规划和实施过程中应区别对待。

(5)城市轨道交通枢纽具有一定的自适应性和自组织性

当城市交通运输网络和城市社会经济系统等外部环境发生变化,需要改变和调整城市轨道交通枢纽的功能及目标时,城市轨道交通枢纽的自身结构及特征可进行相应的改变。如城市客运交通网络个别区段客流负荷过大,从而导致客流本身进行调整,自动寻找负荷较小的方向,保证客流向稳定状态过渡。

(6)城市轨道交通枢纽内各子系统间、要素间的相互协调具有非常重要的意义

综上所述,城市轨道交通枢纽本身是一个复杂的系统,具有诸多系统特性。在进行城市轨道交通枢纽规划与设计时,必须将其视作一个客观的系统的对象,结合其特性,运用系统分析的理论与方法进行研究。

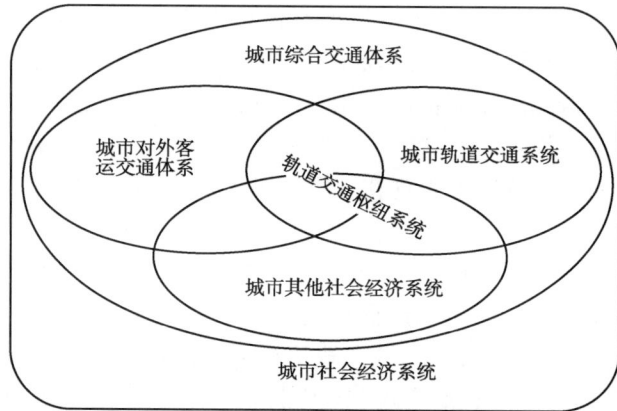

图 8-1　城市轨道交通枢纽与其外部环境的关系

## 二、城市轨道交通枢纽的作用和意义

换乘枢纽的建立,使乘客既能安全地换乘,又能迅速地出入车站;同时,又将车辆进出换乘枢纽对道路交通的影响降到最低限度。如果说公共交通在道路使用权上的优先是公共交通在"行"方面的优先,换乘枢纽则体现了公共交通在"停"和"换乘"方面的优先。

城市轨道交通枢纽集中了多种城市客运交通方式,它的基本功能是将一个或几个方向的客运交通方式的客流分送到另一个或另几个方向的客运交通方式,同时为枢纽所在区域的经济发展和居民工作生活提供运输服务,其作用和意义体现在以下几个方面。

(1)不同性质客流转换集散的场所

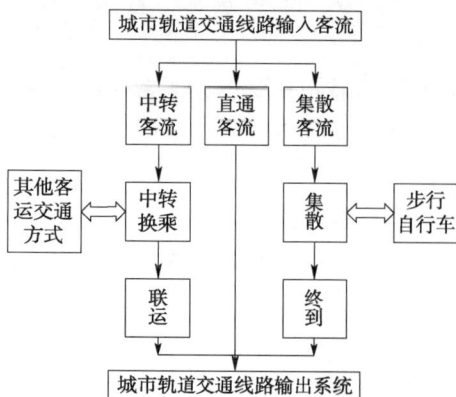

图 8-2　城市轨道交通枢纽内各种客流的转换方向

城市轨道交通枢纽是城市轨道交通与其他客运交通方式的汇集点,是大规模客流中转、换乘与集散的场所,是多种客运交通方式衔接和联运的基地。其布局决定了不同客运方式间联运转换点的分布,因此对大规模客流的运输路径、运输效率、转运速度有着决定性的影响,在城市居民生活工作出行全过程中起着重要作用。同时,城市轨道交通枢纽是城市公共交通在运营上最重要的依托点,它对周围地区产生强大的吸引力,必将吸引更多的客流,有利于城市轨道交通运输效益的发挥。城市轨道交通枢纽内各种客流的转换方向如图 8-2 所示。

（2）城市客运整体化的关键

整体化是城市客运交通的发展趋势。整体化的客运系统是一种多模式、多层次、主体化、综合性的城市公共客运交通系统，它主要由市郊铁路、地铁、轻轨、有轨电车、无轨电车、常规公交、出租汽车等组成。整体化的公交系统要想在运能上适应不同层次客运的需要，就必须以合理的城市轨道交通枢纽为中介，使高、中、低速，高、大、中、小运量交通方式在时空上互相搭配。整体化客运系统在运营上统一调度，运行时间上统一编排，衔接换乘效率高，也必须在城市轨道交通枢纽这个重要环节上才能得以完成。总之，各种交通方式衔接密切、换乘方便，是产生客运交通整体效应的前提条件，综合换乘是城市客运整体化的关键。

（3）城市公共交通优先发展战略的保障

公交优先的内容主要表现在交通工程、交通政策和经济政策三个方面。在交通工程方面，主要是为公共交通设计优先通行和换乘方便的相关道路设施。公共交通在道路使用权上的优先（如开辟公交专用道和公交专用路，在路口配以公交优先的信号系统）是公交在"行"方面的优先，而换乘枢纽则体现了公交在"停"和"换乘"方面的优先，只有确保城市轨道交通枢纽与周围线网衔接的顺畅性、舒适性才能提高整个公共交通系统的服务水平，真正实现公共交通优先发展战略。

（4）优化城市布局的重要途径

交通可达性是影响城市空间布局的重要因素。各种不同的交通方式，形成具有各自特点的区位可达性分布，对应着一定的空间分布形态。如果不同交通方式之间缺乏应有的衔接，各自区位可达性的简单叠合不仅不能提高，反而有可能因相互影响而降低。城市轨道交通速度快、运量大的特点能够显著提高沿线特别是车站附近用地的可达性，城市轨道交通枢纽通过协调城市轨道交通与其他各种客运方式之间的关系，可以使各种客运方式的区位可达性得以相互补充，使城市交通可达性普遍提高。同时，也可使各区位之间的交通可达性差异缩小，使人口分布趋于均衡，由此带动我国传统的核心城市的疏解，并且激活城市外围用地，促进土地的集约开发，诱导城市人口和就业的重新分布，促进城市空间形态的优化。

（5）控制居民出行时耗的重要手段

城市轨道交通速度快，能够缩短居民出行的在途时间，但是需要其他客运方式的衔接和接运。如果在城市中设置若干个接近区域开发中心的城市轨道交通换乘枢纽站，就可以成为最好的组织城市居民出行活动的地方。居民只要到达某几个换乘枢纽站后，就能通过换乘，利用城市轨道交通或其他的直达车方便地到达目的地，从而缩短乘客的出行时耗。这样，大城市的用地虽不断扩大，居民的出行时耗仍能被控制在许可的范围内。

（6）促进城市经济发展的重要因素

城市轨道交通枢纽站也是车流经过最频繁、人流活动最集中的地方，在其附近设置居住区、商业区或城市副中心，可促使该地区的房地产业大为增值，金融贸易得到快速发展。例如，随着上海地铁1号线的开通运行，1993—1994年间，梅垅、田林和康健地铁口附近房价涨幅在150%以上，远远超过上海市区的平均涨幅。

**知识拓展**

### 城市轨道交通枢纽设计的工作程序

城市轨道交通枢纽是城市道路网、城市轨道网以及常规公交网、交通控制与管理系统等多重网络系统重叠下,城市居民出行活动在土地使用上的集中体现。城市轨道交通枢纽规划是城市轨道交通线网规划中的一项内容,其主要工作程序如图 8-3 所示。

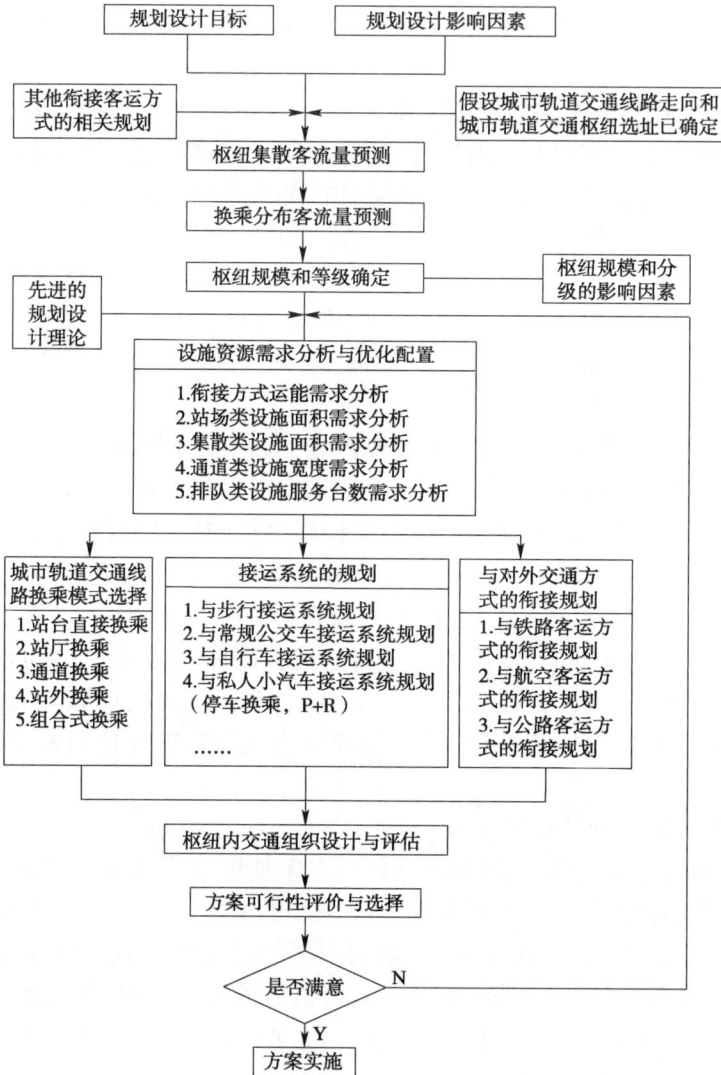

图 8-3 城市轨道交通枢纽规划设计的工作流程

## 单元二 城市轨道交通枢纽交通方式衔接

城市轨道交通枢纽集多种交通方式于一体,做好城市轨道交通与其他交通方式的良好衔接工作是构筑一体化的客运集散中心的关键。

## 一、城市轨道交通与对外交通方式的衔接

城市轨道交通与对外交通方式的衔接是指城市轨道交通与铁路、航空、公路等的换乘。城市轨道交通线路延伸至城市对外交通的车站或港区,城市轨道交通车站与铁路客运站、机场、长途汽车站、港口等形成换乘枢纽,充分发挥城市轨道交通的大运量、快速集散乘客的功能,完成接运换乘。城市轨道交通与对外交通的协调衔接对推进城市大公交一体化、发展综合交通运输、提高城市交通的整体效益以及各类客运方式之间的换乘效率和通达性、从根本上改善市区交通拥挤具有重要的现实意义。

1. 与铁路客运的衔接

城市轨道交通与铁路客运的衔接规划内容主要包括城市轨道交通线网与市郊铁路线的衔接以及城市轨道交通车站与铁路客运站的衔接布局等两部分内容。

(1)城市轨道交通线网与市郊铁路线的衔接

城市轨道交通与市郊铁路是两个不同层次的轨道交通系统,市郊铁路具有站距大、速度快、运量大的特点,是连接中心城市与卫星城或郊区重镇的地区性交通方式,是城市轨道交通的外延和补充。由于城市轨道交通和市郊铁路属于不同性质的轨道交通系统,他们的服务对象和区域都不同,所以在线网布置上要有所侧重。

城市轨道交通线网与市郊铁路线的衔接主要有以下两种方式。

①市郊铁路深入市区,在市区内形成贯通线向外辐射,在市区内设若干站点与城市轨道交通衔接,如巴黎 A、B、C 线等。

②利用原有铁路开行市郊列车,市郊列车一般不深入市区,起终点设在市区边缘,在起终点车站与城市轨道交通进行换乘衔接。我国大部分城市的市郊列车属于此种情形。

以上两种做法各有利弊,取决于城市的发展和经济实力。一般来说,第一种做法,对市区居民出行和换乘比较方便,但投资较大;第二种做法,完全利用既有铁路,投资小,但要处理好车站的衔接换乘关系。

(2)城市轨道交通车站与铁路客运站的衔接布局模式

地面铁路车站往往是一座城市的门户,它一般具有历史悠久、周围各种设施齐全、客流聚集量较大、进一步开发的空间有限等特点。

城市轨道交通与地面铁路衔接时,要充分考虑这一特点进行总体规划设计,一般有以下几种做法。

①在既有火车站站前广场地下单独建设城市轨道交通车站,利用出入口通道与铁路车站衔接。

这是国内普遍的一种做法。根据线路走向可分为两种形式:一种是城市轨道交通车站与地面铁路车站平行布置,如北京火车北站;另一种是两车站交叉布置,即城市轨道交通车站与地面铁路车站正交或斜交,线路穿越铁路站场。一般地说,前一种形式有利于与既有的火车站衔接,后一种形式为线路的延伸创造了更好的条件。以上两种形式的优点是利用了火车站站前广场空间,明挖施工时不造成大规模的拆迁和改造,相对施工难度较小,但要充分注意施工期对车站客流的影响,在客流聚集比较大、广场规模容量有限时,要考虑分流措

施。两种形式的客流换乘条件一般，规划设计时要尽可能使城市轨道交通车站及进出站通道靠近地面铁路出入口，有条件时应设独立通道进行换乘。

②在地面或高架修建城市轨道交通车站，进行客流的统一组织规划。

城市轨道交通车站设于地面或高架时，一般会对火车站周围环境造成比较大的影响，在既有铁路车站处设置时，不仅会带来较大的拆迁，其换乘客流也不宜组织，应慎重对待。在火车站周围单独修建城市轨道交通地面或高架车站时，必须考虑景观问题，通常的方法是将城市轨道交通车站置于地面铁路车站一侧或在广场前道路上与地面铁路车站平行布置，换乘客流一般通过地面或天桥疏散后进入地面铁路车站。

③在新建和改建的火车站中，将城市轨道交通车站一同考虑，形成综合性交通建筑，方便乘客换乘。

这种方法是一种最好的客流衔接换乘方法，目前在我国新建的铁路车站中已逐渐被采用。如北京西站，将整个地铁车站设于铁路站房下，与铁路站房进行合建，地下一层为综合换乘大厅，地面铁路客流可直接通过换乘大厅进入地铁车站，对乘客十分方便。在进行这种建筑规划设计时，最佳方式是实现两种交通方式在站台的直接换乘，但目前由于体制、票制等原因，还难以做到这一点。

城市轨道交通车站与铁路客运站的衔接主要有以下四种布局模式。

①在铁路客运站的站前广场地下单独修建城市轨道交通车站，站厅通道的出入口直接设置在站前广场，再通过站前广场与客运站衔接。这是目前国内最普遍的一种做法，如上海地铁2号线一期终点龙东路站（地下1层站台层、地面站厅），通过站前广场与浦东铁路客运站候车大厅进行换乘，如图8-4所示。

②城市轨道交通车站的出口通道直接通到客运站的站厅层，乘客出站后就能进入客运站的候车室或售票室。广州地铁1号线与广州东站的衔接采用这种模式。

③由城市轨道交通车站的站厅层直接引出通道至铁路客运站的站台下，并通过楼梯或自动扶梯与各站台相连，乘客可以通过此通道在城市轨道交通与铁路客运站之间直接换乘，只是换乘步行距离较长。如上海地铁1号线（地下两层）与铁路新客运站的衔接就采用此种模式，如图8-5所示。

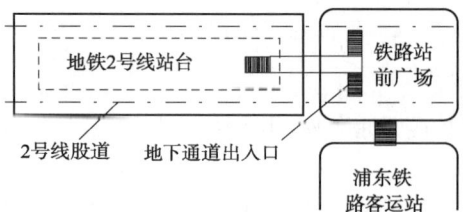

图 8-4　上海地铁 2 号线与浦东客运站衔接示意图　　　图 8-5　上海地铁 1 号线与新客运站衔接示意图

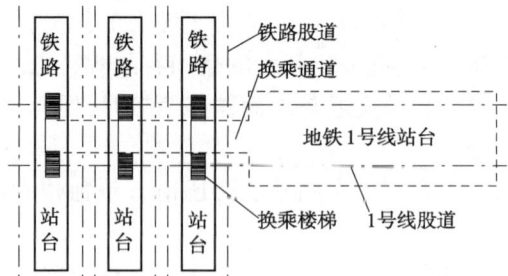

④城市轨道交通与铁路客运联合设站，对换乘乘客来说，这是最好的衔接布局模式。这种模式根据两者站台的设置方式又可分为两种情形：一种情形是两者的站台平行地设置在同一平面内，再通过设置在另一层的共用站厅或者连接两者站台的通道进行换乘；另一种情形是城市轨道交通车站直接修建在铁路客运站的站台或站房下，乘客通过城市轨道交通车

站的站厅就能在两者之间换乘,北京西站与城市轨道交通车站的衔接采用这种形式。联合设站的最佳衔接方式是实现两种客运方式同站台换乘,但需在管理体制、票制等方面做出很大的改进。

**2. 与航空客运的衔接**

由于使用航空客运方式的旅客对进出机场区的交通方式要求较高,大量以商务出行为目的的旅客更倾向于采用速度和自由度较高的交通工具,而较少考虑出行成本,通常主要以出租车和汽车接送。但随着机场区的综合开发和航空客运量的增大,这种衔接方式将有所改变,公共交通的衔接变得越来越重要,尤其是客运量大的机场,城市轨道交通已成为其主要衔接方式。

城市轨道交通与航空客运衔接规划的主要内容是城市轨道交通车站与航站楼的衔接布局。布局的首要原则是应尽量提高航空出行乘客的市内出行速度,减少两者衔接换乘的时间,保证整个出行过程的连续性。其布局模式主要有以下三种。

①城市轨道交通车站位于机场范围以外,在航站和车站之间提供固定的公交服务。如美国波士顿洛根国际机场,高速运输系统(MBTA)在机场外设站,由航站楼内公共汽车与之衔接。这种模式除非有非常好的连续性,否则难以产生足够的吸引力。

②城市轨道交通车站与机场航站楼接近,再通过专用换乘通道设施衔接。这种类型最为常见,如阿姆斯特丹的斯契福尔机场、日本大阪的关西机场。

③城市轨道交通车站直接与航站楼相结合,乘客通过设置在站台上的楼梯或自动扶梯就可进入航站楼。如美国亚特兰大国际机场的 MARTA 轻轨站,直接穿入航站楼建筑,使得旅客能够迅速接近机场服务。又如东京成田机场,京成线快速列车直接到达航站楼,并在航站楼地面层设置车站,从航站楼的一层出入口通过分布在多处的自动扶梯即可直达。在有足够的室内疏散空间的情况下,采取第三种模式最为有利。如果采用第二种模式,要为步行进出航站楼提供自动步道,保证整个过程的连续性。

**3. 与公路客运的衔接**

城市轨道交通与公路客运衔接规划的主要内容是城市轨道交通车站与公路客运站的衔接布局。相对于铁路客运站来说,公路客运站的集散客流量较小,疏散其集结的客流已不是城市轨道交通与公路客运衔接的主要功能,进行两者衔接布局的主要目的如下。

①通过两者的协调衔接实现城市与区域的便利连接,满足经济发展对公路运输的需求,提高公路客运出行乘客的整体出行速度。

②通过两者的协调衔接实现"截流",即将大量的外来交通流和过境交通流拦截在城市边缘区,减少外来交通对城市内部交通的干扰。

③通过两者的协调衔接并辅之以城市轨道交通与常规公交换乘的合理布局,替代公路客运站与市内出行目的地之间以常规公交线路的多重连接,解决由于常规公交线路重叠带来的公路客运站周边道路的交通拥挤问题。

城市轨道交通车站与公路客运站的衔接布局首先应保证两种客运方式之间换乘的通达性,避免城市轨道交通车站和公路客运站分位于城市快速路或主干路的两侧,否则必须为之设置跨主干路或快速路的专用换乘通道设施。其主要布局模式有以下三种。

①城市轨道交通车站与公路客运站之间有一定的距离,两者之间没有设置专用的换乘

设施,乘客利用城市中的一般步道设施和过街设施进行换乘。这种布局模式乘客换乘相当困难,尤其是城市轨道交通车站与公路客运站位于城市干道两侧时,换乘的通达性和安全性都很差。目前我国城市轨道交通车站与公路客运站的衔接大部分采用这种模式,如广州市地铁1号线坑口站与芳村客运站的衔接,两者虽然近在咫尺,但由于有花地大道的横隔,换乘却相当困难。

②城市轨道交通车站与公路客运站之间采用专用的换乘通道设施衔接。如广州市地铁1号线坑口站与芳村客运站的衔接改善方案就采用这种模式,一条跨过花地大道的人行天桥直接将城市轨道交通车站的出口和客运站的客流集散广场连接起来。

③城市轨道交通车站的出口通道直接通至客运站的客流集散广场、售票室、候车室或上车站台处,这是最佳的衔接布局模式。

## 二、城市轨道交通与其接运系统的衔接

城市轨道交通与接运系统的协调主要是以大运量的城市轨道交通为主体,以其他市内客运方式为其馈送和疏散客流。做好城市轨道交通与其接运系统的衔接工作,能保证现有城市轨道线路客流,充分发挥城市轨道交通的运输潜能。目前,与城市轨道交通接运的市内客运方式主要有步行、常规公交、自行车、小汽车等。

接运系统规划的主要目的有:提高城市轨道交通的可达性和服务面积,保证城市轨道线路的客流,充分发挥其运输潜能;促进城市其他客运方式与之配合,改善居民的出行条件和缩短居民的出行时间,提高城市公共交通的服务水平,提高城市综合客运系统的运输效率,改变目前城市轨道交通与其他客运方式间客流的恶性竞争,改进常规公交和城市轨道交通系统运营的财务状况。

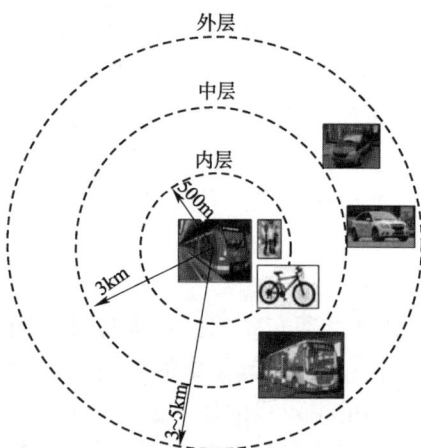

图 8-6　城市轨道交通与其接运交通方式的接运范围

城市轨道交通客流可分为直接吸引客流和间接吸引客流。直接吸引客流是指通过步行方式直接接运轨道城市交通的客流;间接吸引客流则指通过其他非步行交通方式与城市轨道交通换乘的客流。城市轨道交通与接运交通方式的衔接规划要在合理的接运吸引范围进行,不同接运方式的吸引范围不同,其中步行接运范围为500m,自行车接运范围为3km,公交车、出租车、小汽车接运范围超过3km,如图8-6所示。

1.城市轨道交通与步行交通的衔接

步行交通是城市轨道交通最主要的接运方式,只有通过步行的接驳,城市轨道交通这种定时定线定站点的公共客运系统才能完成乘客"门到门"的服务。两者衔接规划布局的内容主要包括城市轨道枢纽合理步行区内的人行步道系统、过街设施和人车分离设施的规划设计、导向指示标志设置以及步行线路组织设计等。城市轨道枢纽的建设会改变其合理步行区内的土地利用性质,大大提高其开发强度,特别是位于中心区的枢纽,周围云集了商业娱乐中心、写字楼等公共建筑。在这种开发强度高、人流量大的地域,应按照"以人为本"的基

本指导思想,建立以枢纽为中心,以独立人行步道为主干,具有良好导向标志的城市公共空间体系。这种城市公共空间体系意味着枢纽周围的人行设施不再仅仅是单一要素(如独立设置的过街天桥或地下通道)的布置,而是要构成彼此连续的线形关系,采取"并联"和"串联"的方法,把枢纽与周围的公共建筑紧密地结合起来,从而形成包容枢纽流动人群相关活动的便捷的、富有生气的立体空间网络,实现枢纽步行交通流的"不停顿流动"。同时,为了保证出行者的安全,枢纽周边行人过街横道线和中央安全岛、人车分离设施以及导向指示标志系统的设置也应纳入该公共空间体系的设计。

2.城市轨道交通与常规公交的衔接

常规公交具有较大的弹性,更改线路和站点比较容易,接运能力又相对于其他个体化的交通方式大,因此它是城市轨道交通最合适的接运方式。城市轨道交通与常规公交的衔接布局是指连接城市轨道车站的常规公交线网布局、车辆配备、运营组织以及车站附近常规公交换乘站场布局等。两者衔接的内涵主要体现在常规公交线网和换乘站场的布局模式方面。

(1)与常规公交线网的衔接

城市轨道交通线路与常规公交线网的关系应定位为主干与支流的关系。城市轨道交通以解决城市主要客流走廊、主要干道的中远距离客流为主,平均运距一般为 6～10km,这样可以发挥其大运量、快速、准时、舒适的系统特征。常规公交运能低,但机动灵活,是解决中、短途交通的主力,应更多地考虑其网络覆盖范围,为区内出行提供方便条件。协调地面公交与城市轨道交通方式的一般做法如下。

①在城市轨道交通沿线取消重合段长的地面常规公共交通线路,将其改设在城市轨道交通线服务半径以外的地区。

②将城市轨道交通线路两端的地面常规公共交通线路的终点尽可能地汇集在城市轨道交通终点,组成换乘站。

③改变地面常规公共交通线路,尽量做到与城市轨道交通车站交汇,以方便换乘。

④在局部客流大的城市轨道交通线的某一段上,保留一部分公共汽车线,起分流作用,但重叠长度不宜超过 4km。

⑤增设以城市轨道交通车站为起点的地面常规公交线路,以接运城市轨道交通乘客。

(2)与常规公交车站衔接布局

城市轨道交通车站与常规公交车站的衔接布局应遵循以下原则。

①当常规公交车辆从主要干道进出换乘枢纽时,应尽可能地提供公交优先通行的专用道、专用标志或专用信号相位,以减少其进出换乘站的时间延误。

②常规公交停靠站和站台的数量,应由接运的线路条数、车辆配备数量、换乘候车所需时间、车辆停靠所需空间决定,并应为将来线路发展留有余地。

③应尽可能采用地下通道或人行天桥连接城市轨道交通车站集散大厅和常规公交站台,使人流、车流在不同层面上流动,互不干扰。地道和天桥的布置应有利于换乘客流沿站台均匀分布并符合换乘客流强度要求。

④应有清晰的换乘线路信息、明确的流向组织、畅通的换乘通道以及必要数量的遮挡设施,且布置紧凑,尽量缩短换乘线路长度,以减少换乘步行时间。

城市轨道交通车站与公交场站有以下四种衔接模式。

①常规公交车辆直接在道路旁边停靠,利用地下通道与城市轨道交通车站站厅或站台直接相连,如图8-7所示。

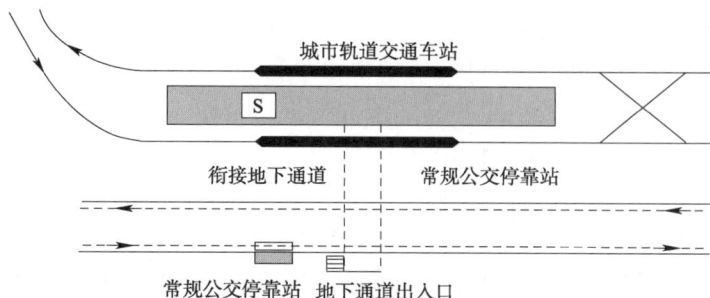

图8-7　常规公交场站衔接分散布局模式之一

②常规公交与城市轨道交通处于同一平面,常规公交停靠站和城市轨道车站的站台合用,并用地下通道联系两个侧式站台,如图8-8所示。该形式确保有一个方向换乘条件很好,而且步行距离很短。

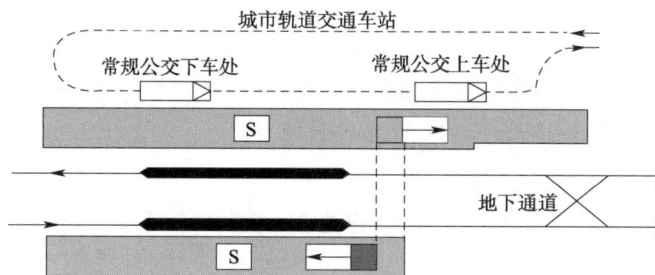

图8-8　常规公交场站衔接分散布局模式之二

③城市轨道交通与常规公交处于同一平面,通过某一路径,使常规公交车辆到达站和城市轨道交通出发站同处一侧站台,而常规公交车辆出发站与城市轨道交通到达站同处另一侧站台,如图8-9所示。该形式使城市轨道交通与常规公交共用站台,两个方向都有很好的换乘条件。

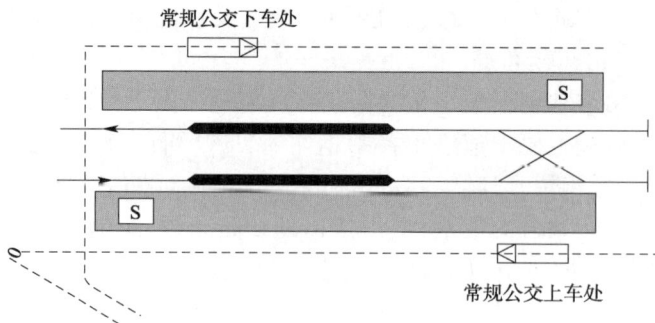

图8-9　常规公交场站衔接分散布局模式之三

④集中布局模式:在繁忙的城市轨道交通车站,衔接的公交线路较多,采用上述三种分散的沿线停靠模式会因停靠站空间不足而造成拥挤,同时给周边道路交通带来阻塞。为解决以上问题,可采用集中布局模式,如图8-10所示,形成路外有多个站台集中在一起的换

乘枢纽。为避免客流进出站对车流造成干扰,每个站台均以地下通道或人行天桥与城市轨道交通车站站厅相连。

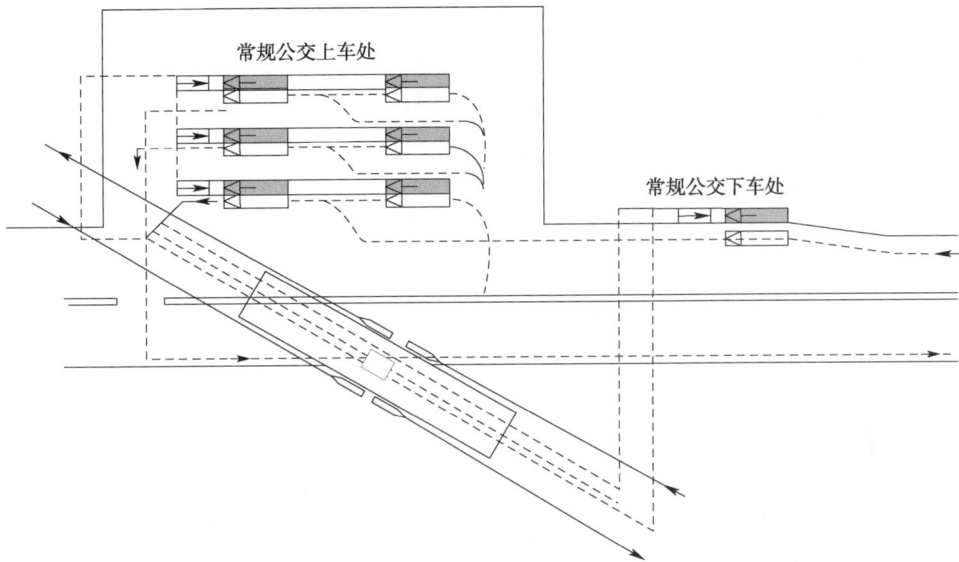

图 8-10　常规公交场站衔接集中布局模式

3. 与自行车的衔接

自行车与城市轨道交通衔接布局规划的主要内容包括自行车衔接停车场的规划布局以及城市轨道枢纽自行车合理交通区内行驶线路的组织设计。在进行自行车与城市轨道交通的衔接布局时应遵循以下原则:

①自行车的停车场地应结合车站出入口周围的用地和建筑物情况进行设置。该衔接换乘方式比较适合于城市外围区或居住区内的城市轨道枢纽,对于市区尤其是中心区的枢纽,由于路面空间和停放空间不足,不宜采用或者考虑利用地下空间设置停车场。

②采用该衔接换乘方式的枢纽,为了避免自行车的停放占用有限的城市道路空间和对行人交通、机动车交通产生影响,必须提供足够数量的自行车专用停车位。

③对于自行车换乘量较大的城市轨道枢纽应设置集中专用的路外停车场,且不宜相距太远,两者之间也应设有专用的衔接换乘通道。对于换乘量较小的枢纽可以采用分散停放的方式,但停放场地不宜过分地靠近车站集散大厅的出入口,以免自行车的停放影响乘客进出车站。

④停车场内必须设置必要数量的支架和遮挡设施,并安排专人管理,收费力求低廉或者免费。

⑤发挥自行车近距离出行的优势,控制或限制其远程出行的比例。在自行车合理交通区内组织好自行车的行驶路线,将它从主、次干道上分离出来,构成非机动车专用道系统,减少自行车对干道交通的影响,并为自行车出行乘客提供方便、安全、舒适的换乘环境。

对高架车站,可在高架结构下的地面层设置自行车停车点;对地下和地面车站,在出入口附近设置自行车停放场地。自行车停车点的规模取决于采用自行车方式换乘城市轨道交通的客流大小。

### 4. 私人小汽车的衔接

经济发展使得私人小汽车的保有量逐年增加,这就导致拥堵的市区更加拥堵。为减少私人汽车进入市中心,设置公共停车场、提供"停车 + 换乘"(Park and Ride,P + R)的服务十分必要。这种换乘方式在小汽车拥有率较高的国家非常普遍,即由居住点开车前往大容量城市轨道交通车站,再利用城市轨道交通前往目的地。为了满足停车换乘(开车接送)的需要,吸引居民出行由私人交通方式向公共交通方式的转变,有必要进行城市轨道交通停车换乘方式的衔接布局规划,其主要内容包括 P + R 停车场的规划布局与周边道路的交通组织规划设计,并必须遵循以下规划设计原则:

①城市轨道交通的停车换乘方式比较适合位于城市周边地区和高档居住小区的城市轨道枢纽;而位于中心城区的城市轨道枢纽,由于用地紧张,难以设置规模适量的停车场,加之车辆进出停车场会对本已拥挤不堪的道路交通带来更大的影响,因此建议不宜采用。

②采用停车换乘方式的城市轨道枢纽必须提供足够规模的停车设施,停车面积的大小必须满足停车换乘的需求量。

③停车设施应力求靠近城市轨道车站,并与车站集散大厅之间设置规模适合的专用衔接换乘通道,避免停车换乘乘客穿越城市道路以及与其他人流混杂,给换乘造成不便。

④应建立适合的停车场收费政策和管理措施,停车换乘收费力求低廉,并采取对高峰时间内进入中心区的车辆收取交通拥挤费等措施,均有利于鼓励和推行"停车 + 换乘"出行方式。

⑤为力求减少停车场的建造对周边用地和道路交通以及其他客运方式所造成的不良影响,必须进行车辆行驶线路的组织设计,并设置明确的行车线路指示标志。

⑥为方便车辆进出停车场,宜对周边道路的瓶颈路段和交叉口采取一些增容措施,减少乘客出行过程中的延误,缩短出行时间。

**案例导读**

# 某城市停车换乘枢纽运营方案

该城市停车换乘枢纽运营方案包括建设投资、运营管理与收费定价三个方面。

一、停车换乘枢纽建设投资

建设停车换乘枢纽所需的资金非常大,从英国温切斯特市的停车换乘停车场提案可知,一个能提供800个泊位的停车换乘项目在当地耗资约450万英镑,在国内目前实施的停车换乘设施投资建设的资金规模也非常大。所以停车换乘枢纽的建设投资模式呈多样化,但仍以政府投资为主。一般有以下三种投资模式。

①完全由政府投资建设停车换乘枢纽,大部分的停车换乘设施都是政府财政预算支持的。

②政府资金为主,市场化资金为辅,参与投资建设的公司拥有部分利润分成或享有优先权在停车换乘设施所属区域进行商业开发。

③完全市场化,可以积极探索 BOT 等投资模式建设停车换乘设施,投资建设停车换乘枢纽的公司能独家在停车换乘设施所属核心区域进行商业开发。

根据该城市的具体情况,可以考虑采用第三种 BOT 投资模式建设停车换乘设施,引入市场资金,实现停车换乘设施的良性可持续发展。

二、停车换乘枢纽运营管理

停车换乘的经营主体以往大多来自于公共交通运营公司,如轨道、地面公共交通或城铁公司,现在应逐步向私人资本或非国有运输类或相关企业放开市场。运营模式虽多样化,但均接受政府统一管理,一般有以下三种模式。

①政府投资建设的停车换乘停车场,由政府直属的国有公司统一管理运营。政府的行政行为通过企业化运作转换为市场行为,但一般均辅以财政性补贴运营或奖励优惠政策。由此衍生出管理承包和服务承包两种承包模式。管理承包即将停车换乘设施的整体职能移交给专业化的管理承包商,政府规范和监督承包合同的签订和执行。服务承包指将收费、洗车、维修等服务项目和专业服务类的非主营业务项目承包出去。

②由国有资产为主体的企业投资建设的停车换乘枢纽,政府赋予其特许经营权和开发经营政策,由企业独立运营,接受政府的监督管理,但政府负责协调各种公共交通方式的统一管理。

③由私人投资建设停车换乘枢纽,依据市场法规,自行经营,服从政府的统一管理。

该城市停车换乘枢纽的运营拟采用第三种方式。政府辅以政策优惠、税费减免、提高商用或住宅开发的土地容积率,减轻运营企业负担,提升停车换乘枢纽的活力。

三、停车换乘枢纽收费定价机制

该城市停车换乘枢纽收费定价主要考虑两方面的因素。一是停车换乘枢纽的收费应有利于减少出行成本和节省出行时间,以满足大多数中等收入阶层的停车换乘出行需求。二是停车换乘枢纽的收费应与中心城区的停车收费体系相衔接,出行者选择停车换乘设施很重要的原因就是停车换乘停车场的收费比中心城区便宜很多。为了增加停车换乘设施的吸引力,引导更多的小汽车出行者从经济的角度选择换乘城市轨道交通出行,大多数国家对于停车换乘设施都采取免费或低收费的优惠政策。一般有以下三类。

①停车免费,而换乘地铁或其他公共交通正常收费,如美国和英国。

②停车费用低廉或免费,换乘地铁或其他公共交通优惠。大多数国家鼓励使用一卡通等职能卡,以促使实现停车换乘公共交通工具的收费优惠或免费的政策,如新加坡。

③停车费用优惠,换乘地铁或其他公共交通免费,这种案例很少。

根据该城市小汽车出行者停车换乘选择行为分析的结果,该城市停车换乘枢纽的收费方式采用第二种,即停车费用低廉,换乘地铁或其他公共交通优惠的收费方式,在吸引大部分对出行成本敏感的小汽车通勤出行者的同时,尽量弥补运营公司的运营成本。

## 案例分析

## 北京南站换乘枢纽各交通方式的衔接布局具有何种优势?

北京南站换乘枢纽将公交、地铁、出租、小汽车等城市交通形式都整合进来,是一个集铁路、地铁和市政交通设施于一体的大型综合交通枢纽,在此旅客可以享受"零换乘"的便捷。北京南站建筑形态为椭圆形,车站主体为钢结构,如图8-11所示。北京南站交通系统总共5层,由地上两层、地下三层以及高架环形车道组成,如图8-12所示。建筑层次由上至下依次为:高架候车厅、站台轨道层、换乘大厅、地铁4号线和地铁14号线站台。站台位于地面层,高架候车层在地上二层。

图 8-11　北京南站景观图

图 8-12　北京南站建筑层次

北京南站北广场包括地上一层,地下两层。北广场的地上一层为公交车落客区。旅客下车后,可以直接进入北京南站的北入口。北广场地下二层则是北京南站的北出口,乘客出站后,乘坐自动扶梯到达北广场的地下一层,那里是公交车的接客区。乘客换乘公交的换乘距离短,即便是最外侧的公交车站台,距离北京南站的候车大厅也不超过200m。

北京南站地下一层为换乘大厅,地下二层是地铁4号线站厅,地下三层则是地铁14号线。地下一层换乘大厅与北广场地下二层直接相连,可以轻松实现地铁、铁路与公交的相互换乘。随着地铁4号线、14号线陆续投入运营,50%以上进出北京南站的旅客将选乘地铁,"零换乘"将大大减轻南站周边的地面交通压力。

北京南站东侧和马家堡东路连接,西侧与开阳路相连,南侧除原有的马家堡西路外,还增加万芳亭公园东侧路、马家堡路北段与京山铁路南侧路等道路与南三环相连;而北侧与南二环相连的道路,除开阳路和马家堡东路外,还新增北京南站幸福路、永外车站路。去往北京南站的乘客,可驾车由马家堡西路、南二环、南三环分别进入环形高架桥到达落客点,也可以经地下联络通道进入东西两侧的地下停车场落客,然后乘电梯上二层落客区候车。从南站出站的乘客,可以从环形高架桥绕行,通过马家堡西路、南二环和南三环进行分流。在地下停车场接完客的车辆,可沿地下通道进入马家堡西路、南二环和南三环。为避免交通拥堵,进出北京南站的高架线路都是单向行驶的,且每个路口都有明确的指示牌。车辆分层单向行驶,进出站旅客严格分流,不同交通方式有不同的进出站通道,这些措施可以保证北京南站交通枢纽不但能有效避免站内外车流人流交织,而且也可缓解大型火车站客流高峰期给市区交通造成拥堵的压力。

北京南站外部共设置了5处自行车停车场,乘客骑自行车沿周边路网到车站南、北广场自行车停车场后,可经人行步道到广场地面站台,换乘公交或进入站厅沿自动扶梯进入二层换乘火车或进入地下通道换乘地铁。出站时,地铁及火车乘客经地下通道分别进入车站南北广场、乘公交乘客在南北广场落客,经人行步道进入自行车停车场。

## 复习与思考

### 一、填空题

1. _____是城市轨道交通运输网络上的一个节点,它连通着至少一条城市轨道交通线路和至少一种其他客运交通方式

2. 城市轨道交通与对外交通方式的衔接是指城市轨道交通与_____、_____、_____等的换乘。

### 二、判断题

1. 城市轨道交通枢纽集多种交通方式于一体,做好城市轨道交通与其他交通方式的良好衔接工作是构筑一体化的客运集散中心的关键。　　　　　　　　　　　(　　)

2. 换乘枢纽体现了公共交通在"停"和"换乘"方面的优先。　　　　　(　　)

3. 城市轨道交通与铁路客运联合设站,对换乘乘客来说,是最好的衔接布局模式。
　　　　　　　　　　　　　　　　　　　　　　　　　　　　　(　　)

4. 步行交通是城市轨道交通最主要的接运方式。　　　　　　　　　(　　)

5. 减少私人汽车进入市中心,设置公共停车场、提供"停车+换乘"(Park and Ride,P+R)的服务十分必要。　　　　　　　　　　　　　　　　　　　　　(　　)

### 三、简答题

1. 分别从拓扑形式和空间形式阐述城市轨道交通换乘枢纽的内涵。
2. 城市轨道交通枢纽规划设计的影响因素有哪些?
3. 城市轨道交通车站与铁路客运站的衔接主要有哪四种布局模式?
4. 城市轨道交通停车换乘方式的衔接布局规划遵循的主要原则有哪些?

# 模块九 城市轨道交通车辆基地

**学习目标**

1. 掌握城市轨道交通车辆基地的组成部分及功能。
2. 掌握车辆运用整备工艺流程。
3. 掌握车辆检修工艺流程。

**建议学时**

10 学时

## 单元一 车辆基地组成及功能

车辆基地是城市轨道交通系统的重要组成部分,车辆基地是车辆停放及维修基地的简称,是城市轨道交通车辆停放、保养、修理的专门场所,使运行车辆保持良好的技术状态,确保行车安全,提高车辆的运行效率。

### 一、车辆基地的组成部分

车辆基地主要由车辆段、停车场(库)、综合维修中心、物资总库、培训中心和其他生产、生活、办公等配套设施组成,布局如图 9-1 所示。国内有些城市地铁,还将行车调度指挥中心、地铁公安分局或运营公司部分职能部室整合在车辆基地内。

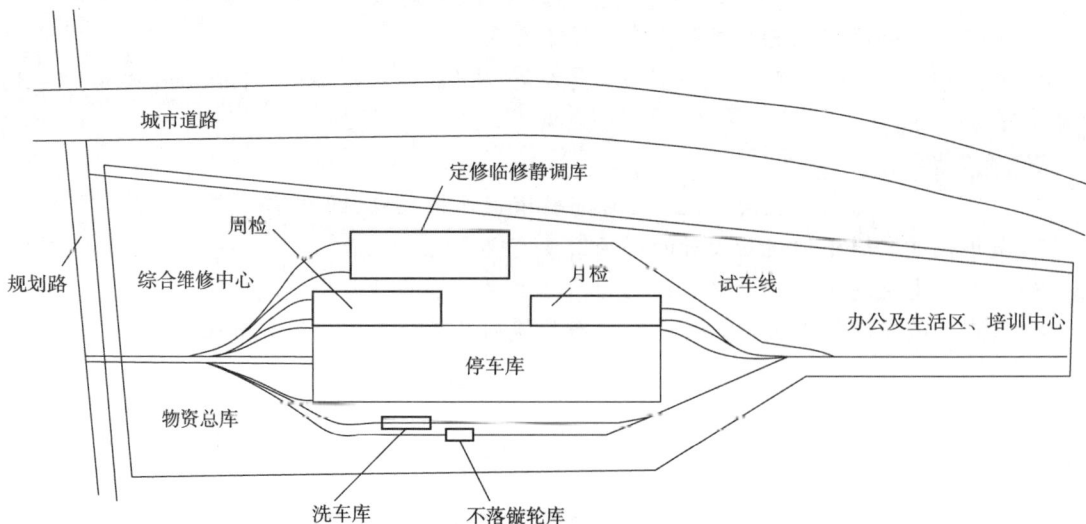

图 9-1 车辆基地布局

1. 车辆段与停车场(库)

车辆段是城市轨道交通系统中对车辆进行运用管理、停放及维修保养的场所,在此对地铁运营线路运用列车进行编组、停放、整备、列检和各种定期修理,使列车各种设备保持良好状态,保证行车安全。尽管"车辆段"的名称仍属外来语,但其在我国已沿用数十年,同时考虑到我国铁路系统也一直沿用,因此"车辆段"泛指城市轨道交通车辆检修设施和运用整备设施的总称,并按功能分别称为检修车辆段和运用停车场,如图9-2所示。

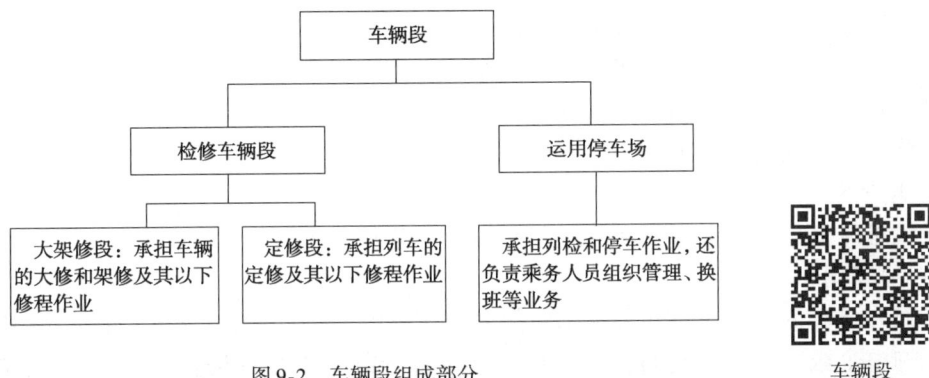

图9-2　车辆段组成部分

车辆段

为充分利用设备、便于管理、节约基建投资,通常将停车场和车辆段合并设置在一起,统称为车辆段。独立设置的停车场只是在线路太长、车辆段用地面积受限制或有运营的特殊需要等情况下才设置。为便于运营管理,独立设置的停车场应隶属于相关车辆段。

当一条线路长度超过22km时,车辆段至另一端的发车空行距离将增大,运营费用也将增加。这时可在线路一端设一个车辆段,另一端适当位置设一个停车场。停车场是一种简易的车辆段,通常又叫停放车辆段,它承担本线一部分车辆的技术检查、清扫洗刷、停放和运用管理。停车场(库)(独立设置的,下同)是车辆集中停放的场所,又是车辆编组、清扫、整备、维修和日常管理的场所。车辆段必须配备相应修程的各种检修设备和设施,包括检修库和各种检修线路、各种辅助生产车间和设备以及为车辆检修服务的各种设施,如试车线、镟轮线、给水设备、供电设备和污水处理设备等。停车场往往只配备停放车辆的股道和一般车辆维修整备设备,仅能完成车辆的运用管理、清洁整备、列车安全检查和月检等日常维修保养工作,还要设置管理人员、乘务员工作和活动休息的场所。简单的停车场也可不担负月检任务,其月检设施可设于相关车辆段内。车辆段和停车场的区别如下。

①作业范围不同。除运用管理外,车辆段必须完成车辆检修的相应修程,而停车场只承担日常维修、保养工作。

②设备和设施多少不同。除停车线路外,车辆段必须配备相应修程的各种检修设备和设施,而停车场往往只配备一般车辆维修整备设备。

③规模大小不同。车辆段设备和设施多,且与综合基地合建,占地面积大、规模大,而停车场相对规模较小。

④设置与否不同。一般每条线路必须设一个车辆段,而停车场只有运行线路较长时才设。

⑤隶属关系不同。车辆段是城市轨道交通的独立生产单位,而停车场隶属于相关的车辆段。

1)车辆段的业务范围

车辆段的业务范围如下。

①列车的运用及在段内的编组、调车、停放、日常检查、一般故障处理和清扫洗刷。

②车辆的技术检查、月修、定修、临修(临时性故障维修)和架修。

③运用线路列车的技术检查、一般故障处理和清扫。

④运营线路折返站乘务司机换班室的业务工作。

⑤段内设备和机具的维修工作及调车机车的日常维修工作。

⑥段内及车辆乘务人员的行政管理、技术管理及材料供应等工作。

⑦线路上的事故救援等工作。

2)车辆段的组成

车辆段总体上分为3个部分:咽喉部分、线路部分及车库部分。

(1)咽喉部分

咽喉部分是车辆段的线路部分及车库部分与正线的连接地段,有出入段线和很多道岔。它直接影响整个城市轨道交通的正常运行。咽喉部分既要注意保证行车安全、满足输送能力的需要,又要保证必要的平行作业,要尽量缩短咽喉区长度,以节省用地。

(2)线路部分

根据线路担负的任务不同,包括以下几大类:停放线路(停车线)、作业线路[列检作业线、月检作业线、定修线、临修线、(大)架修线]、辅助作业线路(外皮清洗线、吹扫线、油漆线、不落轮镟轮线)、试验线路(静态调试线、动态试车线)、辅助线路(调机停放线、牵出线、材料装卸线、回转线、铁路联络线、救援列车线)。

检修线、临修线

线路具体介绍如下:

①停车线。城市轨道交通系统不是全日运营,夜间列车需回段停放。

②列检作业线。用于车辆的日常检查。

③月检作业线。列车运行3个月,需要更换某些零部件,牵引制动系统也要进行检查调试,这些工作需在月检线上进行,每条线都设检查坑,线间距为6.0m。当库形为尽端式时,月检线应按一列位设置;当库形为贯通式时,月检线可按两列位设置。

④定修线。列车运行15万km或1.25年后要架车进行局部分解,对一些关键部件进行检测、修理。

⑤架修线。列车运行60万km后,在架修线上进行架车解体,根据检修工作量确定线路数,线间距为7.5m。线路长度不宜采用多列位设置,一般采用一列位形式,甚至可采用半列位(或一个单元)方案。

⑥外皮清洗线。为保持运用列车的清洁,须设置列车外皮清洗线。外皮清洗线有尽端式和贯通式两种布置形式,以贯通式布置方式使用最为方便,但占地过长。设计中采用固定式自动洗车机的清洗线要求满足清洗库前后各一列位长度,且库两端应至少有一辆车长度的直线段,清洗作业时不得影响其他列车的正常作业和运行。一般情况下,列车外皮清洗线

单独设置,不宜与车辆段出入线共用。

⑦不落轮镟轮线。不落轮线是保证城市轨道交通车辆安全运行,提高车辆运行效率的重要设备,对于列车运行过程中因摩擦产生的擦伤、偏磨等不良故障,可以在列车不解体的情况下进行全镟轮作业,从而保障列车的安全运行。不落轮线的长度应满足不落轮镟库前后各有一列位长度要求。避免影响其他列车的正常作业和运行。作业区段应为平直线路,以保证镟轮精度。

⑧牵出线。用于车辆段内调车作业,根据段内车库位置设 1~2 条。线路长度至少应满足一列位长度,并设置在方便调车作业、能与车辆段内各线路连通的位置。

⑨试车线。列车经定修、架修或大修后,要求在线路上进行动态试验,检验列车维修后不同速度下的各种工况指标。试车线一般靠近检修库,便于列车上线试验。试车线长度应根据车辆性能和技术参数以及试车综合作业要求计算确定。试车线应为平直线路,困难条件下允许在线路端部设部分曲线,其线路应满足列车试验速度的要求;试车线的其他技术标准宜与正线标准一致。

⑩回转线。列车长期运行,会产生轮缘偏磨。在有条件的情况下,可在车辆段内设置回转线。利用列车在车辆段停留时间上线运行,以平衡轮对偏磨情况。回转线可根据车辆段的地形和布置特点,采用灯泡线或三角线,也可根据车辆段出入线的布置情况,采用外八字形布置方式。

⑪铁路联络线。在有条件的情况下,车辆段内要求设置与铁路相连的联络线,以沟通城市轨道交通系统与铁路的联系,解决城市轨道交通系统材料、大型设备的运输以及新车入段的问题。

⑫调机停放线。用于停放和检修段内配属调车机车,可根据配属的数量设置 1~2 条线路。

⑬救援列车停放线。用于停放救援列车,在城市轨道交通系统发生事故或灾害时进行抢救。一般设在咽喉区附近,并有适当的场地。

⑭底架清(吹)扫线。为进行列车定修及架修(或大修)作业,需设置底架清(吹)扫线,对运行后的列车底架和车下设备进行清洁,以便列车解体和检修作业。线路作业长度按一列位长度设计,数量则根据检修工作量确定。为了不影响周围环境,吹扫线应尽量设在车辆段的下风方向。

⑮油漆线。列车大修、架修作业后一般应对车体重新喷漆,线路长度可按列位或单元长度设计,数量则根据检修工作量确定,油漆线应设在下风方向。

⑯材料装卸线。车辆段设置材料库,存放供全段使用的原材料、备品、备件、工器具等,故应设计材料装卸线引入材料库区,便于外购设备、材料、备品备件的运输。

⑰静态调试线。静调作业在专门的静调库或静调线内进行,主要对列车重要部件进行低压通电检查,对车门、空调及列车控制等系统功能进行调试,对各电器部件动作是否符合技术要求进行测试。

⑱动态试车线。主要是在试车线上对整列车的运行性能、状态及车载通信信号设备进行检测、试验。

(3)车库部分

车库部分有停车库、检修库,如图 9-3 所示。

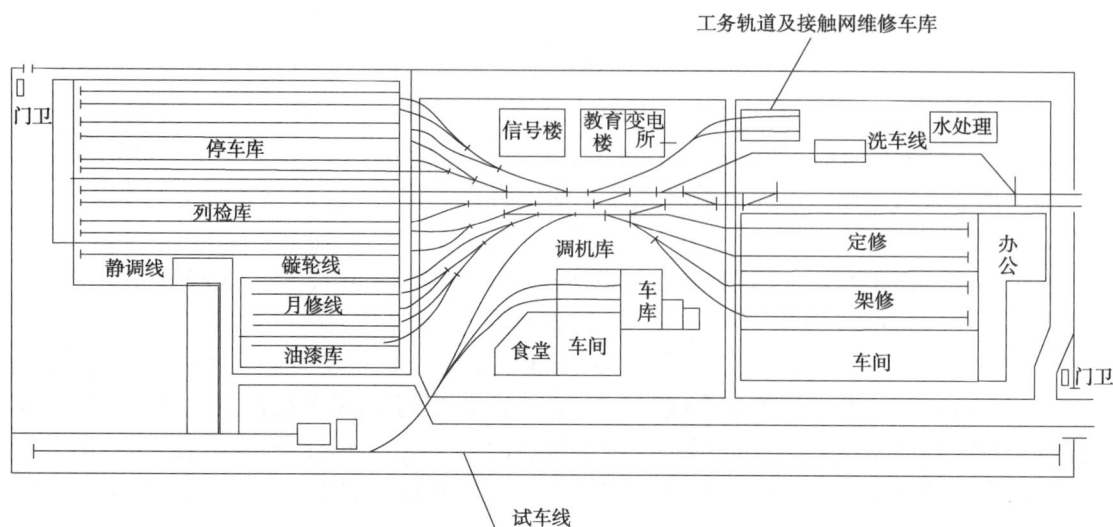

图 9-3　车辆段车库及线路

①停车库。主要用于夜间收车后车辆集中停放,以及停放备用车辆。除了停放车辆外,它还是日常检修保养的场所,用于车辆编组、清扫、整备、维修和日常管理,所以应设有检查坑。停车库不仅要有足够的轨道停车位,同时还要配置管理人员、乘务员工作和活动休息的场所。

②检修库。根据其性质包括:列检库、双月检库、定修库、架修库、大修库等。列检库完成列检作业,也可在停车库列检线完成。双月检库完成列车双月检作业。定修库完成列车定修作业。架修库完成列车架修作业。大修库完成列车大修作业。按车辆检修修程、检修内容、车辆数,设定各检修库的线路、设备容量及人员等。检修车辆停放于检修库内。

2. 综合维修中心

综合维修中心(简称维修中心)是指城市轨道交通系统中各种设备和设施的维修管理单位。它的业务范围较广,涉及城市轨道交通线路、路基、轨道、桥梁、涵洞、隧道和房屋建筑等设施的维护与保养,以及供电、通信、信号、机电设备和自动化设备的维修保养与故障修理工作。目前,国内各城市地铁公司把维修单独成立一个分公司或部门,如北京地铁运营有限公司下设机电分公司、供电分公司、通号分公司及线路分公司等。

(1)组成部分

综合维修中心主要由工建车间、机电车间、供电车间、通信信号车间和自动化车间等组成。

①工建车间承担全线轨道、桥梁、路基、隧道、车站建筑、所有地铁地面建筑等建筑物、构筑物的检查、维修、保养工作。

②供电车间承担全线变电所设备、接触网和高中压电缆线路及相关设备、电力监控设备、全线杂散电流防护设备的运营管理、巡检、维护保养、检修工作。

③通信信号车间承担全线通信信号系统、列车上通信广播设备和信号设备的运营管理、巡检、维护保养、检修工作。

④机电车间承担全线各种机电系统及设备,包括环控系统空调设备、给排水系统(水泵、

电机)、屏蔽门、防淹门、自动门、电梯及自动扶梯、各种小型运输车辆、低压电气设备及线路等的运营管理、巡检、维护保养、检修工作。

⑤自动化车间承担全线各自动化系统及通用办公计算机系统的测试、维修保养工作,其中自动化系统包括自动售检票系统(AFC)、车站设备监控系统(BAS)、防灾报警系统(FAS)、门禁及综合监控系统。

(2)主要工艺设备

综合维修中心主要工艺设备有:接触网作业车(检修车、架线车、放线车)、接触网检测车、钢轨打磨车、钢轨探伤车、轨道平板(吊)车、钢轨机械、道床机械、工务仪器及探伤设备等,如图9-4~图9-7所示。

图9-4　接触网作业车

图9-5　钢轨打磨车

图9-6　钢轨探伤车

图9-7　轨道平板车

### 3.物资总库

物资总库承担本线范围内运营和检修所需的各种材料、配件、设备和机具、备品备件、劳保用品,以及其他非生产性固定资产等的采购、存放、发放和管理工作。在工程建设期间可作为工程材料、设备的临时存放地。

(1)物资总库组成部分

物资总库由机电库、特殊配件库、材料库、易燃品库、卸料线及堆场等组成。物资总库的规模应根据运营线路中的设备和材料种类、数量确定。存放量小时,也可将机电库、特殊配件库、材料库合并布置,形成综合材料库,有条件时可采用自动化立体仓库。易燃品库用于存放氧气、乙炔、氢气、油脂等化学物品,应单独设置并分成隔间。材料库的布置宜邻近卸料线和堆场。

(2)物资总库的主要设施设备

物资总库的主要设施是各种库房、料棚和材料装卸线站,主要设备有起重运输设备、自动化立体仓储设备和普通可调式工业货架等,其中起重运输设备已归入车辆段主要工艺设备中。

4.培训中心

地铁培训中心是对地铁员工进行技术教育的重要基地。地铁系统是一个多专业的综合性交通系统,它不仅技术复杂,且发展很快,必须对所有职工进行定期的技术培训,不断提高全员的业务水平,以保证地铁系统正常运营。培训中心设有教室以及各种试验室、微机室、模型室、图书室、教职工办公用房等。培训中心主要设备包含计算机设备、电教设备和各种教具模型挂图。

## 二、城市轨道交通车辆基地的功能

根据运营和使用要求,城市轨道交通车辆基地应满足以下基本功能。

1.车辆停放及日常保养功能

主要完成城市轨道交通车辆的停放和管理,司乘人员每日出勤、退勤前的技术交接,对运用车辆的日常维修保养及一般性临时故障的处理,车辆内部的清扫、外部洗刷及定期消毒等。

2.车辆检修功能

依据城市轨道交通车辆的检修周期,定期完成对城市轨道交通车辆的各级计划性修理。目前,国内普遍采用的检修制度为四级修理制,即月检、定修、架修和厂修。

3.列车救援功能

列车运行发生事故(如脱轨、颠覆)或电网中断供电等,能迅速出动救援设备起复车辆,或将列车迅速牵引至临近车站或车辆基地,并排除线路故障,恢复行车秩序。

4.设备维修功能

主要包括对供电、环控、通信、信号、防灾报警、综合监控等机电设备和轨道、车站等建筑设施进行维护、保养和检修等。

5.物资、设备的采购、储存、供应功能

负责地铁系统在运营和检修过程中,所需各种材料、设备器材、备品备件、劳保用品以及其他物资的采购、储存、保管和供应工作。

6.技术培训功能

对城市轨道交通系统的技术干部和生产人员进行技术培训。

## 单元二 车辆运用整备工艺及设施

车辆运用生产组织部门一般设在车辆段或停车场内,这样有利于车辆合理使用及人员调配。

### 一、车辆运用整备工艺流程

城市轨道交通系统是一个复杂的、技术密集的公共交通系统,它具有高度集中和各个环节紧密联系、协调动作的特点。而车辆运用组织系统又是这个大系统中重要的组成部分之一,它在上级运营指挥部门的统一指挥下,按运行图制订的行车计划完成日常的车辆运用工作,其工作范围包括:列车检修停放计划管理,列车行车计划的编排,按运行图要求配置列车及乘务人员;按运行图完成正线列车的运营工作,进行车辆的清洗、保洁,配合维修人员进行列车的保养、维修、调试等工作,对车辆乘务人员及站场行车人员进行行政管理、技术管理及材料供应和正线事故救援工作。车辆运用整备(整理准备、整顿配备)工艺流程如图 9-8所示。

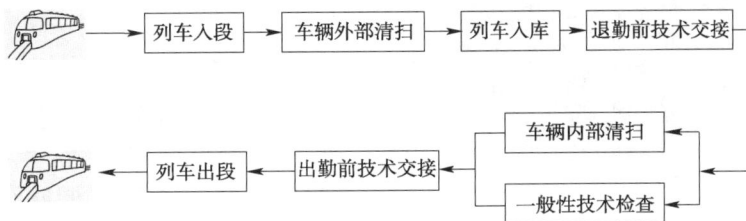

图 9-8　车辆运用整备工艺流程

## 二、车辆运用整备设施

车辆基地车辆运用设施包括停车库、列检库、洗车库及相应线路,如停车线、列检线、洗车线等设施,并根据生产需要配备相应的辅助生产房屋,车辆通过这些设施完成日常的运用整备作业。

1. 停车列检库

列检,也称日检,指每天的日常检查,主要对与车辆行车安全相关的部件(如轮对、弹簧、转向架、受流器、车钩及缓冲装置、制动装置、车门、风动开关装置、蓄电池、车体、车灯等)进行外观检查、故障修理。一般安排在列车运营结束回库以后、第二天运营出库之前,不需要另外安排停留时间。

为了方便列检作业,停车列检库中可设置坑道式或立柱式检修线,如图 9-9、图 9-10 所示。检修人员可以很方便地对车辆进行日常检查和保养。列检列位应设柱式检查坑,检查坑深 1.4~1.5m,宽 1.2m,两端设台阶,其长度根据列车长度确定。

图 9-9　坑道式检修线

图 9-10　立柱式检修线

### 2. 洗车库

目前,国内车辆段和停车场一般都设置机械式洗车设备,包括洗车机、洗车线和洗车库。有的车辆基地的车辆清洗又分为日洗和周洗两种,因此相应也要设置日洗线和周洗线。有的停车库由于场地限制,一般停车线上前后停放两列车时,停车库的线路要安排成贯通式,即停车库线路两端都与运行正线贯通,以利于停车库内列车能灵活进出库。

图 9-11 城市轨道交通车辆洗车线

洗车线(如图 9-11 所示)宜与入段线平行,方便车辆入段后直接洗刷,然后直接进入停车列检库。当地形限制时,洗车线也可尽端式布置于停车列检库的入段线侧,当洗车线尽端式布置时,也可将洗车线与不落轮镟轮线并列设置,洗车库与不落轮镟轮库合并,减少占地面积。洗车库两端的线路长度应各满足一列车的长度需要。

完整的洗车程序包括 7 个工位:预湿、预冷(热)工位,头、尾部刷洗工位,车体侧面初刷洗工位,侧面次刷洗工位,初冲洗工位,侧面精刷洗工位,终冲洗工位。采用通过式洗车工艺,可以满足车体两侧以及端部的清洗。对于接触轨受电方式的车辆,洗车机还应具有清洗顶部的功能。

列车清洗工作的一般规定如下。

①列车清洗工作由运转值班室指派专人负责,洗车负责人根据列车清洗需要制订列车清洗计划,列车清洗计划制订完成后,由运转值班员及时下达给信号楼行车值班员、司机、调车员及其他相关人员执行。

②列车清洗工作包括客室内部清洁、清扫,车身清洗/机洗作业。

③清洗工作安排在清扫线进行。清洗时需断电,由清洗工作部门至运转值班室办理断电手续。断电后的防护工作由负责清洗工作部门指派专人负责。

④列车机洗作业时,由运转值班员及时派出当值司机调车,司机动车时应确认地面调车信号机的进行信号,清洗时按相应设备操作办法执行。

### 3. 辅助生产用房

停车列检库应根据列车日常运用、整备和列检作业的需要,配备运转值班、司机出乘、运行管理(含会议、办公、储藏、值班)、日检班组、保安值班、客室清扫、消毒、车辆车载设备检测、工具存放、售后服务部、备品储存和工作人员更衣休息等生产、办公、生活用房。上述用房宜设置于车库的侧跨内或邻近地点,司机公寓宜靠近停车列检库设置。

# 单元三 车辆检修工艺及设施

车辆经过一段时间运用后,各构件会产生磨耗、松动、变形或损坏,为了保证车辆安全地运行、车辆技术状态良好、延长使用寿命,除了车辆乘务员加强日常检查和保养维护外,还需要定期进行各种修程的检修。

## 一、车辆修程

城市轨道交通车辆采用定期预防性维修,修程及其检修周期的依据是车辆及其设备、零部件产生磨损和发生故障的规律。产生磨损和发生故障的规律又和车辆的技术水平、运行条件、检修技术密切相关。

车辆检修宜采用日常维修和定期检修相结合的检修制度,积极推行换件修。车辆检修修程和检修周期应根据车辆技术条件和质量,并综合考虑既有车辆基地的检修经验制定。新建城市轨道交通工程的车辆检修修程和检修周期应符合表 9-1 的规定。

各修程检修周期及检修时间　　　　　　　　　　表 9-1

| 检修种类 | 定 期 检 修 | | | 日 常 维 修 | | |
|---|---|---|---|---|---|---|
| | 大修 | 架修 | 定修 | 月检 | 周检 | 例检 |
| 走行里程（万 km） | 120 | 60 | 15 | 3 | 0.5 | — |
| 时间间隔 | 10 年 | 5 年 | 1.25 年 | 3 月 | 0.5 月 | 每天或两天 |
| 检修时间（天） | 35 | 20 | 7 | 2 | 0.5 | — |

注:数据来源于《地铁设计规范》(GB 50157—2013)。

各种修程的主要检修内容和范围如下。

(1)例检

例检是对主要部件做外观检查,检查制动系统、风动门系统和车载信号系统功能是否完好。

(2)周检

周检是对主要部件做外观检查,检查蓄电池液面、牵引电机换向器和碳刷、轮对制动闸瓦等。

(3)月检

月检是对车辆外观和一般功能进行检查,即对车辆主要部件的技术状态进行外观检查和必要试验,对危及行车安全的故障进行全面修理。

(4)定修

定修主要是预防性的修理,需要架车。对各大部件的技术状态和作用做较仔细检查,对检查发现的故障进行针对性修理,对车上的仪器和仪表进行校验,车辆组装后要经过静调和试车。

(5)架修

架修的主要目标是检测和修理大型部件(如走行部、牵引电动机、传动装置等),同时,经架车,对车辆各部件进行解体和全面检查、修理、试验,对计量的仪器、仪表进行校验,车体要重新油漆标记,组装后进行静调和试车。

（6）大修（也称厂修）

厂修是进行全面恢复性修理。要求对车辆全面解体、检查、整形、修理和试验，完全恢复其功能。组装后要重新油漆、标记、静调和试车。大修后的车辆基本上要达到新车出厂水平。

## 二、车辆检修工艺流程

检修工艺是保证检修质量，提高检修效率的手段，车辆段必须制定和完善各种检修工艺，检修工艺如图9-12所示。检修工艺应力求简明实用、通俗易懂，操作简便、安全。检修工艺一般应包括适用的质量标准，解体、检查、修理、组装、试验的操作程序和基本方法，以及所需的专用工具、量具、设备和材料等。

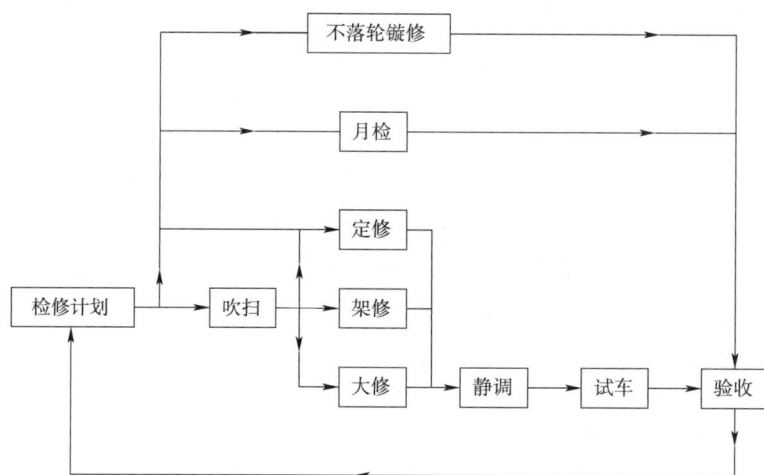

图9-12　车辆检修工艺流程

检修作业工艺流程如下。

（1）大修、架修工艺流程

车辆吹扫、冲洗→车辆由内燃机车推送入库解列→车辆预检→车辆架车→局部分解→落转向架→车辆全部（或局部）解体→各零部件送检修间分解、检查、修理、更换、组装、试验→车体全面检查、除锈、刷漆、整修→各零件组装→落车调整→喷漆→单元/连挂静调→试车线动调→交验→出库。

（2）定修工艺流程

车辆吹扫、冲洗→车辆由调机推送入库→车辆预检交接→车辆架车局部解体→全面检查、测试→蓄电池检修充电→组装测试→落车调整→送不落轮镟库镟轮→送调试库单元/连挂静调→试车线动调→交验→出库。

（3）月检工艺流程

列车整列入库→测试→全面技术检查→更换易损件→补充电或更换蓄电池→交验→出库。

（4）车辆镟轮工艺流程

待镟轮列车由调机送入镟轮线→牵引装置与列车连挂→车辆由牵引装置牵引轮对定位→轮对检测进行定位测量和磨耗测量→轮对镟修→轮对加工精度检测→其他轮对镟修→全部轮对镟修完成验交→列车由调机牵引出库。

### 三、检修的主要设施

为了实现车辆检修工艺要求，根据车辆段所承担的任务范围，段内宜配套建设大架修库、定临修库、静调库、吹扫库、喷漆库、部件检修试验间以及相应的线路（定修线、架修线、临修线、静调线、试车线等）等。

（1）大架修库

大架修库负责车辆大修、架修作业中的架车、部件解体、解钩、车体修整（铝合金模块化车体）、部件组装、落车等检修作业。

大架修作业中，车体与走行部分分解的常用方法有架车体与吊车体两种。吊车体方式中，库内设置专门的解体组装线，由大吨位桥式起重机配套库线上的检查地沟，实现走行部与车体间的分解与移位。通过库内设置地下同步架车机（图9-13）完成走行部分与车体的分解，通过室内移车台将车体移位。库内配备移动式升降平台等设备，方便检修人员上下车辆，以及车底电气箱柜的拆装作业。根据需要在库内敷设压缩空气管道、交直流电力插座（或配电箱）及低压照明插座等。

图9-13　移动式架车机

（2）定临修库

一般将定修作业与临修作业合库布置，形成定临修库。定修作业量较小时，也可将静调与定临修合库设置。

（3）喷漆库

喷漆库宜独立布置或设于基地的边侧。库内设置静电喷漆设备和机械通风设备，各种电器及照明设备应满足防爆要求。

（4）不落轮镟轮设备

转向架的轮对在运行中会发生踏面的擦伤、剥离和轮缘磨耗，需要及时镟削。不落轮镟床（图9-14）可以在不拆卸轮对的情况下对其踏面和轮缘即时进行镟削，使同一转向架上的轮对在加工后有合适的公差配合。不落轮镟轮设备必须设于库内，设备两端的线路长度各满足一列车的长度需要。

图9-14　不落轮镟轮车床

车辆定修、临修、架修、大修过程中，除机械加工设备、起重设备、电焊机、充电机、移动式空压机、探伤仪等标准设备外，还需要一部分专用设备，以完成车体及零部件的清洁、吹扫、干燥、修理、试验和调试等工作。

## 实训项目

参观车辆基地，了解车辆基地的组成部分，如车辆段、综合维修中心、物资总库、培训中心和其他生产、生活、办公等配套设施。了解车辆整备及检修工艺流程，认识车场整车运用设施（停车库、列检库、洗车库等）、检修设施（大修、架修、定修库等）。实训项目的详细内容及具体操作见教材后配备的实训指导书。

## 复习与思考

### 一、填空题

1.车辆基地主要由_____、_____、综合维修中心、物资总库和培训中心和其他生产、生活、办公等配套设施组成。

2.检修库根据其性质包括：_____、月检库、_____、_____、大修库等。

3.为了实现车辆检修工艺要求，根据车辆段所承担的任务范围，段内宜配套建设_____、_____、_____、吹扫库、喷漆库、部件检修试验间以及相应的线路等。

二、判断题

1.车辆基地是车辆停放及维修基地的简称,是城市轨道交通车辆停放、保养、修理的专门场所。 （    ）

2.列检一般安排在列车运营结束回库以后,第二天运营出库之前,不需要另外安排停留时间。 （    ）

三、简答题

1.车辆基地由哪些部分组成?

2.简述车辆基地的功能。

3.车辆运用整备设施包括哪些组成部分? 各自的作用是什么?

4.简述车辆整备工艺及检修工艺流程。

5.车辆检修修程有哪些?

# 城市轨道交通线路与站场
# 实训指导书及实训报告

学　　院:_____

专　　业:_____

学　　号:_____

姓　　名:_____

综合成绩:_____

# 实 训 说 明

## 一、实训项目简介

"城市轨道交通线路与站场实训"是在学习"城市轨道交通线路与站场"课程的理论知识之后,对线路与站场的重要内容进行实训,以加深学生对城市轨道交通系统、轨道结构、轨道线路、配线类型、车站类型、车站组成及布局以及车辆基地功能等内容的理解。

## 二、实训项目实施过程

### 1. 实训项目组织方式

本课程共包含五个实训子项目,每个项目都是基于课程的主要内容而设计,选择不同的实训设备及场地。实训项目可采用理论与实践结合的方式,教师先结合实训设施及设备讲解项目对应的理论知识,然后给学生留出一段时间参观认知或进行操作练习,教师在学生自主学习期间给予指导和解答疑难问题。然后参与实训教学的教师对学生进行考核。实训项目结束后,学生需要结合实训课程填写实训报告。

### 2. 实训项目教学方式

实训过程中,课程的主讲教师负责讲解子项目对应的理论知识,2~3名实训教师参与实训指导工作,解答学生疑问,并维持学生秩序、监督学生安全。

### 3. 实训项目考核内容及方式

本实训项目按照五个子项目设计具体内容和考核内容及标准。考核内容及得分标准设计在学生实训报告中,便于学生带着目的参与整个实训过程。考核分三部分。第一部分是实训知识准备(占总成绩的10%),这部分内容需要学生在实训之前填写在实训报告中,目的是熟悉与实训项目相关的理论知识,提高实训学习质量。第二部分为实训现场考核,包括出勤(占总成绩的10%)、实训目的、子项目对应的实训内容及步骤的考核(占总成绩的70%),每个项目侧重点不同,因此考核内容所占比例也会有所差别。第三部分为实训报告的完整性、准确性、总结分析能力等综合素质考核(占总成绩的10%)。实训综合成绩为五个子项目的平均成绩。

### 4. 实训项目相关教学文件与准备

准备城市轨道交通系统运营沙盘、各种道岔模型或图片、视频,选择城市轨道交通车站、车辆基地,准备实训指导书及实训报告。

| 实训项目一览表 | | | |
|---|---|---|---|
| 项目 | 实训内容 | 建议学时 | 实训地点 |
| 实训项目一 | 城市轨道交通系统运营沙盘认知 | 4~6 | 实训中心 |
| 实训项目二 | 道岔类型、组成及工作原理认知 | 4~6 | 实训中心 |
| 实训项目三 | 城市轨道交通配线认知 | 4~6 | 城市轨道交通车站 |
| 实训项目四 | 城市轨道交通车站类型及组成认知 | 4~6 | 实训中心 |
| 实训项目五 | 城市轨道交通车辆基地认知 | 4~6 | 车辆基地 |

### 三、实训纪律与要求

（1）明确实训要求，发扬理论联系实际的优良学风，按照实训指导书要求，独立思考，认真完成实训任务。

（2）必须严格遵守实训中心或者校外实训基地的相关管理制度，爱护公共财物和设备，不得私自拆装或挪动，如有损坏，必须按规定赔偿。

（3）注意保持实训中心或者校外实训基地的环境卫生。在实训场所不得吃食物，不得乱扔纸屑，不得将与实训无关的物品带入实训中心或者校外实训基地。

（4）必须准时到达实训中心或者校外实训基地参加实训，不得无故缺勤或迟到。实训期间无故缺勤达到 3 次及以上者，取消其实训成绩。

（5）实训考核期间必须按时参加考核并提交考核所需资料和实训报告，未能按时参加考核及提交实训报告、实训报告涉及抄袭者，实训成绩一律按不及格处理。

# 实训项目一　城市轨道交通系统运营沙盘认知

## (一)实训目的

城市轨道交通系统运营沙盘是对线路、车站、列车、控制中心等环节进行模拟仿真,学生通过参观实训中心的城市轨道交通系统运营沙盘,加深对城市轨道交通系统的整体认识。实训目的如下。

①熟悉城市轨道交通系统的构成。

②熟悉 ATS、C–LOW 系统界面的操作。

## (二)实训设备、器材与场地

校内实训中心的城市轨道交通系统运营沙盘。

## (三)实训步骤及内容

1.安全教育及分组

①全班分组,每组设置安全员及组长。

②强调本次实训的目的及考核方式。

2.讲解城市轨道交通系统的组成(如下图所示)

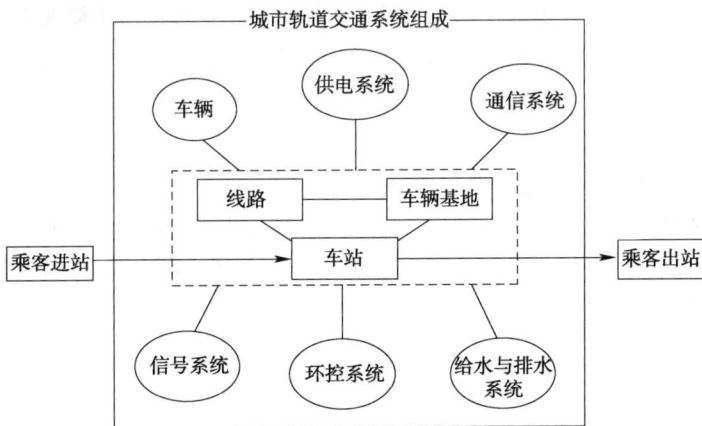

城市轨道交通系统组成图

3.展示城市轨道交通系统运营沙盘

(1)系统架构

系统采用内部局域网星形结构,通信介质为双绞线。以应用服务器为中心,以数据库服务器为基础,建立三层客户/服务器分布式体系结构,具备与真实地铁、城轨控制系统功能相一致的 OCC 控制中心硬件架构体系。

(2)沙盘组成部分

实物沙盘、大屏显示系统、OCC 控制中心、ATS 仿真系统(C–LOW)、车站 ATS 仿真系统

（站控－LOW）、ATP、ATO 仿真系统等。

4.沙盘软件讲解及操作演练

（1）ATC 系统讲解

列车自动控制系统（Automatic Train Control System，ATC）包括三个子系统：列车自动防护（Automatic Train Protection，ATP）、列车自动操纵（Automatic Train Operation，ATO）、列车自动监督（Automatic Train Supervision，ATS）。ATS 在 ATC 系统中处于管理层，在 ATP、ATO 系统的支持下，利用软件方式实施列车的控制。

（2）操作平台介绍

①了解 ATS 主界面标题栏与菜单栏组成元素。

②熟悉图中图形代表设备。

（3）行车图手动编辑调整

运行图横轴为站场线,列轴为时间线。

使用方法:点压"开始画线"按钮,弹出一个对话框,输入行车方向,然后点击"OK"键。

（4）车站值班员站控操作

①车站值班员与 OCC 控制中心控制权转换。

OCC 控制调度员与车站值班员:点击要站控的车站名称,右击鼠标,选择站控模式。该车站用绿色显示,这时车站 LOW 系统可以对信号、道岔、区段等设备进行操作。情况处理完毕之后,车站值班员,点击车站的名称,然后点击"交出站控",将控制权交给 OCC。

②车站值班员对轨道区段操作。

鼠标的左键点击 LOW 主窗口上的轨道元件或轨道编号,此时所选元件被打上灰色底色。通过左键点击有效的轨道区段,调出轨道区段操作软键,如下图所示。然后在对话窗口中的命令显示栏用鼠标的左键点击所需的命令,最后用鼠标的左键点击对话窗口中"执行"按钮即可。

③车站值班员对道岔的单独操作。

本操作,在 LOW 上对道岔进行操作。必须用鼠标的左键点击 LOW 主窗口上的道岔元件,此时所选元件被打上灰色底色,然后在对话窗口中的命令显示栏（在 LOW 的左下角）用鼠标的左键点击所需的命令。

| 清除选中 | 道岔总反 | 道岔总定 | 单独锁定 | 取消锁定 | 封锁区段 | 解锁区段 | 强解区段 | 占用故障 | 轨区逻空 |
|---|---|---|---|---|---|---|---|---|---|

轨道区段图

④车站值班员对进路的操作。

a.排列进路。

在 LOW 排列进路,只要用鼠标的左键点击 LOW 主窗口上要排列进路的始端信号机,再用鼠标的右键点击要排列进路的终端信号机,此时所选始端信号机和终端信号机都会被打上灰色底色,然后在对话窗口中的命令显示栏（在 LOW 的左下角）用鼠标的左键点击"排列进路"命令。

b.取消进路。

在 LOW 上取消一条已排好的进路,只要用鼠标的左键点击 LOW 主窗口上该进路的始端信号机,再用鼠标的右键点击该进路的终端信号机,此时所选始端信号机和终端信号机都会被打上灰色底色,然后在对话窗口中的命令显示栏(在 LOW 的左下角)用鼠标的左键点击"取消进路"命令。

(5)分组演练

将全班学生分组,每组占用一站控 LOW 站计算机,每位同学作为值班员对站控 LOW 进行操作演练。

5.实训考核

完成下列实训报告。

## (四)实训报告

### 城市轨道交通系统运营沙盘认知

| 实训地点 | | 实训日期 | |
|---|---|---|---|
| 姓名 | | 班级及学号 | |
| 实训目的 | | | |
| | | | |
| 实训知识准备 | | | |
| (城市轨道交通系统的组成,ATC 系统的组成及各子系统的功能) | | | |

续上表

| 实训内容及步骤 |
| --- |
| |

| 实训体会与不足 |
| --- |
| |

| 实训考核 |
| --- |

| 考核内容及分值 | 得分 |
| --- | --- |
| 出勤成绩（10分） | |
| 实训知识准备内容是否详细（10分） | |
| 有关沙盘讲解内容提问（20分） | |
| 沙盘软件操作（50分） | |
| 实训报告内容完整性、准确性及总结分析能力（10分） | |
| 综合成绩（分） | |

# 实训项目二  道岔类型、组成及工作原理认知

## (一)实训目的

①认知不同类型的道岔。

②熟悉单开道岔的组成部分。

③掌握道岔工作原理,能根据道岔的位置判定列车的行进方向。

## (二)实训设备、器材与场地

在实训中心准备道岔模型,如普通单开道岔、对称道岔、三开道岔、交叉渡线等。

## (三)实训内容及步骤

1. 安全教育及分组

全班分组,每组设置安全员及组长。

2. 讲解道岔

将学生分组,每组学生轮流讲解道岔知识,具体知识如下。

(1)道岔类型

道岔是使机车车辆从一股道转入另一股道的线路连接设备,常见类型有以下 4 种。

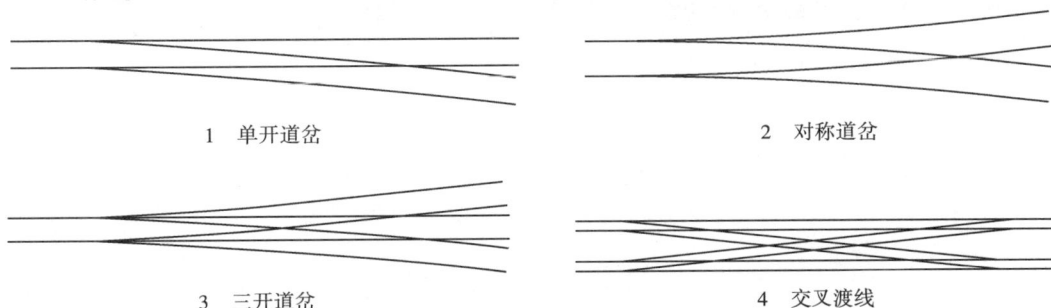

1  单开道岔

2  对称道岔

3  三开道岔

4  交叉渡线

(2)单开道岔组成部分及工作原理

城市轨道交通中应用最多的是单开道岔,其组成部分及工作原理如下图所示。

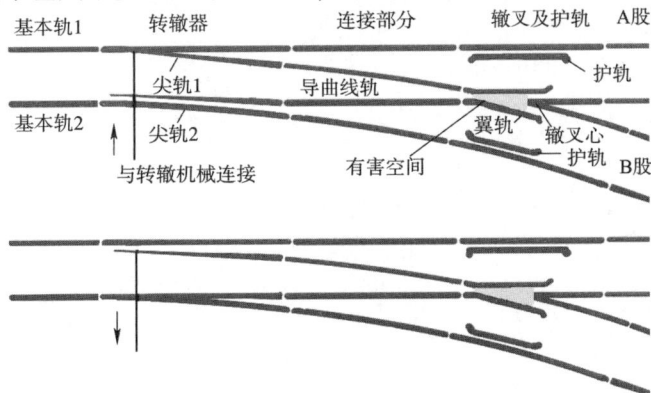

单开道岔组成部分及工作原理图

### 3. 分组演练及考核

指导教师带领学生认知各种道岔类型、单开道岔的组成部分及工作原理,给学生一定的理解时间。

指导老师考核每位学生对单开道岔的组成部分及工作原理的掌握情况。然后完成下列实训报告。

## (四)实训报告

### 道岔类型、组成及工作原理认知

| 实训地点 | | 实训日期 | |
|---|---|---|---|
| 姓名 | | 班级及学号 | |
| 实训目的 | | | |
| | | | |
| 实训知识准备 | | | |
| 〔道岔的作用、道岔类型(画图)、单开道岔的组成部分等内容,实训之前准备好〕 | | | |

续上表

| 实训内容及步骤 |
|---|
| （附单开道岔的组成图及原理图） |

| 实训体会与不足 |
|---|
|  |

| 实训考核 |
|---|

| 考核内容 | 得分 |
|---|---|
| 出勤(10 分) |  |
| 实训知识准备内容是否详细(10 分) |  |
| 道岔组成部分考核(40 分) |  |
| 道岔工作原理考核:根据道岔位置,判定列车行进方向(30 分) |  |
| 实训内容完整性、准确性及总结分析能力(10 分) |  |
| 综合成绩(分) |  |

# 实训项目三　城市轨道交通配线认知

## （一）实训目的

①认知轨道交通配线类型。

②能给出区间堵塞时的行车组织方案。

## （二）实训设备、器材与场地

城市轨道交通系统运营沙盘、城市轨道交通线路图纸（具体如下图所示，学生提前画好）。

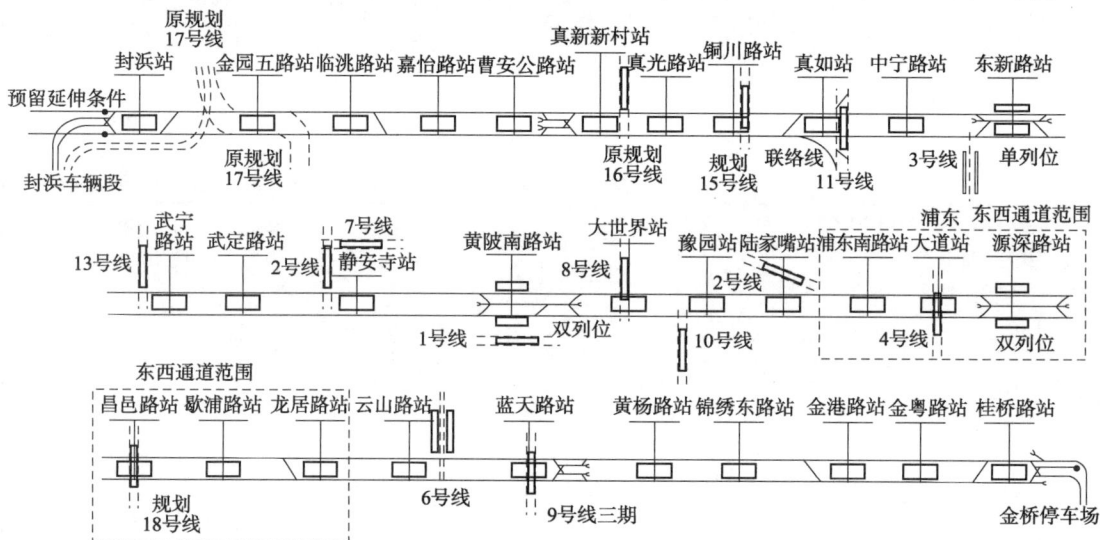

## （三）实训内容及步骤

1. 安全教育及分组

全班分组，每组设置安全员及组长。

2. 讲解运营沙盘中配线的种类及其功能

配线主要包括折返线、渡线、停车线、安全线、车辆段出入线、联络线。

3. 学生根据列车运行方案标注出线路中的配线名称

列车运行方案及线路中配线设置情况如下。

（1）起终点站配线设置

全线起点站为封浜站，设折返线及出入段线接轨封浜车辆段；终点站为桂桥路站，设折返线及出入场线接轨金桥停车场。由于桂桥路站不需预留远期继续东延的条件，因此采用站后设置1股专用折返线和2股出入场线的方案。

（2）中间折返站配线设置

停车线设在中间折返站时，应与折返线分开设置，在正常运营时段，不宜兼用。从简化配线形式、压缩车站土建规模等方面考虑，一岛一侧站台、双岛站台方案均不经济，适合采用岛式站台方案。站后设 2 股折返线兼停车线,正常运营时段另 1 股折返线可用于临时停车。

(3)停车线及单渡线设置

浦东南路站—龙居路站选择条件相对较好的源深路站设置 1 线 2 列位停车线,在龙居路站设置单渡线。

中间折返站真新新村站和蓝天路站均具备停车功能。

在东新路站和黄陂南路站各设置 1 处停车线;单渡线车站临洮路站、真如站、龙居路站、金港路站也均匀分布在停车线车站之间。

(4)联络线及安全线设置

全线仅在真如站设置联络线,且 11 号线车站在先期建设时就已经预留了联络线接入条件。

线路在所有折返线、停车线末端均设置满足规范要求长度的安全线,并在桂桥路站入段线接轨正线之前设置 1 股安全线。

4. 实训内容考核

基于线路图纸及沙盘中的配线对学生进行考核,并完成下列实训报告。

(四)实训报告

## 城市轨道交通配线认知

| 实训地点 | | 实训日期 | |
|---|---|---|---|
| 姓名 | | 班级及学号 | |
| 实训目的 | | | |
| | | | |
| 实训知识准备 | | | |
| (配线类型及功能、线路图等内容) | | | |

| 实训内容及步骤 |
|---|
| （标注出各配线名称的线路图） |

| 实训体会与不足 |
|---|
| |

| 实训考核 | |
|---|---|

| 考核标准 | 得分 |
|---|---|
| 出勤(10) | |
| 配线图完整正确(10 分) | |
| 配线类型标注正确(20 分) | |
| 准确口述各种配线功能(20 分) | |
| 准确口述配线图中各配线名称(20 分) | |
| 某区间堵塞时能利用配线进行行车组织(20 分) | |
| 综合成绩(分) | |

# 实训项目四　城市轨道交通车站类型及组成认知

## (一)实训目的

①认知不同类型的城市轨道交通车站。

②通过参观城市轨道交通车站,掌握车站的组成部分及布局。

③参观换乘站,分析其类型及特点。

④参观城市轨道交通枢纽站,观察城市轨道交通如何与铁路、公路、常规公交等交通方式衔接布局。

## (二)实训设备、器材与场地

换乘站、枢纽站等不同类型的车站、草纸(画车站布局草图)、笔。

## (三)实训步骤及内容

1. 安全教育及分组

①注意道路交通车辆、轨道车辆,保证自身安全。不随意动车站内设施设备,不私自进入车站用房等乘客禁止入内的区域,以观察、参观为主,服从车站工作人员的管理,不与其发生冲突。

②全班分组,每组设置安全员及组长,监督组员不可以随意离开队伍,注意随时位置及签到。

2. 讲解车站的分类及组成

①城市轨道交通车站可按车站与地面相对位置分为地下站、地面站和高架站。

②按其在线路的修建位置和担负的运营功能不同分为:端点站、中间站、换乘站(根据乘客换乘的客流组织方式,可将车站换乘方式分为站台直接换乘、站厅换乘、通道换乘、站外换乘和组合换乘几种)、大型换乘中心(又称城市轨道交通枢纽站)。

③按站台形式分为:岛式站台车站;侧式站台车站;岛侧混合式站台车站。

④车站的组成如下图所示。

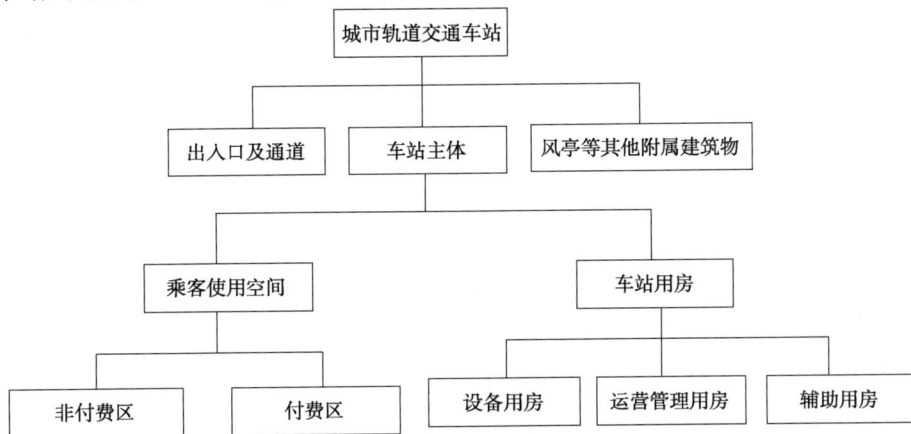

城市轨道交通车站组成

3. 分组参观及考核

通过在车站内参观,完成下列实训报告,并画出该站草图。

## (四)实训报告

### 城市轨道交通车站类型及组成认知

| 实训地点 | | 实训日期 | |
|---|---|---|---|
| 姓名 | | 班级及学号 | |

| 实训目的 |
|---|
| |

| 实训知识准备 |
|---|
| (车站类型、车站组成部分、换乘站形式、轨道交通枢纽站内涵等内容) |

续上表

| 实训内容及步骤 |
|---|
| [参观车站的所属类型、空间建筑、车站内部详细组成部分(如出入口数量、设置了哪些车站用房)等内容,并附上该车站的平面布局图] |

| 实训体会与不足 |
|---|
|  |

实训考核

| 考核标准 | 得分 |
|---|---|
| 出勤(10 分) |  |
| 知识准备内容是否详细(10 分) |  |
| 针对参观车站内容考核 2 ~ 4 题(30 分) |  |
| 车站布局图完整性、准确性(40 分) |  |
| 实训内容是否详细、准确(10 分) |  |
| 综合成绩 |  |

# 实训项目五　城市轨道交通车辆基地认知

## (一)实训目的

①参观车辆基地,了解车场基地的组成部分:如车辆段、综合维修中心、物资总库、培训中心和其他生产、生活、办公等配套设施。

②了解车辆整备及检修工艺流程,认识车场整车运用设施(停车库、列检库、洗车库等)、检修设施(大修、架修、定修库等)。

## (二)实训设备、器材与场地

参观车辆基地。

## (三)实训步骤及内容

1. 安全教育及分组

①注意道路交通车辆、轨道车辆,保证自身安全。不随意碰触车辆基地内设施设备,以观察、参观为主,服从车场工作人员的管理,不与其发生冲突。

②全班分组,每组设置安全员及组长。

2. 讲解车辆基地功能及组成部分

(1)车辆基地基本功能

车辆基地是城市轨道交通系统的重要组成部分,车辆段及其基地可统称为车场。车辆基地是车辆停放及维修基地的简称,是城市轨道交通车辆停放、保养、修理的专门场所,使运行车辆保持良好的技术状态,确保行车安全,提高车辆的运行效益。

(2)车辆基地的组成部分

车辆基地主要由车辆段、停车场(库)、综合维修中心、物资总库和培训中心和其他生产、生活、办公等配套设施组成,如下图所示。

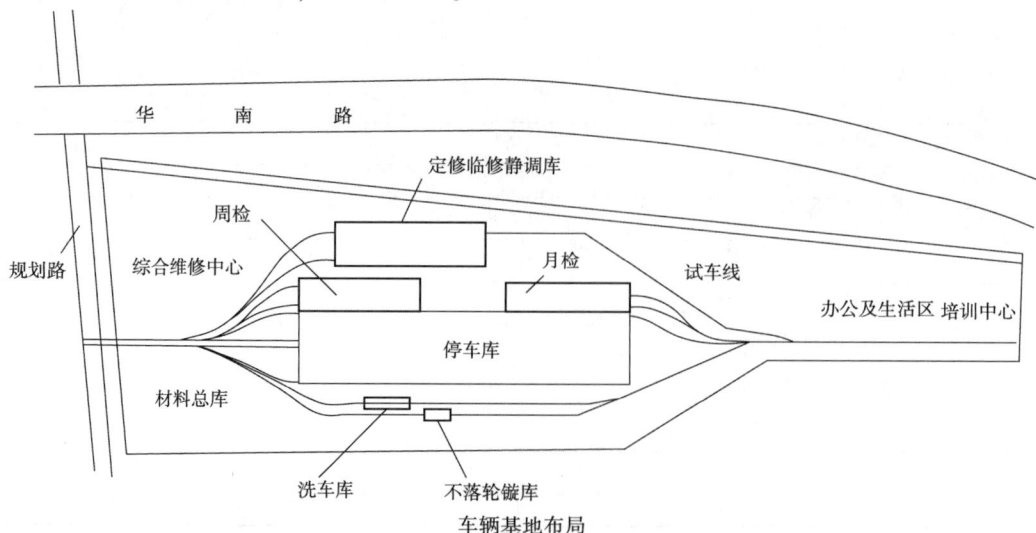

车辆基地布局

3.车辆运用整备及检修工艺(如下图所示)

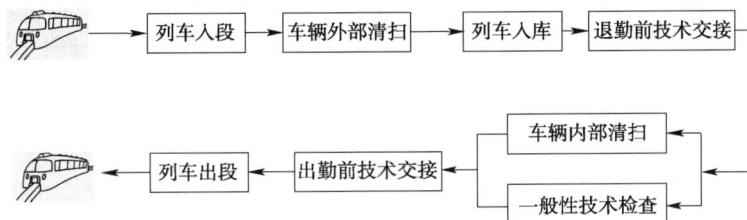

列车入段 → 车辆外部清扫 → 列车入库 → 退勤前技术交接

车辆内部清扫 ← 退勤前技术交接

列车出段 ← 出勤前技术交接 ← 车辆内部清扫

出勤前技术交接 ← 一般性技术检查

车辆运用整备工艺

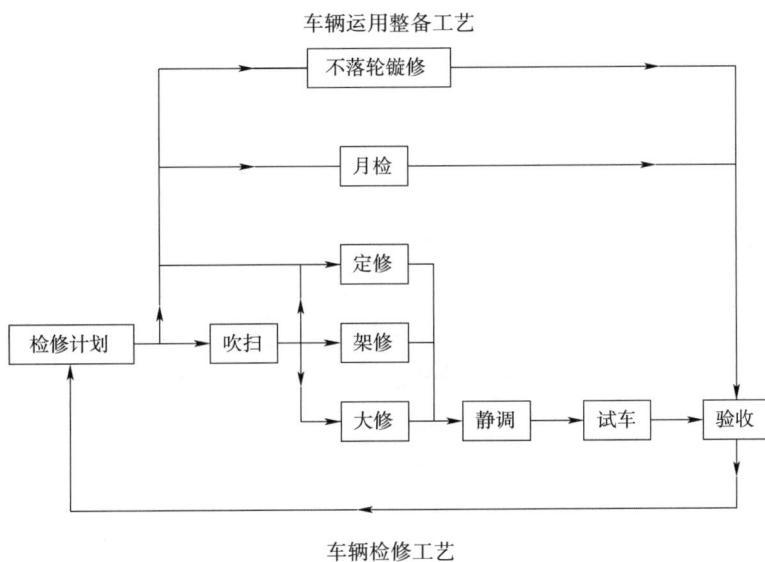

检修计划 → 吹扫 → 定修 → 不落轮镟修

月检

定修

架修

大修 → 静调 → 试车 → 验收

车辆检修工艺

4.实训内容考核

参观车辆基地,完成下列实训报告。

## (四)实训报告

### 城市轨道交通车辆基地认知

| 实训地点 | | 实训日期 | |
|---|---|---|---|
| 姓名 | | 班级及学号 | |
| 实训目的 | | | |
| | | | |
| 实训知识准备 | | | |
| (车辆基地功能及组成部分、车辆运用整备工艺与检修工艺流程、车辆运用整备设施及检修设施等内容) | | | |
| | | | |

续上表

| 实训内容 |
|---|
| |
| **实训体会与不足** |
| |
| **实训考核** |

| 考核内容 | 得分 |
|---|---|
| 出勤(10 分) | |
| 知识准备内容是否详细(10 分) | |
| 针对参观的车辆基地内容考核(60 分) | |
| 实训内容是否详细、准确(20 分) | |
| 综合成绩(分) | |

# 参 考 文 献

[1] 殷勇,鲁工圆. 交通运输设备[M]. 成都:西南交通大学出版社,2014.

[2] 黎茂盛,陈聪聪. 城市轨道交通运营管理[M].长沙:中南大学出版社,2015.

[3] 邱薇华,李键. 城市轨道交通企业管理[M]. 北京:中国铁道出版社,2011.

[4] 张戎,李枫. 城市轨道交通企业管理[M]. 北京:中国铁道出版社,2010.

[5] 于春华. 城市轨道交通道岔设计、施工及维修[M]. 北京:中国铁道出版社,2012.

[6] 毛保华. 城市轨道交通[M]. 北京:科学出版社,2001.

[7] 李远富.道路总体规划设计原理[M]. 北京:中国铁道出版社,2011.

[8] 许红. 城市轨道交通规划与设计[M]. 北京:北京交通大学出版社,2012.

[9] 陈旭梅,童华磊,高世廉. 城市轨道交通线网规模影响因素分析[J]. 中国铁道科学,
2001,2(6):59-62.

[10] 张巧慧. 城市轨道交通线网规模的研究应用[D]. 北京:北京交通大学,2007.

[11] 冯前憬. 基于非集计模型的城市轨道交通线网规模评价[D]. 北京:北京交通大
学,2012.

[12] 杨京帅. 城市轨道交通线网合理规模与布局方法研究[D]. 成都:西南交通大
学,2006.

[13] 秦文军,梁成文. 沈阳市快速轨道交通合理规模研究[J]. 沈阳市规划设计研究院专
版:48-50.

[14] 郭文军,刘迁. 石家庄市轨道交通合理线网规模估算的研究[J]. 北方交通大学学报,
2003,27(1):100-103.

[15] 柳荫,陆建. 城市轨道交通建设规模研究[J]. 城市交通,2006,4(3):16-22.

[16] Jie Lin,Peter Rogers. From urbanization to urban clusters:impacts on urban transportation
in Chinese cities[J]. China Transportation Paper,2003.

[17] 叶霞飞,顾保南. 城市轨道交通规划与设计[M]. 北京:中国铁道出版社,1999.

[18] 丁建隆. 城市轨道交通线网建设规划与资源共享规划[C]// 地下铁道学术交流
会. 2004.

[19] 叶霞飞,顾保南. 轨道交通线路设计[M]. 上海:同济大学出版社,2010.

[20] 刘浩江. 单线双向运行在地铁行车组织中的应用[J].都市快轨交通,2008,21(3):
17-23.

[21] 江永,叶霞飞. 区间堵塞时辅助线配置形式的适应性分析[J].都市快轨交通,2007,20
(5):29-32.

[22] 孙章. 城市轨道交通概论[M]. 北京:中国铁道出版社,2000.

[23] 范文毅,殷锡金. 城市轨道交通车站设备[M]. 北京:中国铁道出版社,2000.

[24] 朱宏,林瑜筠. 城市轨道交通概论[M]. 北京:中国铁道出版社,2011.

[25] 赵强. 城市轨道交通与地面公交接驳换乘的研究[J]. 城市道桥与防洪, 2016(5): 1-5.

[26] 张玮. 城市轨道交通概论[M]. 成都:西南交通大学出版社,2010.

[27] 赵海静,纪娜. 城市轨道交通行车组织[M]. 北京:机械工业出版社,2014.

[28] 魏庆朝,蔡昌俊,龙许友. 直线电机轮轨交通概论[M]. 北京:中国科学技术出版社,2010.

[29] 张凡,钱传贤. 城市轨道交通概论[M]. 成都:西南交通大学出版社,2011.

[30] 关明全. 城轨车辆技术与应用[M]. 北京:中国铁道出版社,2005.

[31] 蔡海云,郑炎华. 城市轨道交通车辆检修基础与设备[M]. 成都:西南交通大学出版社,2012.

[32] 李建国. 城市轨道交通系统概论[M]. 北京:机械工业出版社,2013.

[33] 齐茂利. 基于微观仿真的同站台换乘站客流疏散研究[D]. 2009.

[34] 胡思涛. 基于城市轨道交通站点的换乘系统规划研究[D]. 武汉:华中科技大学,2007.

[35] 王婧. 轨道交通换乘站客流组织方法研究[D]. 西安:长安大学, 2014.

[36] 朱广宇. 城市轨道交通需求分析[M]. 北京:北京交通大学出版社,2012.

[37] 王波,李晓霞,安栓庄. 轨道交通换乘站客流特性分析及车站设计[J]. 都市快轨交通, 2010, 23(2):55-58.

[38] 高爽. 地铁车辆构造与维修管理[M]. 北京:中国铁道出版社,2003.

[39] 徐循初. 城市道路与交通规划[M]. 北京:中国建筑工业出版社,2007.

[40] 邓毛颖. 轨道交通与其他交通方式衔接规划研究[J]. 规划师, 2004,20(8):76-78.

[41] 王午生,许玉德. 铁道与城市轨道交通工程[M]. 上海:同济大学出版社,2003.

[42] Knight R L,Trygg L L. Evidence of land use impacts of rapid transit systems[J]. Transportation, 1977, 6(3):231-247.

[43] Cervero R, Landis J. Twenty years of the Bay Area Rapid Transit system: Land use and development impacts[J]. Transportation Research Part A Policy & Practice,1997,31(4): 309-333.

[44] Srinivasan S. Linking land use and transportation in a rapidly urbanizing context: A study in Delhi, India[J]. Transportation, 2005, 32(1):87-104.

[45] 铁道部劳动卫生司. 钢轨探伤工[M]. 北京:中国铁道出版社,2004.

[46] 顾保南,叶霞飞. 城市轨道交通工程[M]. 武汉:华中科技大学出版社,2015.

[47] 刘婉玲. 城市轨道交通运输设备[M]. 成都:西南交通大学出版社,2010.

[48] 叶华平,刘志刚,牛红霞. 城市轨道交通概论[M]. 北京:人民交通出版社,2011.

[49] 裴瑞江. 城市轨道交通客运组织[M]. 北京:机械工业出版社,2009.

[50] 徐家钰. 城市道路设计[M]. 北京:中国水利水电出版社,2005.

[51] 铁路职工岗位培训教材编审委员会. 铁路线路工[M]. 北京:中国铁道出版社,2010.

[52] 丁建隆. 城市轨道交通线网资源共享规划[J]. 都市快轨交通, 2004, 17(5):13-16.

[53] 张鹏. 关于地铁辅助线设计相关问题的研究[J]. 铁道建筑技术, 2008(S2):70-72.

[54] 魏德勇. 城市轨道交通综合配线评价研究[D]. 成都:西南交通大学, 2006.

[55] 崔志宇. 城市轨道交通系统概论[M]. 北京：中国铁道出版社,2014.

[56] 钱泽林. 上海轨道交通 14 号线配线方案研究[J]. 地下工程与隧道, 2016(2):7-10.

[57] 左忠义, 韩萍, 曹弋. 城市轨道运营管理概论[M]. 北京：北京交通大学出版社, 2015.

[58] 张大勇, 李慧娟. 轨道交通线路与站场[M]. 成都：西南交通大学出版社,2014.

[59] 毛宇丰. 地铁车站集成环控系统[J]. 都市快轨交通, 2002(1):19-24.

[60] 谢昭瑞, 陈学武. 基于需求差异的城乡公共客运发展目标体系构建[C]// 2014 中国城市规划年会. 2014.

[61] 全永燊. 地铁线网规划中几个值得商榷的问题[J]. 中国工程科学, 2000, 2(4):75-82.

[62] 吴娇蓉, 汪煜, 刘莹. 城市轨道交通各发展阶段的运行特征及在公交系统中的作用[J]. 城市轨道交通研究, 2007, 10(6):9-11.